析法·明理·思变
——东北“三省一区”律师协会交流会论文集

东北“三省一区”律师论文编委会 编著

湘潭大学出版社
XIANGTAN UNIVERSITY PRESS

图书在版编目（CIP）数据

析法·明理·思变 ： 东北“三省一区”律师协会交
流会论文集 / 东北“三省一区”律师论文编委会编著.
湘潭 ： 湘潭大学出版社， 2024. 9. -- ISBN 978-7-5687-
1624-6
Ⅰ. D926.5-53
中国国家版本馆 CIP 数据核字第 2024ER8771 号

析法·明理·思变——东北“三省一区”律师协会交流会论文集

XIFA · MINGLI · SIBIAN——DONGBEI “SANSHENGYIQU” LÜSHI XIEHUI JIAOLIUHUI LUNWENJI

东北“三省一区”律师论文编委会 编著

策划编辑：丁立松
责任编辑：丁立松　陈秀红
封面设计：张晓琳
出版发行：湘潭大学出版社
社　　址：湖南省湘潭大学工程训练大楼
电　　话：0731-58298960 0731-58298966（传真）
邮　　编：411105
网　　址：http://press.xtu.edu.cn/
印　　刷：长沙创峰印务有限公司
经　　销：湖南省新华书店
开　　本：787 mm×1092 mm 1/16
印　　张：15.5
字　　数：371 千字
版　　次：2024 年 9 月第 1 版
印　　次：2024 年 9 月第 1 次印刷
书　　号：ISBN 978-7-5687-1624-6
定　　价：68.00 元

前 言

2023年是全面贯彻落实党的二十大精神，开启全面建成社会主义现代化强国、实现第二个百年奋斗目标，以中国式现代化全面推进中华民族伟大复兴新征程的开局之年。坚持全面依法治国，推进法治中国建设，是党的二十大报告提出的一项重要任务。

律师作为中国特色社会主义法治工作队伍的重要组成部分，在立法、执法、司法的各领域、各环节、各方面都发挥着不可替代的作用。律师又是一个需要终身学习的职业，只有始终保持对新形势、新事物、新法律的不断了解、探索与思考，才能更好地适应服务法治中国建设的需要。在众多的学习方法中，根据工作实践结合现行法律规定撰写论文，对于律师而言无疑是"性价比"较高的一种方法，其优势即在于从实践中来，到实践中去——通过实务检验法律的实用性、合理性，将检验中发现的问题通过归纳、总结，提炼成法律观点，再通过适当的方式促进旧法的完善和新法的出台。

东北"三省一区"律师协会交流会是黑龙江、吉林、辽宁三省和内蒙古自治区律师队伍进行业务交流的平台，为促进"三省一区"律师队伍的业务交流、展现"三省一区"律师行业的精神风貌发挥了重要作用。

本次东北"三省一区"律师协会交流会由黑龙江省律师协会承办，以"'刑辩'律师如何应对'形变'"作为主题，同时以"民营经济刑事司法保护中的律师作为"和"婚姻家庭法在社会转型中的'变'与'不变'"作为分论坛的主题。在"三省一区"律师们的积极响应下，编委会评选出了54篇佳作结集出版，这既是对律师群体崇尚法治精神的记录，更是对律师行业推动法治进步的传承。

在全球的信息化进程已经发展到人工智能阶段的大背景下，对于知识的获取已经易如反掌，还这样大费周章地撰写、评选，再汇编成集的意义在于：

对作者而言，是总结和提高。说和写是律师的两项基本技能，撰写工作中的诉讼文书或法律意见，只是履行律师职责的实务基础。要想更上一个台阶，还需要以实务为基础，对业务工作进行总结并逐步实现从碎片化到体系化、理论化的转变。

对读者而言，是汲取和借鉴。律师职业是智力劳动中的"手艺活儿"，需要师徒、同事之间的经验借鉴。在这个过程中，知识的分享和技能的传承尤为重要。我们今天在办案中用到的技能、思路、方法等大都是靠一代代律师前辈积累下来的，同时又会在言传身教中一代代传承下去。

我们希望这本论文集不仅仅能够成为律师界同仁借以学习的“钥匙”，更能够成为记录法治进步的载体，我们所有的努力和坚持都能够被看见、被记录、被传承。

东北“三省一区”律师论文编委会

二〇二三年八月

目录
Contents

数罪并罚中罚金数额认定探究

张兆芹

黑龙江盛夙律师事务所

摘　要:在刑事案件的审判中,罚金刑应综合考虑犯罪类型、适度程度等因素确定,不仅是法官,每个涉及刑事法律适用的法律工作人员,都会存在和产生对罚金刑特性、罚金刑功能的认识,对罚金刑定位的理解和掌握问题,其中数罪并罚案件中罚金数额认定问题一直存在理解和适用上的争议。现行数罪并罚案件中罚金数额认定规则存在不合理,与自由刑裁量标准不相适应,罚金的过高认定也给执行、犯罪人回归社会等方面带来困扰,因此现行处罚规则有待进一步修正。

关键词:数罪并罚;罚金;裁量标准

《最高人民法院、最高人民检察院关于执行<中华人民共和国刑法>确定罪名的补充规定(七)》于2021年3月1日起施行,自此《中华人民共和国刑法》(以下简称《刑法》)中规定的罪名共有483个,涉及"罚金"刑的罪名有227个,其中经济犯罪中基本上都规定了罚金的独立或附加适用;财产犯罪中超过50%的条文规定了罚金,本文仅针对数罪并罚中罚金数额认定问题,阐述一下自己的观点。

一、罚金的设立意义

"罚金"是强制要求犯罪人在规定的时间内向国家缴纳判定数额金钱的刑罚。"罚金"大部分时候作为附加刑适用,罚金刑设立的目的是对犯罪人给予经济上的制裁,使得犯罪人对犯罪行为付出失去自由代价的同时也承受经济的损失。对于未实施犯罪活动的"犹豫者",罚金的设立具有让行为人在考虑到经济惩罚后果的前提下不敢实施犯罪的效果。对于已经犯罪的"实施者",罚金具有让犯罪人不仅不能从犯罪行为中获得利益甚至其合法收入也会因此而受损失的功能,使犯罪人减少再犯可能性及削弱其再犯罪的经济能力。罚金刑具有剥夺利欲型犯罪人的再犯罪能力、抑制其犯罪动机等特殊预防功能,同时具有惩戒犯罪的作用。

二、罚金的适用及数额的确定

《刑法》第52条规定:"判处罚金,应当根据犯罪情节决定罚金数额。"犯罪人的社会危害性及其人身危险性等事实,影响着罚金的确定。罚金的适用情形包括:(1)选处罚金,即需要由审判法官根据案情,选择独立适用罚金刑,如故意毁坏财物罪中"处三年以下有期徒刑、拘役或者罚金"的规定;(2)只处罚金,即只处以罚金而不判处其他刑罚,比如很多单位犯罪;(3)并处罚金,即主刑和罚金作为附加刑同时适用,这也是《刑法》中最常见的“并处罚金”;(4)并处或单处罚金,即罚金既可以单独适用也可以附加适用,如生产、销售伪劣产品罪。

根据犯罪情节确定罚金数额是罪责刑相适应原则的必然要求,但在确定罚金数额前,还要以犯罪情节为依据,酌情考虑犯罪人经济状况。常见的罚金确定标准有:(1)比例制,即根据犯罪金额的百分比决定罚金数额;(2)倍数制,即根据犯罪数额的一定倍数决定罚金数额;(3)比例兼倍数制,即根据犯罪数额的一定比例和倍数决定罚金数额;(4)特定数额制,即明确规定罚金的数额;(5)抽象罚金制,即只抽象地规定判处罚金。

三、现阶段数罪并罚中罚金的认定

我国《刑法》第69条规定了数罪并罚的原则。该条中“数罪中有判处附加刑的,附加刑仍须执行,其中附加刑种类相同的,合并执行,种类不同的,分别执行”的规定,体现了种类相同的罚金需合并执行的结果。《最高人民法院关于适用财产刑若干问题的规定》第3条第1款规定:“依法对犯罪分子所犯数罪分别判处罚金的,应当实行并罚,将所判处的罚金数额相加,执行总和数额。”因此无论在理论上,还是实践中,对于数罪并罚案件,罚金数额相加执行总额已经是常态。

四、数罪并罚中罚金数额相加执行总额的不合理之处

(一)与自由刑中裁量标准不相适应

很多国家对犯罪人判处上百年,更有甚者美国科罗拉多州存在判处三千多年有期徒刑的判例,相较于这些国家,我国《刑法》数罪并罚的原则对自由刑确定了“总和刑期以下、数刑中最高刑期以上,酌情决定执行的刑期”的标准,并且确定一定条件下适用的封顶刑期数,这种规定体现了我国《刑法》的实用性及合理性,自由刑的刑期确定考虑到人类寿命、早日回归社会、亲情、孝道等问题,充分给予了审判人员自由裁量权,但财产刑的数额认定不考虑客观因素,机械性叠加数额,其不合理性还是比较明显的。

(二)极大程度上影响执行效果

罚金刑剥夺的是犯罪人的合法财产,而财产属于身外之物,社会中不同个体所有的财富数额差距逐年增大,执行叠加后罚金的过程中,可能遇到无能力给付大数额罚金的,也可能遇到即使有能力给付,却因数额太大而转移财产放弃给付的,或者遇到亲友在有能力给付的前提下因数额过大而放弃帮助犯罪人的,以上三种情形均会产生执行不能的效果。从罚金缴纳结果分析,主要的特点有:因顾虑法院判决结果,犯罪人在法院判决前预先缴纳罚金的多,判决后通过强制执行缴纳的少;轻罪罚金少的案件缴纳的多,重罪罚金多的案件缴纳的少;为达到宣告缓刑目的的犯罪行为人缴纳的多,无法达到缓刑条件而判处实体刑的案件缴纳的少。数罪并罚中罚金的叠加,必然导致总罚金数额的增多,且罚金的适用没有给法官自由裁量空间,使得犯罪人在面对叠加后的罚金总额,容易产生“摆烂心理”,从而影响法院刑事执行案件的执结率,使得越来越多的刑事执行案件悬而未结。

（三）有可能对犯罪人无辜的亲友的生活造成影响

罚金具有剥夺功能、预防功能、改造功能，剥夺功能是罚金的基本功能，在客观上可以降低再犯风险，使得犯罪人因贪婪或冲动而受到剥夺金钱的惩戒，但现实中，在犯罪人合法财产不足以支付罚金的情况下，犯罪人的亲友存在为了让犯罪人减轻刑罚、早日回归社会等情况，而以本人合法财产代替犯罪人缴纳罚金，尤其像未成年人犯罪的案件，很多是家人代替缴纳罚金，这种情况下，数罪并罚中罚金的单纯叠加，对没有犯罪的人的财产权益造成影响，即使这种情况属于自愿缴纳行为，也客观上造成亲人犯罪而自己合法财产遭殃的事实。

（四）影响犯罪人“悔罪表现”及“早日回归社会”积极性

犯罪人应当积极履行财产刑义务，这常用来判断其是否具有悔罪表现，是减刑、假释等从宽处理的参考标准之一。虽然理论上服刑人员交不起罚金与减刑、假释没有直接联系，但在司法实践中，未依法缴纳罚金的，其减刑、假释获得批准的可能性受到影响。如果罚金数额过高，无能力缴纳罚金的犯罪人往往被动承受无法减刑、假释的后果，以致产生放任行为，拒绝积极改造。

（五）容易诱发新的犯罪

罚金剥夺的是犯罪人现有的合法财产，以及将来可能存在的合法财产。司法实践中，在罚金未依法缴纳完毕之前，犯罪人可能长期处于失信被执行人名单中，被限制高消费、冻结账户进而带来影响出行、影响子女教育等多种不利后果，犯罪人在无能力支付罚金又急于摆脱被执行人身份的情况下，极易重新走上犯罪道路，容易使犯罪人产生错误的“破罐子破摔”极端心理，因此过大的给付压力不利于犯罪人返回社会后的融入状态。

五、数罪并罚中罚金数额参考自由刑区间的建议

（一）罚金数额确定部分参考自由刑并罚原则

我国罚金刑的特点是：数额不限定、数罪并罚犯罪中与自由刑的确定原则不统一。无限额罚金其实与法治社会中法律理性相悖。民众只有在知晓法律宽严的前提下才能预测犯罪行为带来的后果，这种数额不限定问题事实上违背了法的明确性，因此数罪并罚中罚金的无限叠加是不合理的。笔者建议罚金数额确定仅参考自由刑并罚原则，即在最高数额罚金与数罪罚金数额之和的区间内，自由裁量确定数罪并罚后的罚金数额。这种在罚金数额区间中确定最终罚金数额的方式，首先与自由刑并罚原则中自由裁量确定刑期的裁判方式相一致，裁判理念更相适应。其次，罚金数额不单纯机械叠加，一定程度上降低最终的罚金数额，有利于犯罪人积极缴纳，有利于提高刑事执行案件的执结率。再次，罚金数额的降低，有利于犯罪人改造效果的提高，在减刑、假释条件的鼓励下积极悔罪，早日回归社会、融入社会、创造价值。最后，在一定程度上保护了无辜亲友的合法财产，真正意义上惩罚犯罪，而不是惩罚犯罪人亲友。

（二）数罪并罚中罚金、没收财产两种财产刑竞合情况的处理建议

自由刑并罚中有三个原则：吸收原则、并科原则、限制加重原则。而对于数罪并罚财产刑的适用原则，在参考自由刑区间裁量的基础上，罚金与没收财产两种财产刑竞合时不建议

适用吸收原则。我国《刑法》对于数罪并罚中每罪的罚金数额及数罪中罚金的总和是否超过犯罪人个人全部财产未明确规定。司法实践中,罚金、没收财产两种财产刑竞合时,各地法院做法并不相同,但大多数法院采用了吸收原则,只决定执行没收财产刑,不再继续执行罚金刑。少数法院采取了并罚原则,既决定执行罚金刑,又决定执行没收财产刑。《最高人民法院关于适用财产刑若干问题的规定》第3条第2款规定:“一人犯数罪依法同时并处罚金和没收财产的,应当合并执行;但并处没收全部财产的,只执行没收财产刑。”文意上更倾向于并处原则,在犯罪人的财产不足以全部支付时,执行顺序中应先执行罚金刑,后执行没收财产刑。一方面,数罪并罚中罚金数额确定建议参考自由刑区间裁量,另一方面又不建议没收财产刑吸收罚金刑。两个观点并不矛盾,考虑到犯罪人在被没收财产后仍有可能通过劳动、继承、赠与、理赔等方式取得财产,所以《刑法》规定“对于不能全部缴纳罚金的,人民法院在任何时候发现被执行人有可以执行的财产,应当随时追缴”,没收财产不是逃避缴纳罚金的理由。

综上,无论是从刑罚措施中自由刑与财产刑刑罚执行原则的统一性角度出发,还是从执行的可行性及社会效果考虑,我国的罚金刑执行原则均具备了修改和完善的前提,以便使其更具有可操作性,体现社会主义法治的优越性和刑罚的教育原则,促使我们的刑罚制度更加严谨和规范,更好地构建我们的刑事法律架构,为创建平安和谐的社会秩序作出贡献。

参考文献

[1]李庆.罚金刑易科自由刑制度研究[D].兰州大学,2010.

[2]潘小俊.论罚金刑的并罚[D].中南大学,2012.

[3]李筱萌.罚金刑执行难的解决[D].华南理工大学,2020.

[4]黄丽勤.我国刑法数罪并罚规定的不足及完善[J].同济大学学报(社会科学版),2022,33(06):105-114.

论认罪认罚从宽的本质属性

刘学峰

吉林新锐律师事务所

摘　要：当前法律、司法解释规定的认罪认罚从宽制度尚不能体现实质的协商性，不能被指称或概括为协商性程序，因司法机关对程序适用的主导性和认罪认罚从宽关键内容的“官方定价”特征，决定了认罪认罚从宽制度的本质属性只能是以听取意见为主要方式的控辩合意。辨析这一本质属性的意义在于，明确认罪认罚从宽制度价值目标之顺位，以及从制度框架内和制度框架外的视角，在值班律师及有效辩护、保障认罪认罚被告人上诉权、推动制度向实质性协商的方向演进等方面完善和发展认罪认罚从宽制度。

关键词：认罪认罚从宽；协商；听取意见；控辩合意

一、问题的提出

认罪认罚从宽制度自通过《中华人民共和国刑事诉讼法》（以下简称为《刑事诉讼法》）以及司法解释确立以来，对提升诉讼效率发挥了巨大作用，但是具体适用中也存在很多问题，尤其是律师界对检察机关适用程序时较少采取协商方式与被告人、辩护人进行沟通的现象颇有微词，出现这种疑问的根本原因在于对认罪认罚从宽的本质属性存在认知偏差，把认罪认罚从宽的本质理解为“控辩协商”。学术界确实存在有力的观点，认为“对于这种由检察机关以国家公诉机关的名义，与嫌疑人、被告人所进行的量刑协商，我们一般称之为‘协商性的公力合作模式’”①。但学术界同样也存在不同观点，如有学者认为：“所谓的认罪认罚从宽协商就本质而言属于控辩合意，其直接目的是在控辩之间达成有关认罪和量刑的一致意见，这种合意的过程中带有一定的协商成分，但只是一种非完整意义的、有严格边界限制的控辩协商，其程序内容更加偏向于控方单方的合意邀约和辩方的自主同意。”②还有学者认为：就认罪认罚案件诉讼程序而言，协商模式允许司法者与被追诉人就认罪认罚行为的利益进行谈判、协商，但认罪认罚从宽制度中的听取意见是由司法机关单方面给出固定的认罪认罚利益，仅听取被追诉人“要么接受要么放弃”的意见，这实际上是由被追诉人通过认罪认罚来争取从宽，这显然不同于协商模式。③ 笔者认为，认罪认罚从宽的本质属性不足以被提炼和总结为“协商性程序正义”，更合理的界定应当表述为“以听取意见为主要方式的控辩合意”。

①陈瑞华. 论协商性的程序正义[J]. 比较法研究，2021(01)：1-20.

②陈卫东. 认罪认罚从宽制度的理论问题再探讨[J]. 环球法律评论，2020，42(02)：23-36.

③闫召华. 听取意见式司法的理性建构——以认罪认罚从宽制度为中心[J]. 法制与社会发展，2019，25(04)：56-79.

二、以听取意见为主要方式的控辩合意

（一）听取意见是认罪认罚从宽制度运行中体现的主要工作方法和决策模式

“听取意见”这一要求，在《刑事诉讼法》中贯穿于检察机关和人民法院主导及参与的各个程序和工作流程，如侦查阶段的审查逮捕程序、审查起诉阶段的起诉程序、作出不起诉决定程序、第一审普通程序中的庭前会议程序、死刑复核程序①，不一而足。在《关于适用认罪认罚从宽制度的指导意见》（以下简称为《指导意见》）中，听取意见更是认罪认罚从宽制度适用的关键环节，针对任何诉讼参与主体、在任一程序之中均明确规定了听取意见的工作要求。如《指导意见》第16条，要求案件办理机关应当听取被害人及其诉讼代理人的意见；第22条、第27条、第39条，分别针对犯罪嫌疑人、被告人及其辩护人或值班律师，要求公安机关在侦查阶段、检察机关在审查起诉阶段、人民法院在法庭审理阶段应当听取上述人员对认罪认罚的意见。而这些听取的“意见”，最终成为案件办理机关决定是否对被追诉人给予“从宽奖励”的决策依据。

（二）听取意见决策模式体现了司法机关对程序适用的主导性

听取意见决策模式，是以决定的单方性为前提的，诉讼参与人的意见仅仅是作出决定的依据，甚至只能是所作决定的根据之一。在决定作出的整个过程中，司法机关是绝对的主导者，“诉讼参与人只是决定程序的参与者，二者是权力主体与权力对象的关系……听取意见的过程虽然也会有双方的动态交互，可以存在对话，但却不宜也不会有实质性的协商，因为协商会颠覆听取意见模式所内含的职权调查逻辑——专门机关对诉讼的主导和控制。”②即使司法实践中存在部分量刑建议在听取意见后被司法机关调整的情形，但这种情形只能理解为一种纠偏手段，因为通过考察提出“意见”以及调整的量刑建议我们可以看到，就特定的被追诉人而言，不可能同时存在两个以上正当的量刑建议，也就是说，或者最初的量刑建议是充分考虑各量刑情节、被认为是正当的，那么被追诉人提出的调整量刑的意见就是不正当的；或者最初的量刑建议存在不当，那么根据被追诉人提出的意见调整后的量刑建议就是正当的——听取意见与量刑建议体现的“从宽奖励”，只能是基于影响量刑的各情节，不能是为了满足被追诉人的诉求而追求合意的达成，而这一不可能被满足的目的，恰恰才是真正体现“协商性”的部分。

（三）认罪认罚从宽奖励的“官方定价”决定了认罪认罚从宽制度的本质属性只能是“控辩合意”

从宽奖励“官方定价”的制度规定和制度运行样态，最终决定了认罪认罚从宽制度的本质属性。从“从宽奖励”的范围来看，只能是量刑减让，被追诉人对事实、罪名以及针对数罪提出部分事实或罪名的意见即被认为不符合“认罪”的规定而无法获得从宽奖励；从“从宽奖励”的类型和幅度来看，是起诉还是不起诉、是有期徒刑还是缓刑、是较高刑期还是较低刑期，均由检察机关一言而决，如被追诉人不同意，检察机关很少会主动调整量刑建议，大多都

---

①刘军，潘丙永．认罪认罚从宽主体性协商的制度构建[J]．山东大学学报（哲学社会科学版），2020(02)：20-29.

②闫召华．听取意见式司法的理性建构——以认罪认罚从宽制度为中心[J]．法制与社会发展，2019，25(04)：56-79.

直接认为被追诉人不符合“认罚”的规定，这几乎意味着被追诉人丧失了通过“认罪”获取“从宽奖励”的可能性。实际上，由于刑罚权的法定性和垄断性，追诉者对刑罚权的掌控如同商品交易中的“专属经营”，被追诉人在制度运行中无法选择“对手方”——只能由国家追诉机关担任“对手方”，因此，被追诉人在认罪认罚从宽制度具体适用中，既不能拒绝“对手方”作出的处罚决定，也不能选择“对手方”提出的优惠类型（如只能获得量刑减让而非改变犯罪事实及罪名、罪数），更不能在“对手方”提出量刑方面的从宽优惠时商议优惠幅度，而最无奈之处在于一旦不接受“对手方”作出的优惠内容，则意味着再无机会获得“从宽奖励”，这种毫无平等意义的“对话”，只能被看作一个没有商谈空间的强行兜售。即使认罪认罚从宽程序最终完成，本质上只能是一种追诉者与被追诉者之间的“合意”，这种“合意”仅仅是字面意思，再无法解释出更多的内容。可以说，认罪认罚从宽制度就目的而言是在控辩之间达成认罪和量刑的一致意见，就本质而言属于控方单方的合意邀约与辩方的自主同意，①因此可以称之为“控辩合意”。

三、厘清认罪认罚从宽本质属性的现实意义

对认罪认罚从宽制度的本质探究，是一种穿过立法层面、解释层面、制度运行层面的透视，在将认罪认罚从宽制度指称、概括为“协同型司法”②“协商性程序”③“主体性协商制度”④等观点在学术界、实务界大量存在的现阶段，具有其独特的现实意义。

（一）保障被追诉人的实体权利供给

既然认罪认罚从宽制度并没有给予被追诉者更宽裕的协商空间，那么为了确保被追诉人认罪认罚的自愿性和真实性，确保制度运行达到制度设计的初衷，就应当更加重视被追诉人实体权利供给的保障。

1. 值班律师及有效辩护的问题。值班律师制度被作为认罪认罚从宽制度的保障和配套措施在《指导意见》中得到专门条款的规定，但是实践中运行的效果并不乐观。其中矛盾最集中的地方在于值班律师的法律帮助与被追诉人如何获得有效辩护的问题。当前的司法实践中，值班律师并没有实际履行《指导意见》第12条规定的各项职责，更没有发挥出该条文规定的“确保犯罪嫌疑人、被告人在充分了解认罪认罚性质和法律后果的情况下，自愿认罪认罚”的法律效果，虽然该条款也规定了“人民法院、人民检察院应当为值班律师查阅案卷材料提供便利”这样的内容，但并未在司法实践中得到实质性贯彻。值班律师没有充分的工作时间和被充分保障的阅卷权，实质上成为检察官完成认罪认罚相应工作流程的“签字机器”。笔者认为，“平等武装”原则一直是刑事诉讼程序公正性的内在要求，值班律师的阅卷权应当在司法实践中予以保障，同时也要保障其具备相对充分的工作时间来了解证据、事实等案件基本情况，方可使值班律师能够向被追诉人提供具有实质意义的法律帮助，被追诉人也能够因此获得有效辩护，以保证其认罪认罚的自愿性。

①陈卫东．认罪认罚从宽制度的理论问题再探讨［J］．环球法律评论，2020，42(02)：23-36.

②张建伟．协同型司法：认罪认罚从宽制度的诉讼类型分析［J］．环球法律评论，2020，42(02)：37-51.

③陈瑞华．论协商性的程序正义［J］．比较法研究，2021(01)：1-20.

④刘军，潘丙永．认罪认罚从宽主体性协商的制度构建［J］．山东大学学报(哲学社会科学版)，2020(02)：20-29.

2. 保障被告人上诉权的问题。《刑事诉讼法》赋予了被告人平等的上诉权，认罪认罚的被告人自然概莫能外。但是实践中存在认罪认罚的被告人上诉后遭遇检察机关报复性抗诉，进而无法适用"上诉不加刑"规定的情形。检察机关的大体心态在于气愤被告人对认罪认罚控辩合意的违背以及主诉案件未能案结事了的工作指标压力，但是笔者认为，在当前值班律师制度落实效果不佳，检察机关将认罪认罚适用率作为工作任务指标，认罪认罚真实性、自愿性审查难免流于形式的情况下，保障认罪认罚被告人具有平等的上诉权、不遭受报复性抗诉，对避免发生错案风险、提升认罪认罚从宽制度的公正性都具有现实意义。当然，一审诉讼程序中达成的认罪认罚控辩合意应当对控辩双方都具有一定的约束力，从长远看，对上诉理由和范围进行精准界分、适当限制被告人上诉理由和范围应该是未来该项制度的完善发展方向。①

（二）推动认罪认罚从宽制度向实质性协商的方向演进

虽然笔者认为认罪认罚从宽制度本质属性是"以听取意见为主要方式的控辩合意"，但更应该看到当前制度对被追诉人获取从宽奖励的过分限制：《指导意见》中"认罪"规定的范围过窄，"认罚"规定和"从宽"规定对被追诉人的限制过大。笔者认为，未来的制度发展，应当适当向被追诉人让渡认罪认罚的"定价权"，变全部"官方定价"为部分"官方定价"、部分"双方议价"，把制度逐步推向实质性协商，方可最大限度地实现认罪认罚从宽制度设计的初衷。

1. 只要不作全案无罪辩护的前提下，允许把被追诉人对部分犯罪事实是否构成犯罪、犯此罪还是彼罪的辩解纳入"认罪"的规定。一方面与听取意见的工作模式不相违背，有助于检察机关正确认定案件事实、认定犯罪，另一方面扩大了从宽奖励范围，有助于提高被追诉人认罪认罚的自愿性。

2. 允许检察机关对特定案件在没有减轻处罚情节的情况下在法定最低刑以下提出量刑建议。被追诉人不认同检察机关提出的量刑建议或对检察机关的量刑建议提出自己的调整意见，无非是想争取更多的量刑减让；而检察机关提出量刑建议的根据只能是案件存在的量刑情节和案件基础事实。当前制度不把认罪认罚的从宽作为减轻处罚情节使用，也使得在某些证据不佳的案件中认罪认罚从宽制度适用效果不好——一方面被追诉人因控方证据不佳对裁判结果抱有较高期待，另一方面检察机关在"有罪裁判的程序惯性"和"指控不力的法律后果"中纠结和两难。如果允许检察机关对特定案件在没有减轻处罚情节时亦可在法定最低刑以下提出量刑建议，不仅能更好地使检察机关完成指控犯罪工作，也能提高特定案件的认罪认罚适用率，促进繁简分流，实现诉讼经济原则的价值追求。

---

①闵春雷．回归权利：认罪认罚从宽制度的适用困境及理论反思[J]．法学杂志，2019，40(12)：1-11+153.

正当防卫与互殴型故意伤害如何区分

崔伟

北京市京师(呼和浩特)律师事务所

摘　要:法律赋予公民“正当防卫”的权利,以此保障行为人在受到紧迫危险时可以实施一定的防卫行为来维护自身合法权益。但在司法实践过程中,互殴型的故意伤害行为极具迷惑性的外观,给正当防卫的认定带来了一定困难。现阶段无论是理论学界抑或是司法实践中,均认同“互殴排斥防卫”这一观点,也即当参与者形成互殴之后即可阻断正当防卫的成立。轻易地认定互殴继而排斥正当防卫的适用,是正当防卫司法适用现状中存在的主要问题之一,亦是破坏司法公正、造就“和稀泥”式执法、“各打五十大板”式执法的重要成因。而究其根源,在于实践中对于互殴的认定存在抽象、模糊等问题。

关键词:正当防卫;互殴;故意伤害;司法公正

一、互殴与防卫的关系

法律赋予公民“正当防卫”的权利,以此保障行为人在受到紧迫危险时可以实施一定的防卫行为来维护自身合法权益。但在司法实践过程中,互殴型的故意伤害行为极具迷惑性的外观,给正当防卫的认定带来了一定困难。现阶段无论是理论学界抑或是司法实践中,均认同“互殴排斥防卫”这一观点,也即当参与者形成互殴之后即可阻断正当防卫的成立。譬如李来成故意伤害一案中,最高人民法院在驳回申诉通知书的理由中写道:“本院经审查认为,本案属于因琐事纠纷引发的互殴,没有正当防卫的基础”,其变相证明了最高人民法院支持“互殴排斥防卫”的立场,将互殴的事实作为排除正当防卫基础的依据。① 然而,正是因二者之间的排斥,正当防卫的适用显示出愈来愈局限的趋势,其被压缩在一个抽象的司法异化环境中。具体而言,便是司法机关对“互殴”定义的滥用,其对“还手”“反击”等行为多以“互殴”概括,导致面临紧迫的殴打危险时当事人无路可循、无力可施的尴尬处境,以至于出现“后出手遭殃”的畸形想法。

笔者认为,轻易地认定互殴继而排斥正当防卫的适用,是正当防卫司法适用现状中存在的主要问题之一,亦是破坏司法公正、造就“和稀泥”式执法、“各打五十大板”式执法的重要成因。而究其根源,在于实践中对于互殴的认定存在抽象、模糊等问题。

①中华人民共和国最高人民法院驳回申诉通知书,(2018)最高法刑申39号。

二、互殴认定的现状

我国司法实践抑或理论学界中，对于互殴的概念并无统一表述。邹兵建教授将互殴的实质定义为“参与者在伤害故意的支配下所实施的互相伤害的行为”，①由此可见若要构成互殴，其需要行为人具备主观上的故意伤害意图以及客观上的故意伤害行为。而事实上在司法实践中，对于这两种实质内容的认定存在诸多问题，笔者将分别进行阐述。

（一）主观意图的认定

将“互殴”排斥在“正当防卫”之外，原因之一便是正当防卫具有防卫意识，是为了保护自己而实施伤害行为，而互殴中的主观意图是伤害，是为了伤害他人而实施伤害行为，可见二者的本质区别在于行为人是否具有防卫意识。

然而，防卫意识的认定极具抽象性，其需要判断行为人是否准确认识到不法侵害正在发生，以及行为人是否具有阻止该不法侵害的意识。一方面，在一些具体冲突中，行为人的情绪、认知能力甚至感官能力都会影响到对不法侵害的判定以及对自己行为的思考，这便导致我们不能在诸多案件中套用一个通用公式来判断行为人是否具有防卫意识，此外，我们也不能要求行为人必须按照社会一般人的正常逻辑来处理事件。例如，一个刚刚中奖的人和一个家庭事业遭受打击的人遭遇同样的冲突，后者产生伤害故意的可能性明显更大。

另一方面，即使行为人具备防卫意识，但是谁说防卫意识和伤害故意不能共存呢？那如果行为人有清楚的防卫认识和防卫意志，但是基于刚才矛盾所产生的愤怒情绪，由此借防卫的机会来“泄愤”“报复”，又是否可以据此排斥防卫呢？笔者的观点是，我们应当适当允许“泄愤”的情形出现，正当防卫是为了给予行为人自救的机会，并不要求行为人携以圣洁的心理防卫，当行为人的主观意图涵盖“报复”等心理时，应当视为人之常情，可以理解。②

（二）伤害行为的认定

防卫下的伤害与互殴下的伤害从外观体现来看，并无明显差别。司法实践中往往会以伤害的先后顺序来判断是否具备成立正当防卫的条件，先动手一方制造了不法侵害，利益保护的优越性明显降低。③ 不过在部分案件中，尤其是偏远、落后地区，因为监控等专业设施的缺少，“谁先动手”往往是双方争论不休的问题。在此基础之上，谁受伤，反而成了司法机关认定过错的依据，动手先后顺序不明时，受伤者即为受害者，哪怕明确先动手者，因其伤情更为严重，则判断还手者存在过错。此类逻辑在实务中数不胜数，这也导致在轻伤程度内，还手者被告知己方存在过错后，往往会同意赔偿调解等处理结果，无形中放弃了正当防卫的权利，而在重伤、死亡的后果中，要求行为人具备不一定以正当防卫的方式承担此后果的勇气更是无稽之谈。

此外，何种程度的“动手”视为“伤害行为”？“推搡”“拉扯”是否具备伤害性质？在姜红娥一案中，针对当事人姜红娥、常国敬的推搡、拉扯行为，河南省高级人民法院的表述为

①邹兵建．互殴概念的反思与重构[J]．法学评论，2018，36(03)：171-183.

②陈璇．克服正当防卫判断中的“道德洁癖”[J]．清华法学，2016，10(02)：53-73.

③李勇．互殴与防卫关系之检讨——以类型化的实体与程序规则构建为中心[J]．中国刑事法杂志，2019(04)：73-89.

“证据能够证明姜红娥与常国敬存在推搡、拉扯等互殴行为。”①故而笔者认为，推搡、拉扯在一定程度上可以视为伤害行为，尤其是针对女性、老人等弱势群体时，轻微的暴力也可构成伤害，这需要司法机关在个案中具体分析。

三、互殴的认定标准

既然现有的互殴理念使得司法实务陷入界限不清、标准不明的困境，诸多学者从实践角度出发，将互殴行为分为两类，即有预谋的互殴和无预谋的互殴，②以此帮助司法机关解决当前问题。笔者结合实践以及互殴与正当防卫的实质差异，将两类互殴行为加以细分，具体如下。

（一）有预谋的互殴

1. 约架行为

约架行为，也即双方有所约定的相互伤害。笔者认为该种互殴则不必判断动手的先后顺序，也可以明确推断行为人具有伤害故意，在这种场合下，可以清楚地排斥正当防卫的适用。值得注意的是，此时的约架，不要求行为人对地点、时间有统一、明确的认识，只要双方达成互相伤害的合意，即可判断为约架。如双方约定：下次碰见时干一架。

尽管约架行为可以视为双方故意伤害的意思表示合意，但并非有约架就一定没有防卫。在一些超出约定范围的伤害场合，正当防卫的认定仍然具备独立性。换言之，当一方施以非约定内容的伤害时，仅对这部分伤害内容，另一方依然可以正当防卫，如双方约定拳脚相斗，另一方却在中途持刀具攻击。

2. 矛盾升级行为

该种行为与上述行为的区别是，约架行为明确意识到双方有矛盾，且要对对方施以伤害，而矛盾升级行为指的是，双方意识到矛盾的存在，但并未具备伤害对方的合意。譬如常年争吵的邻居。

提出该种类型的互殴是为了区分“对于矛盾的认识”和“对于伤害的认识”，如二者在长期矛盾之下大打出手，那判为互殴合情合理；如一方并未有实施伤害的意图，但确实具备对另一方的仇恨、愤怒时，该种仇恨不应当作为互殴的依据，毕竟不是所有的矛盾都会演变为暴力。

（二）无预谋的互殴

1. 短暂冲突型

该种类型的事件是实践中最常见，也是最难以辨别的，其表现为毫无瓜葛的两人因琐事发生口角，继而引发殴打行为。笔者认为，在此类型的冲突之下，处于还手方的行为人，只需其客观上满足正当防卫的成立条件，即可默认其具有防卫意图，而不应当认定其为互殴，而处于先动手一方的行为人，则当然失去正当防卫的权利。

---

①姜红娥、滑县公安局老店派出所公安行政管理：治安管理（治安）再审审查与审判监督行政裁定书，河南省高级人民法院，(2020)豫行申704号。

②赵运锋，吕科言．论正当防卫语境下的互殴认定[J]．政法学刊，2022，39(01)：46-57.

2. 无伤害意识的冲突型

此种类型的互殴,诸如地铁上的故意挤压、双方不小心磕碰引发的殴打等事件,一般按照"先动手者丧失防卫权"即可处理。但是,该类冲突并不一定均以动手先后来界定正当防卫的适用,事实上,在一些特殊场合,未动手者往往也存在"先行侵害"的可能性。正当防卫中对于"现实、紧迫的危险"所用名词为"正在进行的不法侵害",由此可见,侵害并不单指身体上的伤害,对于人身自由、财产等侵害也可成立正当防卫。故而在一些行为人并未实施暴力伤害行为,但却实施了一定的侵害自由、侵害其他权益的行为时,先动手者仍然具备"正当防卫"的可能性。如一方采用拉拽、阻挡等方式强行拘禁他人,街头小混混采用勾肩、调戏等方式骚扰他人,尽管无伤害意识,但仍然具备一定的不法侵害性,此时行为人还手则不应当认定为互殴或者"先行动手",应当以正当防卫论处。

3. 停止侵害后的冲突型

在互殴过程中,如一方当事人明示,或者以投降、认输、逃跑等方式表示退出互殴的,或者客观上显示出行为人不存在继续实施伤害行为的可能性的,此时另一方继续加以伤害,则先行停止侵害者可以构成正当防卫。

具体来讲,就是在对互殴的判断过程中,应当保持动态、变化的理念,不能把双方的初始行为以及最终的损害结果作为单一的正当防卫认定的参考标准,而是要结合双方行为的即时表现,针对双方行为的预期符合程度、中断效果程度等作出合理判断,并综合考虑其正当防卫成立之可能。

四、结语

互殴与防卫的关系为互斥,实践中一旦认定互殴就不再适用防卫。而正当防卫与互殴型故意伤害的区分,一直是司法实践中的难题。其不仅在主观故意、伤害行为的判断上存在模糊、不明的问题,在一些特殊的互殴场合,甚至还会完全排除当事人的正当防卫权利。基于此种现状,笔者以"有预谋的互殴"和"无预谋的互殴"为基础观点,将互殴细分为多种情况,构建出一套实践性、标准化的认定模式,以此给司法从业人员提供相应的理论指导,保障司法公正;给普通群众普及法律内涵,帮助其最大化维护自身合法权益。

参考文献

[1]邹兵建. 互殴概念的反思与重构[J]. 法学评论,2018,36(03):171-183.

[2]陈璇. 克服正当防卫判断中的"道德洁癖"[J]. 清华法学,2016,10(02):53-73.

[3]李勇. 互殴与防卫关系之检讨——以类型化的实体与程序规则构建为中心[J]. 中国刑事法杂志,2019(04):73-89.

[4]赵运锋,吕科言. 论正当防卫语境下的互殴认定[J]. 政法学刊,2022,39(01):46-57.

[5]王钢. 正当防卫的正当性依据及其限度[J]. 中外法学,2018,30(06):1589-1613.

[6]陈兴良. 互殴与防卫的界限[J]. 法学,2015(06):129-137.

[7]高铭暄,马克昌. 刑法学(第7版)[M]. 北京:北京大学出版社,高等教育出版社,2016.

支付结算型帮助信息网络犯罪活动罪的认定问题研究

孙毅

北京大成(沈阳)律师事务所

摘　要:2015 年《中华人民共和国刑法修正案(九)》就增设了帮助信息网络犯罪活动罪,但没有对该项罪名给出明确的司法术语解释,这也导致适用初期的司法实践中对于该罪名的适用界限就相对更加保守,直到 2019 年后对该罪名相关司法解释的出台,该罪的适用开始出现明显的增加趋势,其中提供“支付结算”帮助,已经成为该罪最主要的行为方式,同时是司法实践中经常出现争议的犯罪类型。要想准确认定支付结算型帮助信息网络犯罪活动罪的入罪标准,就必须明确支付结算的概念,并厘清与上游犯罪的关系,掌握支付结算数额的计算方式以及支付结算与单向流入异同。

关键词:帮助信息网络犯罪活动罪;上游犯罪;支付结算;单向流入

一、如何理解帮助信息网络犯罪活动罪中的“支付结算”行为

依据《中华人民共和国刑法》(以下简称《刑法》)第二百八十七条之二第一款,应以“情节严重”作为帮助信息网络犯罪活动罪的入罪标准。但直到 2019 年 11 月 1 日,《最高人民法院　最高人民检察院关于办理非法利用信息网络、帮助信息网络犯罪活动等刑事案件适用法律若干问题的解释》(以下简称《解释》)施行,才对该罪名“情节严重”的情形作出明确规定,其中对可认定为本罪的情形进行详细列举,支付结算金额不低于 20 万元的情形便是其中之一。

《支付结算办法》第三条规定,“支付结算”是指单位、个人在社会经济活动中使用票据、信用卡和汇兑、托收承付、委托收款等结算方式进行货币给付及其资金清算的行为。但是并没有司法解释或司法政策明确帮助信息网络犯罪活动罪中“支付结算”应当如何理解。

《最高人民法院　最高人民检察院关于办理非法从事资金支付结算业务、非法买卖外汇刑事案件适用法律若干问题的解释》第一条规定,违反国家规定,具有下列情形之一的,属于刑法第二百二十五条第三项规定的“非法从事资金支付结算业务”:(一)使用受理终端或者网络支付接口等方法,以虚构交易、虚开价格、交易退款等非法方式向指定付款方支付货币资金的;(二)非法为他人提供单位银行结算账户套现或者单位银行结算账户转个人账户服务的;(三)非法为他人提供支票套现服务的;(四)其他非法从事资金支付结算业务的情形。

最高人民检察院《关于办理涉互联网金融犯罪案件有关问题座谈会纪要》中明确指出:“支付结算业务(也称支付业务)是商业银行或者支付机构在收付款人之间提供的货币资金

转移服务。”

《中华人民共和国刑法立法背景与条文解读》中称:“网络犯罪行为人要最终获得犯罪收益,往往需要借助第三方支付等各种网络支付结算服务提供者,以完成收款、转账、取现等活动。实践中甚至有一些人员,专门为网络诈骗集团提供收付款、转账、结算、现金提取服务等帮助。刑法修正案(九)增加对为他人利用信息网络实施犯罪提供‘支付结算帮助’,针对的就是这种情况,这一规定有利于切断网络犯罪的资金流动。”①

结合上述规定,笔者认为,帮助信息网络犯罪活动罪中的“支付结算”是指在他人进行货币给付及资金结算的过程中,帮助他人完成资金由一方向另一方转移的行为。

2022年3月22日最高人民法院刑事审判第三庭、最高人民检察院第四检察厅、公安部刑事侦查局颁行的《关于“断卡”行动中有关法律适用问题的会议纪要》(以下简称《纪要》)中还明确:“行为人出租、出售的信用卡被用于接收电信网络诈骗资金,但行为人未实施代为转账、套现、取现等行为,或者未实施为配合他人转账、套现、取现而提供刷脸等验证服务的,不宜认定为《解释》第十二条第一款第(二)项规定的‘支付结算’行为。”也就是说,单纯提供信用卡,并未帮助他人转移赃款,仅仅起到代为收款作用的情况,不属于帮助他人“支付结算”。

二、“支付结算金额”如何计算

简而言之,“支付结算”就是资金转移的过程,因此,需要由进账以及出账两部分组成,并且,在2022年3月22日颁行的《纪要》中已经明确规定,单纯的代为收款行为,不属于“支付结算”,只有存在“支付结算”行为的前提下,才能够进一步认定“支付结算”数额。

司法实践中,支付结算金额的计算方式并没有统一的规定,目前存在两种计算方式,一种是“进账金额”,另一种是“进账与出账金额累计”,笔者认为,以“进账金额”作为支付结算数额更加合理。理由如下:

1. 支付结算金额应为上游犯罪的违法所得,进账金额即为违法所得

虽然帮助信息网络犯罪活动罪为刑法分则的独立罪名,但其实质上仍属于上游犯罪的帮助犯,根据共犯的从属性原理,上游犯罪需实施了网络犯罪活动,而“支付结算”的对象也应为犯罪金额。例如:上游犯罪实施了网络诈骗行为,支付结算金额就应理解为电信网络诈骗的犯罪数额。并且,司法实践中,通常也是将“支付结算金额 ”认为是被害人报案的结算金额。② 被害人报案的结算金额,也就是提供“支付结算”银行卡的流入金额,如果将流入金额与流出金额累计,将导致认定的被害人损失数额远高于实际损失数额。

2. 参考洗钱罪的规定,支付结算金额应当仅以进账金额计算

《刑法》第一百九十一条关于洗钱罪的规定中,第一款第三项明确列举了洗钱的方式之一:“通过转账或者其他支付结算方式转移资金的。”由此可见,转账即为“支付结算”最主要的行为模式,而转账的数额显然仅是进账金额,而非进出账金额合并计算。

---

①黄永.中华人民共和国刑法立法背景与条文解读[M].北京:中国法制出版社,2021:759.

②王璐.支付结算型帮助信息网络犯罪活动罪的司法限缩——以“两卡”电信网络诈骗犯罪为视角[J].江西警察学院学报,2023(1):34-38.

三、“支付结算金额不低于20万元”与“单向流入超过30万元”入罪标准的区分

2020年最高人民法院刑事审判第三庭、最高人民检察院第四检察厅、公安部刑事侦查局颁行《关于深入推进“断卡”行动有关问题的会议纪要》，其中第五条指出：对他人利用互联网实施犯罪“明知”，将信用卡、电话卡以租赁或出售的形式提供给3个以上的个人(团伙)，且任意被帮助者的行为均完全具备犯罪构成要件，或将租赁或购买所得的信用卡用于实施网络诈骗活动，构成犯罪，涉案信用卡内的流水金额超过30万元的，或将租赁或购买所得的信用卡、电话卡用于实施网络诈骗活动，对受害人及其亲友的人身健康权利造成严重侵害的，应认定其符合《解释》第十二条，将其定性为“情节严重”并加以处理。

2022年颁行的《纪要》进一步说明：“在适用时应把握单向流入涉案信用卡中的资金超过三十万元，且其中至少三千元经查证系涉诈骗资金。”

上述规定，将单向流入信用卡超过30万元(且包含诈骗金额3000元)作为“其他严重情节”，认定持卡人构成帮助信息网络犯罪活动罪，由于银行转账的形式正是“支付结算”的主要方式，司法实践中存在以支付结算金额作为定罪的核心客观要素时将流水金额混同于资金支付结算金额的情况，导致适用法律错误。实际上两者之间存在明显区分：

1. 单纯提供信用卡，可以认定“单向流入”，但不属于“支付结算”行为

如前所述，单纯提供信用卡的行为，不属于“支付结算”行为，必须存在转账、套现、取现等行为，才能适用“支付结算金额不低于20万元”的规定入罪，而“单向流入超过30万元(且包含诈骗金额3000元)”作为入罪标准的情况下，只要行为人提供了银行卡，无需实施转移资金的行为，就可以适用该规定入罪。

2. “支付结算”与“单向流入”金额对应的违法所得不同

以上游犯罪为网络诈骗为例，帮助信息网络犯罪活动罪达到入罪标准，“支付结算金额不低于20万元”应为全部违法所得，而“单向流入超过30万元”中，仅需3000元为违法所得即可。

3. “单向流入”应为兜底性条款

《纪要》规定，“单向流入超过30万元”情形认定行为“情节严重”的，要注重审查行为人的主观明知程度，出租、出售信用卡的张数、次数，非法获利的数额以及造成的其他严重后果，综合考虑与《解释》第十二条第一款其他项适用的相当性。

由此可见，单向流入信用卡超过30万元(且包含诈骗金额3000元)属于“其他严重情节”，而“支付结算金额不低于20万元”属于一般性规定，并列为帮助信息网络犯罪活动罪的立案标准之一，按照体系解释，应优先适用“支付结算金额不低于20万元”规定，以“单向流入”规定作为兜底性条款。

四、“支付结算金额”5倍以上入罪条款的适用条件

根据《解释》第十二条第二款的规定：“实施前款规定的行为，确因客观条件限制无法查证被帮助对象是否达到犯罪的程度，但相关数额总计达到前款第二项至第四项规定标准五

倍以上，或者造成特别严重后果的，应当以帮助信息网络犯罪活动罪追究行为人的刑事责任。”其中第二项就是支付结算金额达到20万元以上。在适用该条款时，我们应注意以下问题：

1. “能够查证”情况下，不可适用该条款

例如：上游犯罪诈骗数额查实为5万元，“支付结算”数额查实为5万元，此时，即使进账流水超过100万元，依然只能适用《解释》第十二条第一款，认定未达到帮助信息网络犯罪活动罪的立案标准。

出于立法宗旨的考虑，本款强调指出特殊情况下本罪不对司法机关关于被帮助对象的犯罪事实查证作强制性要求，①但应当以受客观因素影响确实难以查证被帮助人是否构成犯罪为前提。其目的在于对侦查机关的执法行为加以规制，使其不至于避重就轻、点到为止、在未深挖线索查证共同犯罪的情况下仅以本罪对行为人定罪处罚，换言之，要求侦查机关在穷尽所有侦查手段后依然难以确证被帮助人的网络违法行为是否构成犯罪。

如果现有证据能够查清上游犯罪数额以及“支付结算金额”，并且能够一一对应，无论是否构成犯罪，均应依照《解释》第十二条第一款处理，不应适用第二款规定。

2. 无法查实“支付结算金额”，但能证明上游犯罪达到立案标准，可以适用该条款

例如：涉诈资金进账110万元，“支付结算金额”能够查实的为10万元(超过3000元，低于20万元)，剩余100万元未查清，可适用《解释》第十二条第二款，认定达到帮助信息网络犯罪活动罪的立案标准。

如前所述，《解释》第十二条第一款中“支付结算金额20万元以上”，应理解为进账的上游犯罪违法所得数额，但在适用《解释》第十二条第二款规定时，由于无法查清进账金额是否全部为违法所得的情况下，“相关数额”应理解为进账金额的5倍，即进账流水100万元。

此外，基于共犯的从属性原理，帮助行为入罪仍应以实行犯够罪为前提，因此，如上游犯罪为诈骗，则必须查实3000元为网络诈骗的违法所得，才能达到网络诈骗的入罪标准。如果行为人提供的银行卡流水超过100万元以上，但没有证据证明其中存在3000元及以上的违法所得，仍无法认定行为构成帮助信息网络犯罪活动罪。

---

①皮勇. 论新型网络犯罪立法及其适用[J]. 中国社会科学，2018(10)：126-150.

刑事案件中伤情鉴定时机对案件的影响

李晓宇　董彦良

辽宁钢城正大律师事务所

摘　要：在故意伤害案件中伤情鉴定意见起着非常重要的作用，但现行法律法规对于当事人伤情鉴定的时机和次数并无明确限制。这样一来，鉴定意见将受到时间、空间、当事人等多方面的主客观因素影响，鉴定意见存在诸多不确定性，其参考价值值得商榷。本文想要探讨的问题是，刑事案件中伤情鉴定时机对案件的一些影响，以及怎样确定合理的伤情鉴定时机以作出相对具有稳定性且对司法机关具有参考价值的伤情鉴定意见。

关键词：伤情鉴定；故意伤害罪；鉴定时机

一、我国目前伤情鉴定法律规定

伤情鉴定是指专业的机构通过对受害人身体组织结构的破坏、功能障碍以及心理、精神方面的影响和损害程度等因素的确定，来判断其被伤害的程度的过程。在侦查案件时，侦查机关会指派或聘请具有专门知识的人进行伤情鉴定，以便更好地了解案情，判断嫌疑人是否构成刑事犯罪。因此，伤情鉴定对于故意伤害类案件的司法实践是至关重要的。司法工作人员判断某一伤害行为是否构成故意伤害罪、犯罪行为的严重程度、是否需要对犯罪嫌疑人采取强制措施以及采取何种强制措施等工作都是依据鉴定结果进行的。但是在实务案件中可能存在相同或者程度相似的伤害行为，因为受害人前去就医的时机选择不同、做伤情鉴定的时机选择不同，还有其他一些客观原因等，最终的伤情鉴定结果与当事人的预期产生差异，从而使法院的最终判决结果产生巨大差异。

根据现行伤情鉴定相关规定之《公安机关办理伤害案件规定》第十九条，具备即时进行伤情鉴定条件的，公安机关的鉴定机构应当在受委托之时起 24 小时内提出鉴定意见，并在 3 日内出具鉴定文书。对伤情比较复杂，不具备即时进行鉴定条件的，应当在受委托之日起 7 日内提出鉴定意见并出具鉴定文书。对影响组织、器官功能或者伤情复杂，一时难以进行鉴定的，待伤情稳定后及时提出鉴定意见，并出具鉴定文书。从以上规定我们可以知道现行法律法规对于当事人伤情鉴定的次数并无明确限制。这样一来，鉴定意见将受到时间、空间、人物等多方面的主客观因素影响，鉴定意见存在诸多不确定性，其参考价值值得商榷。本文想要探讨的问题是，刑事案件中伤情鉴定时机对案件的一些影响，以及怎样确定合理的伤情鉴定时机以作出相对具有稳定性且对司法机关具有参考价值的伤情鉴定意见。

二、伤情鉴定时机对案件的影响

通过威科先行数据库查询可知近 3 年检察院公开相关数据涉嫌故意伤害案件中，作出起诉书的占比约 85%，作出不起诉决定书的占全部伤害案件的 15%，其中既包括一部分伤情鉴定结果为轻微伤，也包括有些受害人拒绝做伤情鉴定导致检察院证据不足，最终作出不起诉决定书。伤情鉴定结果在涉嫌故意伤害案件中一开始就影响案件的走向。下面我们通过几个具体案例来看看伤情鉴定时机对案件的影响。

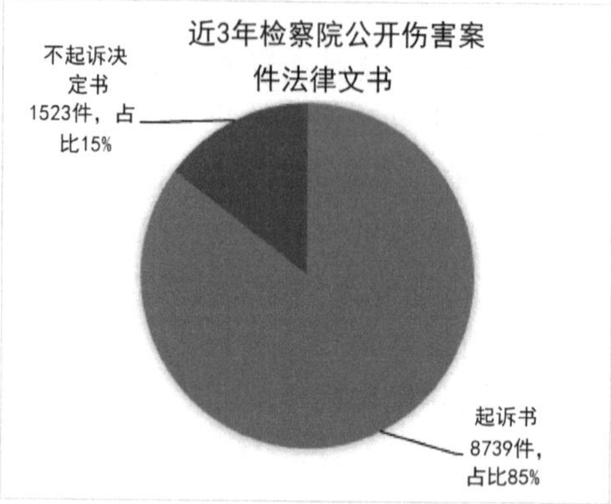

图 1　2020 年 6 月—2023 年 6 月检察院公开伤害案件法律文书统计图

1. 案件审理中重新申请伤情鉴定，结果由轻伤转化为重伤

北京市朝阳区人民检察院指控被告人蔡某珊犯虐待罪，依据对被害人构成轻伤的后果向法院提起公诉，建议对被告人判处有期徒刑一年至二年。法院审理案件过程中，被害人的亲生父母代替被害人陈某某（陈某某受伤时年仅 4 岁）提起刑事附带民事诉讼并申请进行伤残鉴定和重新进行伤情鉴定。重新经过伤情鉴定后，被害人陈某某损伤程度为重伤（偏轻），伤残程度属九级。由于有了新的鉴定意见，由最初的轻伤变为了重伤，检察院也变更起诉，指控被告人蔡某珊的行为造成被害人重伤的后果，构成虐待罪并建议判处有期徒刑三年至五年。法院结合对被告人主观心态的分析，认定重伤的结果系由长期的虐待行为累积所致，被告人构成虐待罪的结果加重犯。最终法院认定被告人蔡某珊犯虐待罪，可见如果司法机关根据最初的伤情鉴定结果，由于伤害较轻，所以相对地提交给法院的量刑建议也是比较轻的，可是在被害人的亲生父母要求重新鉴定，鉴定为重伤之后检察院变更量刑建议，建议判处有期徒刑三年至五年，最终法院判处有期徒刑五年。可见在被害人在案件审理中重新进行伤情鉴定之后，由于鉴定结果的改变，公诉人的量刑建议也会有所改变，最终也会影响法院的判决。

2. 伤情鉴定时间距案发较长，上诉后法院综合考量对嫌疑人免予刑事处罚

浙江省诸暨市人民检察院指控原审被告人顾某棋犯故意伤害罪暨某民事诉讼原告人张某提起附带民事诉讼一案，于 2020 年 4 月 21 日作出刑事附带民事判决。原审被告人顾某棋不服，提出上诉。原审认为，被告人顾某棋故意伤害他人身体，致一人轻伤后果，其行为已构成故意伤害罪，其犯罪行为给被害人造成的经济损失应予赔偿。依照《中华人民共和国刑

法》相关规定，判决：被告人顾某棋犯故意伤害罪，判处有期徒刑六个月，等。可是上诉人顾某棋提出众多意见，其中一点“张某的损害后果与其行为无必然因果关系。案发后近半年张某方报案，伤情鉴定时间距案发近一年。案发后张某首次治疗并无大碍，专家亦未要求手术治疗或住院。报案时张某病历及门诊记录均为后补。不排除张某有其他原因受伤的可能。”上诉人的主张主要抓住了一点，就是原告人的伤情鉴定时间距案发时间过长，可能导致伤情鉴定结果不准确，从而主张原判认定事实不清、证据不足，申请改判上诉人无罪。

最终法院经过综合研判接受了上诉人的部分意见，由于伤情鉴定时间距离案发时间过长，会受到很多其他因素影响，法院通过综合其他证据的考量认为应对上诉人顾某棋的量刑予以调整。最终判决上诉人顾某棋犯故意伤害罪，但免予刑事处罚。

3. 被害人不配合伤情鉴定，导致证据不足，检察院作存疑不起诉处理

犯罪嫌疑人王某将被害人张某打伤，侦查机关立案后对犯罪嫌疑人采取刑事拘留的强制措施，侦查机关根据住院病历等反映病情的材料初步判断构成重伤，于是向当地的检察机关提请批准逮捕。但是检察机关的相关部门认为此次案件缺乏伤情鉴定这一关键证据，不满足逮捕条件，因而驳回了侦查机关的申请。侦查机关与张某多次联系，让张某配合相关人员做伤情鉴定，但张某从犯罪嫌疑人处获取高额的经济补偿后拒不配合鉴定。虽然缺少关键证据侦查机关还是将案件进一步移送审查起诉，可想而知，由于缺乏关键的伤情证据，检察机关经过两次退查要求侦查机关督促张某配合鉴定，但张某始终不予配合，造成案件定罪量刑的证据缺失，致使检察机关无法对该案提起公诉，只能作存疑不起诉处理。

由于被害人不配合做伤情鉴定，缺乏主要证据，检察机关一般只能作存疑不起诉，而实务中被害人不去做伤情鉴定的原因有很多。第一种原因是实务中最常遇见的，即金钱利益上的诱惑。伤害案件发生后犯罪嫌疑人一方常常会许下重金诱惑与被害人沟通，最终私下合意给予经济赔偿，一般数额要高于法院平均判决的赔偿额度，但是要求被害人拒绝做伤情鉴定。在比较高的金钱诱惑下，被害人产生错误的思想，觉得自己获得了足够的赔偿，心理得到了一定平衡，比起犯罪嫌疑人受到法律的制裁，反而更关注自己得到了多少金钱利益，于是就会产生不配合做伤情鉴定的情况，导致相关司法部门无法追究犯罪嫌疑人的刑事责任。上述案例中的被害人张某就是在这种情况下拒绝配合做鉴定的。第二种原因是情感因素的考量。很多涉嫌故意伤害罪的案件中当事人相互之间有一定的情感基础，本来之前就是朋友、亲戚、同事等关系，俗话说一个巴掌拍不响，两人又都有一定过错。犯罪嫌疑人赔礼道歉加上周围家人朋友同事的说和，最后被害人再得到一些款项上的赔偿，于是就拒绝配合司法机关进行伤情鉴定。第三种原因是鉴于很多主观、客观原因相同的伤势在不同的鉴定机构会出现不同的结果，而且《中华人民共和国刑事诉讼法》以及相关司法解释对重新鉴定的次数没有作出限制，以致重新鉴定可能反复进行，导致被害人担心自己权利得不到保护，会害怕重新鉴定，害怕自己的鉴定结果会改变从而导致最终法院判决受到影响。同时我国法律没有规定被害人不配合鉴定的处罚措施，被害人明知自己不配合重新鉴定不会受到惩罚，亦不需要承担相应诉讼风险，这也是其不配合进行重新鉴定的重要原因。

4. 伤情鉴定的特殊情况

这是一个关于伤情鉴定时机比较特殊的案例。2005 年万某与他人发生纠纷，便纠集陶

某、吴某、龚某、周某 4 人持刀在街上寻找本案被害人以伺机报复。当其 5 人寻到某宾馆时，遇见被害人余某在该宾馆前台打电话，于是，5 人围着余某，持刀对其进行劈砍，将余某砍伤，随即 5 人逃离现场。被害人受伤是行为人共同故意实施伤害行为所致，被害人的伤情程度经当时合法程序鉴定为重伤，且不存在需要重新鉴定的情形。犯罪嫌疑人万某、龚某、周某 3 人于 2006 年陆续归案，均以故意伤害致人重伤分别被判处有期徒刑五年、四年零六个月、三年零六个月。时间来到了 2019 年，也就是自案发 14 年后，之前潜逃的陶某、吴某归案。同年 8 月 13 日，侦查机关委托司法鉴定中心对被害人余某伤情进行鉴定，经鉴定，余某的人体损伤程度为轻伤一级。可以明显看到由于鉴定时机的不同，新旧鉴定结论不一致，如何认定被害人伤情？致人重伤与致人轻伤适用法律条款不同，量刑档不同，因此对 2 份新旧鉴定意见的采用将直接影响两被告人的量刑。

第一种意见认为，应适用“从旧兼从轻”及有利于被告原则，适用损伤程度较轻的鉴定意见，即采用新的鉴定标准，认定致人轻伤。第二种意见认为，应采用旧的鉴定标准，认定致人重伤。

被害人损伤程度经合法程序进行鉴定后，其鉴定结果是认定被告人罪与非罪的标准，是认定此罪与彼罪的标准，亦是被告人量刑幅度的标准，因此其结果应该是合法的、稳定的、唯一的。本案中，其他的 3 名同案犯已按故意伤害致人重伤标准于 2006 年被依法判决，判决均已生效，而且都服刑完毕。且重伤的鉴定结果在鉴定程序不存在任何问题的情形下，不需要重新鉴定，因此，重伤的鉴定结果应该是该案中被害人人体损伤程度的最终检验结果，它不因被告人归案时间的先后而出现不同。如在同一起犯罪事实中对同一名被害人采用不同的鉴定意见，且同案被告人适用两种不同鉴定，将导致对同一犯罪事实适用不同的法律，会出现早归案的量刑较重、后归案的反而适用较轻处罚的现象，不利于犯罪嫌疑人及时归案，亦显然违背公平正义的司法理念，可能造成不良的判决导向。如果允许经过鉴定的案件在重新鉴定时采用较轻的新标准，等于鼓励犯罪嫌疑人逃避处罚。试想，这样的话，长时间逃匿，本身没有悔罪态度，且未及时接受处罚，是对被害人的不公平，一旦出现新标准，再按照程度较轻的新标准，就是对被害人的更大不公平。

笔者认为，司法案件应做到同案同判，贯彻公平正义价值取向。法院亦应根据不同案件的不同鉴定意见的具体情况综合研判，以实现个案的公平正义，维护法律的统一和尊严。

三、伤情鉴定时机不当可能带来的消极后果

伤情鉴定时机不当可能存在同罪不同罚、刑法适用结果参差不一等后果。伤情鉴定的时机不同，类似伤害行为因个人体质不同恢复情况不同，还有一些特殊情况的案件，被害人因为想要更多经济赔偿可能故意延误或拒绝治疗，治疗的延误直接导致最终伤愈的结果评价也会有所改变。众多影响元素的变化，在于说明如果以伤害的治愈结果作为伤情鉴定结果的标准，其受影响因素太多，对于相同犯罪行为可能会得出不同的刑事法律责任，这样的结果难免有失公正。如果讨论伤情鉴定的公正性问题，单独以受到影响因素众多的治愈情况作为鉴定意见的主要依据，容易造成相同伤害行为不同刑罚的情况，还会面临多次鉴定的诉累。实务案件中多次鉴定、重复鉴定的案件非常多，每位当事人追求的结果各异，被害人想要更重的伤情鉴定结果以获得更多的经济赔偿，嫌疑人想要更轻的结果以避免刑事处罚。

由于当下法律规范并没有对鉴定次数进行明确规定，这就使得多次鉴定的现象在司法实践中屡见不鲜。其最大的差别就在于，同一个案件的多次鉴定中，无论哪一次反映的都是鉴定当下的伤情，也就是鉴定的时机的不同，反映的都是伤情的不断治愈的过程，可以说伤情鉴定意见是伤害案件中当事人双方利益博弈的最大筹码，那么哪个阶段来做作为定罪量刑的依据的伤情鉴定是恰当的呢？有的人会提出，自然是当治愈结果稳定之时，这种做法从形式看起来客观稳妥，但从实质上讲并非一定公平的。我们应该明确的是，后面的鉴定意见并不能推翻前面的结论，后面的鉴定意见正确并不必然意味着前面结论的错误。因此，单单以治愈结果作为鉴定意见依据的做法是不完善的，这样一来，就把法律责任的认定简单地化为了医疗的结果，这个结果有可能是经济能力的体现，也有可能是当事人身体条件不同而导致的。

至于法律在这期间所处的地位也十分窘迫，法律规范由于受到当事人间利益博弈和医疗技术、鉴定技术有限等条件制约，其作用空间十分狭小，伤情鉴定程序的精确要求与现实办案需求以及社会大众急迫的正义期盼之间的矛盾冲突也越发激烈。

四、原因分析与解决途径

由于目前并没有明确对伤情鉴定次数进行限制，这导致了可能存在多次鉴定带来的诉讼负担。同时，多次鉴定还可能会产生不同的鉴定结论，这就需要进行意见协商和抉择，增加了诉讼难度。因此，制定相关法律规定以设定合理的伤情鉴定时机是减轻多次鉴定诉累的有效途径。相关法律规定确定鉴定时机可以限制鉴定的次数，避免多份鉴定结果之间的抉择问题。由于伤情是一个动态变化的过程，被害人的伤情可能会缓解或恶化。这种结果的不确定性和个案差异性会影响鉴定结果，因此根据某个时机的鉴定结果并不完全可靠。合理地选择几个时机，综合考虑其情况，得到全面客观的鉴定结果更为有利。此外，通过限制鉴定次数和提高诉讼效率可以更好地维护司法公正和效率。正是因为治愈结果的个案存在差异性，双方当事人就会存在利益冲突。如果被害人的伤情逐步好转，此时犯罪嫌疑人自然希望鉴定时间越晚越好，如果伤情逐步恶化，则此时犯罪嫌疑人便希望鉴定意见早点得出。因此，根据一个时机的当下情况作出的鉴定意见是不全面也不可靠的，合理地固定几个时机的选择并不偏袒于哪一方，相反，将几个节点的情况综合考量，更能做到全面的客观记录，同时限制鉴定次数，提高诉讼效率。

在被害人伤情不断变化的情况下，应该选择哪些时机作为合理伤情鉴定的时间呢？其中第一个时机应当是被害人刚刚受伤的时候，目的是进行初始的鉴定与记录。此时应当强制鉴定的原因有两个。首先，刚受伤时进行初步的伤情鉴定能够有效固定案件证据，这是展现纯粹伤害行为的最佳时机，并且对犯罪嫌疑人的后续处理提供了重要参考依据。其次，在现实司法实践中，情况往往更加复杂。如果一方经济条件雄厚，双方可能达成高额赔偿协议，这种情况下被害人可能会拒绝配合进行鉴定。然而，强制鉴定能够确保司法公正，并且有助于查明真相和维护法治。因此，需要在这种情况下坚持进行强制鉴定。此时若无强制鉴定，侦查机关无法固定证据，随后检察机关可能无法提出公诉，无法将罪犯绳之以法，刑法权威不容亵渎，因此强制鉴定是有理有据的。第一次鉴定具有固定证据的重要作用，其表现内容是受伤情况的初步诊断，时间上具有不可逆性，无法再次鉴定。第二个时机应是依照目前鉴定标准所确定的被害人伤情较为稳定时,此次鉴定重点在于衡量伤害行为带来的伤害后果。这次鉴定的时机与目前相关法律规定的要求基本一致,但相对第一次鉴定,第二次应当更加全面深入,既要进一步展示纯粹的伤害行为所造成的伤情结果,也要包括其综合治愈情况。但由于在第二次鉴定中,"伤情稳定时"是较为不确定的概念,未来还需要更为明确的法律法规进一步规定,法官和司法工作人员应根据实际情况综合鉴定机构、医疗机构的意见进行鉴定时机的考量。

五、结语

刑事案件中伤情鉴定的时机非常关键,律师们可以通过了解伤情鉴定的时机站在不同角度对委托人给出一些有利建议,因为它可以对案件的结局产生重要影响。如果伤情鉴定在伤情发生后立刻进行,可以更加准确地了解伤害的程度和对被害人的影响,这有助于加强公诉的证据链,可提高审判的胜算。如果伤情鉴定晚于伤情发生一段时间,有可能因为治疗、愈合等因素导致伤情的程度减轻或者已经恢复,这会对案件的定性产生影响,导致检察机关因证据不足无法起诉等。如果伤情鉴定在案发后很久才进行,这可能会影响证据的可信度和采纳度。值得注意的是,在一些情况下,没有进行伤情鉴定或者伤情鉴定时间过晚或者鉴定结果不够准确,可能会导致案件出现一系列问题,比如刑事案件的定罪量刑难以确定、可能会引发群众不信任等问题。综上伤情发生后立刻的鉴定和伤情稳定的鉴定综合评价格外重要,希望未来相关部门可以综合研判,进一步推进更完善的关于限制鉴定次数和确定鉴定时机的相关立法。总之在办理刑事案件时,伤情鉴定的时机也应该被视为极其重要的环节之一,不能忽视其存在和作用。

参考文献

[1]李奋军. 如何规范进行人体损伤程度鉴定——一起故意伤害案伤情鉴定的启示[J]. 派出所工作,2021(06):75-77.

[2]谷党恩,张健苗. 浅谈公安机关伤情鉴定的模式[J]. 法制博览,2020(10):162-163.

[3]杨振媛. 伤情鉴定规则的合理性分析——以鉴定时机与鉴定依据的选择为切入点[J]. 云南警官学院学报,2019(02):116-119.

[4]崔世超. 重伤害案件被害人不配合伤情鉴定研究[J]. 中国检察官,2018(20):45-46.

[5]周文武,张磊磊,董洪旺. 影响法医伤情鉴定意见的常见原因及对策[C]. 法医临床学专业理论与实践——中国法医学会·全国第二十一届法医临床学学术研讨会论文集,2018:595-596.

[6]曹建雄,田莹莹. 刑事诉讼伤情鉴定中存在的问题及对策[J]. 人民检察,2015(11):75-76.

[7]王永杰,王常清. 重伤 VS 轻伤,被质疑的伤情鉴定[J]. 法律与生活,2017(16):38-39.

新时代中国刑事辩护研究热点与趋势分析

王强　冯红霞

内蒙古仁兴律师事务所

摘　要：以刑事辩护为研究对象，基于文献计量学分析 2012—2023 年中国刑事辩护研究文献，发现中国刑事辩护的研究热点和趋势。本研究运用文献计量分析软件 CiteSpace 6.2.R4，对 2012—2023 年中国刑事辩护研究文献的发文量、高被引频次文献、发文期刊、发文作者、关键词聚类和关键词突现性进行计量统计，并对其研究热点和趋势进行分析。研究发现，新时代中国刑事辩护研究发文量整体呈现先升高后下降并逐步趋于稳定的趋势；高被引频次文献集中出现在 2014 年和 2017 年；发文量最多的期刊为《人民检察》；发文作者间合作较少；刑事辩护的相关制度和模式是近年来的研究热点。总结刑事辩护研究未来发展趋势，应以法治中国建设为目标、习近平法治思想为指引，不断完善法律制度，创新刑事辩护模式，助推治理能力现代化建设。

关键词：刑事辩护；法律援助；法治中国；CiteSpace 软件

刑事辩护制度是我国治理体系和治理能力现代化重要组成部分，发挥着不可替代的作用[1-2]。党的十八大以来，中国特色社会主义进入新时代，习近平总书记高度重视政法工作，2013 年强调指出[3]，要努力让人民群众在每一个司法案件中都感受到公平正义。2017 年 10 月，最高人民法院、司法部印发《关于开展刑事案件律师辩护全覆盖试点工作的办法》，在北京等 8 个地区开展试点；2018 年 12 月，试点工作扩大至全国，通过试点有效提高了律师刑事案件辩护率[4-5]。2022 年 10 月，最高人民法院、最高人民检察院、公安部、司法部印发《关于进一步深化刑事案件律师辩护全覆盖试点工作的意见》，为刑事辩护研究提出了时代新课题和研究新任务[6-7]。

一、数据来源与研究方法

（一）数据来源

数据来源于中国知网（China National Knowledge Infrastructure，CNKI）数据库，围绕新时代中国刑事案件律师辩护主线，主题检索“刑事辩护”，检索范围为中文文献，为进一步保障研究文献质量，选取北大核心期刊、CSSCI 期刊和 CSCD 期刊论文为对象，经过预检索得到 165 篇，党的十八大开启新时代，检索起始年限设定为 2012 年，检索结束年限设定为 2023 年，除美国等国外刑事辩护研究论文，以及培训、书评等学术性一般论文，剩余 156 篇。

（二）研究方法

本研究采用的研究方法为文献计量学，涉及文献计量模型如下：

1. 共词分析是对刑事辩护文献数据进行热点分析，采用余弦指数进行表示，余弦指数计算公式为[8]：

$$\text{Cosine} = \frac{H_{ij}}{\sqrt{G_i G_j}} \tag{1}$$

式中，Cosine 为余弦指数，H_{ij} 为关键词 i,j 在导入文献数据库中的共现频次；G_i,G_j 为关键词 i,j 在导出文献数据库中的出现频次。

2. 中心性表示某一关键词在导入文献数据库的重要性，计算公式为[8]：

$$Z_i = \frac{1}{M}\sum_{j=1}^{m} F_{ij} - \frac{1}{N}\sum_{g=1}^{n} F_g \qquad (i = 1,2,\cdots,k) \tag{2}$$

式中，Z_i 为第 i 个关键词的中心度；$\frac{1}{M}\sum_{j=1}^{m} F_{ij}$ 为第 i 个聚类中 M 个关键词的共现频次；$\frac{1}{N}\sum_{g=1}^{n} F_g$ 为 N 个关键词的共现频次。

3. 突现度是指关键词达到阈值的平均共现时长的离差，计算公式为[8]：

$$TD_i = \frac{1}{M}\sum_{j=1}^{m} Y_{ij} - \frac{1}{N}\sum_{g=1}^{n} Y_g \quad (i = 1,2,\cdots,k) \tag{3}$$

式中，TD_i 为聚类 i 的突现度；$\frac{1}{M}\sum_{j=1}^{m} Y_{ij}$ 为第 i 个聚类 M 个关键词的年平均共现数，$\frac{1}{N}\sum_{g=1}^{n} Y_g$ 为 N 个关键词的年平均共现数。

二、研究现状统计分析

（一）发文量

2012—2023 年中国刑事辩护研究的发文量统计结果见图 1。

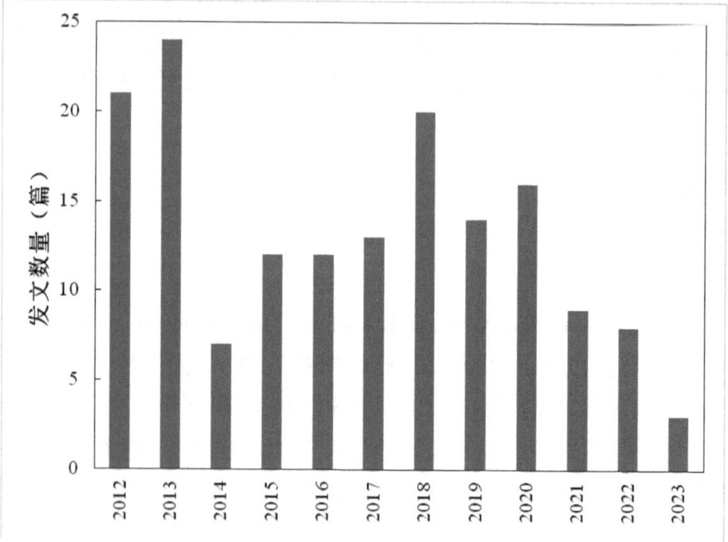

图 1　2012—2023 年中国刑事辩护研究的发文量

从图 1 可知,2012—2023 年中国刑事辩护研究的发文量整体呈现先升高后下降,逐步趋于稳定趋势,2012—2013 年,中国刑事辩护研究的热度最高,发文量均超过 20 篇,2014 年发文量下降后,稳步增长,2018 年和 2020 年达到 2 个小高峰,随后发文量开始下降。

(二)高被引频次文献

2012—2023 年,中国刑事辩护研究高被引频次文献的被引频次在 201~539 次。其中,王敏远[9]撰写的《认罪认罚从宽制度疑难问题研究》被引频次最高,达 539 次;第二是陈卫东[10]撰写的《认罪认罚从宽制度试点中的几个问题》,为 345 次;第三是陈瑞华[11]撰写的《刑事诉讼中的有效辩护问题》,为 323 次;第四是顾永忠[12]撰写的《以审判为中心背景下的刑事辩护突出问题研究》,为 320 次;其余高频被引论文频次在 200~300 次。高被引频次文献发表年份较集中出现在 2014 年和 2017 年。2012—2023 年中国刑事辩护研究高被引频次文献(排名前 10)统计结果见表 1。

表 1　2012—2023 年中国刑事辩护研究高被引频次文献(排名前 10)

序号	题名	作者	刊名	发表年份/年	被引频次/次
1	认罪认罚从宽制度疑难问题研究	王敏远	中国法学	2017	539
2	认罪认罚从宽制度试点中的几个问题	陈卫东	国家检察官学院学报	2017	345
3	刑事诉讼中的有效辩护问题	陈瑞华	苏州大学学报(哲学社会科学版)	2014	323
4	以审判为中心背景下的刑事辩护突出问题研究	顾永忠	中国法学	2016	320
5	有效辩护问题的再思考	陈瑞华	当代法学	2017	273
6	刑事法律援助的中国问题与域外经验	陈永生	比较法研究	2014	258
7	刑事辩护准入制度与有效辩护及普遍辩护	冀祥德	清华法学	2012	222
8	追根溯源:再论值班律师的应然定位	顾永忠	法学杂志	2018	218
9	有效辩护、无效辩护的国际标准和本土化思考	熊秋红	中国刑事法杂志	2014	206
10	我国值班律师制度的法律定位及其制度构建	吴宏耀	法学杂志	2018	201

(三)发文期刊

2012—2023 年中国刑事辩护研究发文量最多的期刊为《人民检察》,为 16 篇,然后依次为《法学杂志》《中国刑事法杂志》《政法论坛》《当代法学》和《浙江工商大学学报》,分别为 13 篇、10 篇、9 篇、8 篇、7 篇,以上期刊中《人民检察》曾入选北京大学《中文核心期刊要目总览》(2011 年版,2014 年版),其余均进入北京大学《中文核心期刊要目总览》(2020 年版),《人民检察》仅选取入选核心期刊期间发表论文。

(四)发文作者

2012—2023 年中国刑事辩护研究发文作者间合作较少。发文量最多的作者是顾永忠,共 10 篇;其次是陈瑞华,共 9 篇,再次是熊秋红,共 6 篇;胡铭和陈学权均为 5 篇。2012—2023 年中国刑事辩护研究发文作者(排名前 5)统计结果见表 2。

表 2　2012—2023 年中国刑事辩护研究发文作者(排名前 5)

序号	作者	单位	数量/篇
1	顾永忠	中国政法大学	10
2	陈瑞华	北京大学	9
3	熊秋红	中国政法大学	6
4	胡铭	浙江大学	5
5	陈学权	对外经济贸易大学	5

三、研究热点与趋势可视化分析

(一)关键词共现分析

本研究采用 CiteSpace 6. 2. R4 软件对 2012—2023 年中国刑事辩护研究进行了关键词共现分析,并对高频关键词及其中心性进行了研究。中国刑事辩护研究排名靠前的高频关键词包括"刑事辩护""有效辩护""值班律师""法律援助""辩护律师""侦查阶段""刑事诉讼""无效辩护""律师辩护",各关键词之间共现关系较强。近年来,中国学者多是围绕刑事辩护的制度和模式两个方面进行研究。同时,近年来,法律援助也成了刑事辩护研究的热点。结果见图 3 和表 3。

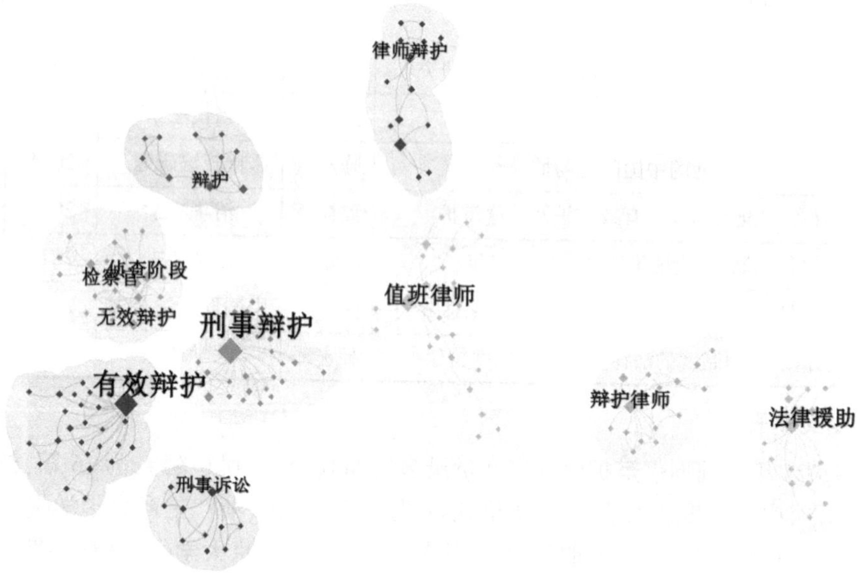

图 3　2012—2023 年中国刑事辩护研究关键词共现图谱

表 3　2012—2023 年中国刑事辩护研究高频关键词

序号	频次/次	中心性	关键词
1	33	0. 65	刑事辩护
2	30	0. 48	有效辩护
3	15	0. 22	值班律师
4	12	0. 08	法律援助
5	8	0. 2	辩护律师
6	6	0. 09	侦查阶段
7	5	0. 08	刑事诉讼
8	5	0. 05	无效辩护
9	5	0. 06	律师辩护

（二）关键词突现分析

关键词突现性表示某个关键词或主题词在一段时期某个领域内的兴衰情况，能够反映一段时期的研究热点，可用突现强度表示。2012—2023 年中国刑事辩护研究的突现词见图 4。

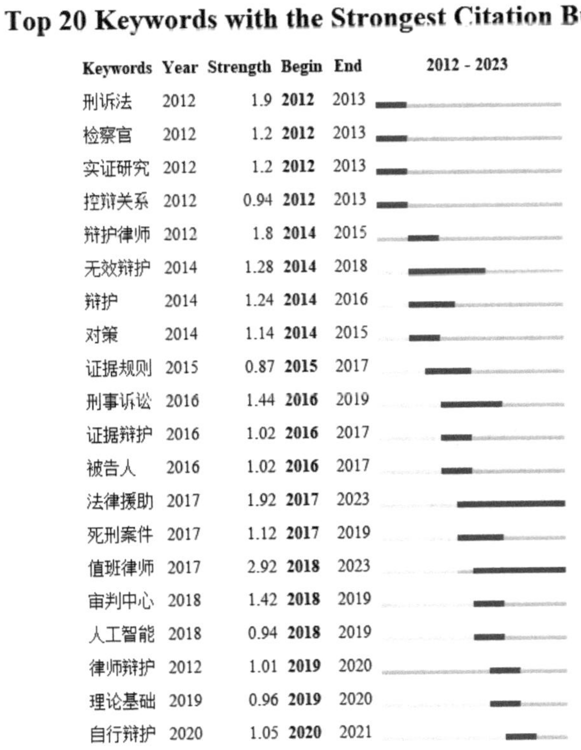

图 4　2012—2023 年中国刑事辩护研究的突现词

由图4可知:2012—2023年中国刑事辩护研究高强度突现词不断出现,2012—2013年主要突现词是“刑诉法”“检察官”“实证研究”和“控辩关系”。2014—2015年主要突现词是“辩护律师”“对策”;2014—2016年主要突现词是“辩护”;2014—2018年主要突现词是“无效辩护”。2015—2017年主要突现词是“证据规则”。2016—2017年主要突现词是“证据辩护”和“被告人”。2016—2019年主要突现词是“刑事诉讼”;2017—2023年主要突现词是“法律援助”。2018—2019年主要突现词是“审判中心”和“人工智能”;2018—2023年主要突现词是“值班律师”。2019—2020年主要突现词是“律师辩护”和“理论基础”。2020—2021年主要突现词是“自行辩护”。2012—2023年突现强度最高的是“值班律师”,为2.92,然后依次是“法律援助”“刑诉法”“辩护律师”,突现强度分别为1.92,1.9,1.8。

四、结论与建议

(一)结论

本研究运用文献计量分析软件CiteSpace 6.2.R4,对2012—2023年中国刑事辩护研究文献进行文献计量统计,结果显示:中国刑事辩护研究发文量整体呈现先升高后下降并逐步趋于稳定的趋势;高被引频次文献集中出现在2014年和2017年;发文量最多的期刊为《人民检察》;发文作者间合作一般;刑事辩护的相关制度和模式是近年来的研究热点。总结刑事辩护研究未来发展趋势,在法治中国建设背景下,需要以习近平法治思想为指引,不断完善法律制度,创新刑事辩护模式,助推中国国家治理现代化。

(二)建议

第一,贯彻落实刑事辩护全覆盖。目前,我国刑事辩护全覆盖试点工作取得重要积极成效,但也存在辩护质量不高、资金保障不足、衔接沟通不畅等问题。因此,需要采取有效措施,建立经费保障和绩效考核机制,吸引优秀律师参与到刑事辩护中,从有形覆盖到有效覆盖,促进刑事辩护高效发展。

第二,利用数字技术赋能刑事辩护创新。随着数字技术不断取得应用突破,全球加速进入数字化新时代,数据已成为重要生产要素,为刑事辩护带来重要机遇。在未来,利用数字技术赋能刑事辩护应用场景,利用大模型和大数据精准推送具体刑事案件智能辩护建议。

第三,完善刑事辩护评估反馈机制。刑事辩护是法律援助的重要组成部分。评估反馈机制不仅可以健全和强化公检法对刑事辩护的管理功能,而且可以通过绩效评估反馈的结果改进不足、提升效率。因此,逐步完善刑事辩护评估反馈机制,建立客观可行的绩效评价体系和灵活快速反馈平台,并针对现实问题及时完善提高。

参考文献

[1]王迎龙.刑事诉讼中的“有权获得法律帮助”[J].暨南学报(哲学社会科学版),2023,45(03):87-98.

[2]詹建红.刑事案件律师辩护全覆盖的实现模式[J].中国刑事法杂志,2022(04):129-144.

[3]杨绍华,申小提.努力让人民群众在每一个司法案件中都感受到公平正义——访最高人民法院党组书记、院长、首席大法官周强[J].求是,2013(16):11-14.

[4]最高人民法院司法部《关于开展刑事案件律师辩护全覆盖试点工作的办法》[J].中国司法,2017(11):90-92.

[5]王敏远,胡铭,陶加培.我国近年来刑事辩护制度实施报告[J].法律适用,2022(01):37-50.

[6]陈国庆.深入推进审查起诉阶段律师辩护全覆盖试点工作[J].中国司法,2022(12):9-11.

[7]熊选国.提高站位深化认识进一步推动刑事案件律师辩护全覆盖向纵深发展[J].中国司法,2022(12):12-15.

[8]王强,陈梅梅,李平.近三十年我国草原政策研究热点及前沿分析[J].中国草地学报,2023,45(02):92-101.

[9]王敏远.认罪认罚从宽制度疑难问题研究[J].中国法学,2017(01):17-34.

[10]陈卫东.认罪认罚从宽制度试点中的几个问题[J].国家检察官学院学报,2017,25(01):3-8+171.

[11]陈瑞华.刑事诉讼中的有效辩护问题[J].苏州大学学报(哲学社会科学版),2014,35(05):94-105.

[12]顾永忠.以审判为中心背景下的刑事辩护突出问题研究[J].中国法学,2016(02):65-85.

撤销缓刑制度实施中的问题及其解决

唐学文　王振宝

北京大成(哈尔滨)律师事务所

摘　要: 撤销缓刑制度是我国特色社会主义刑法制度的重要组成部分,但现行法律法规对撤销缓刑的规定较为模糊。本文以笔者亲办案例为引,论述撤销缓刑制度实施中存在的问题,即法律适用标准过于宽泛、审查程序未明确、社区矫正对象的权利救济存在缺陷。在此基础上,提出相关完善撤销缓刑制度的设想,建议更加人性化、全面化适用法律,设立更为具体的撤销缓刑的审查程序,同时可通过增设行政听证程序、完善审判后的救济途径等方式健全社区矫正对象权利救济制度,以此保障缓刑罪犯的合法权益,从而体现我国宽严相济的刑事政策,更好地满足新时代人民群众的司法需求。

关键词: 撤销缓刑;社区矫正对象;救济

在司法实践中,对罪犯不服撤销缓刑的裁定,从我国现行刑事法律制度中尚找不到有效的救济途径,罪犯的权利很难得到应有的保障。在此,仅以笔者承办的一件撤销缓刑案件为例,对撤销缓刑制度实施中存在的问题以及如何解决这些问题提出自己的拙见。

一、典型案例介绍

2019 年 12 月,Z 某因刑事犯罪被判处有期徒刑两年,缓刑三年,并处罚金。2022 年 6 月,执行地社区矫正管理局书面建议原审法院撤销对 Z 某的缓刑,理由系 Z 某在缓刑考验期内违反社区矫正管理规定,被处以训诫处罚两次、警告处罚一次,存在一次不诚信请假行为以及因 Z 某涉嫌刑事犯罪现被刑事拘留等。法院认为:Z 某违反监督管理规定受到执行机关处罚后仍不改正,情节严重,且涉嫌犯罪已被采取刑事拘留措施,符合撤销缓刑的条件。最终,人民法院裁定撤销其缓刑,执行原判刑罚。

撤销缓刑后犯罪人必然面临执行实刑的严重后果。

二、撤销缓刑制度实施中存在的问题

(一)法律适用标准过于宽泛

《最高人民法院关于适用〈中华人民共和国刑事诉讼法〉的解释》第 543 条第 1 款第 5 项规定,罪犯在缓刑考验期内具有“违反法律、行政法规和监督管理规定,情节严重的其他情形”的,人民法院应当作出撤销缓刑的裁定。

那么,如何判断行为人的行为是否属于“情节严重的其他情形”?“情节严重”的标准又该如何界定呢?

简要分析案件中Z某被裁定撤销缓刑的依据。首先,是对Z某两次训诫处罚。第一次系因为Z某在外地突发疾病住院治疗,并进行了手术,术后伤口未愈合,无法从外地返回居住地,有相关材料可以证实,且Z某也及时向社区矫正机构申请了延长请假时间但最终未得到批准。社区矫正机构依据未按规定销假,从而给予训诫处罚。第二次系情况紧急,Z某私自外出去外地开会,但值得注意的是该事实系Z某主动说明,且Z某离开居住地未超过24小时。其次,是对Z某一次警告处罚,系因公安机关侦查刑事犯罪时发现Z某超期返回一天,且给予警告处罚之时,Z某因被刑拘,警告决定书都没有送达本人。再次,是存在一次不诚信请假行为。Z某以"采购"为由请假外出,实则是去探亲,那么依据相关规定,因探亲等原因暂时离开活动范围,按规定请假即可,所以说Z某此次行为仅涉及诚信问题。最后,是Z某涉嫌刑事犯罪被刑事拘留。值得一提的是,侦查机关在呈报检察院办理批准逮捕时,因该案事实不清、证据不足,检察院并未作出逮捕决定,且Z某仅是涉嫌刑事犯罪被侦查,尚未确定有罪。

上述情节,仅探讨在该案件中Z某的行为是否足以达到"情节严重"的标准。在不满足前几项撤销缓刑的条件时,人民法院是否可以不考虑主观恶性大小等因素,直接适用兜底条款来裁定撤销缓刑?

笔者认为,刑罚执行的变更将直接导致社区矫正对象最终受到实际刑罚。依据我国现行刑法之规定,撤销缓刑案件应当遵循罪责刑相适应的法律原则,对该条文的适用应加强实质审查,不能任意扩大适用的范围。

(二)审查程序未明确

《最高人民法院关于适用〈中华人民共和国刑事诉讼法〉的解释》第543条之规定,仅对撤销主体、实体要件等作出了规定,并没有对审查程序作出具体的规定。在司法实践中,《中华人民共和国社区矫正法》未实施前,人民法院受理此类案件后,通常是组成合议庭进行书面审查,认为符合撤销缓刑条件的,直接作出裁定并由司法行政机关交付执行。随着《中华人民共和国社区矫正法》的实施,增加了申辩程序,即第48条第2款"人民法院拟撤销缓刑、假释的,应当听取社区矫正对象的申辩及其委托的律师的意见"。上述规定在一定程度上解决了撤销缓刑案件程序衔接上的障碍,完善了审查程序。

但笔者承办上述案件时却遇到了新的现象。笔者承办该案时Z某因涉嫌刑事犯罪被羁押于看守所。笔者在会见Z某时,Z某明确表示原审法院没有告知其有权委托代理律师,当然不存在人民法院听取律师意见的程序。那么也就衍生出一个新的问题,在此类案件中社区矫正对象是否应当委托律师?未听取律师意见是否属于违反法定程序?如不委托律师是否可以参考黑龙江省内开展刑事案件审判阶段律师辩护全覆盖政策,指派律师为其申辩?若该项制度不落实,那立法本意终将落空。

关于审理撤销缓刑案件的方式,是采用书面审的形式还是必须开庭审理,目前法律也没有明确规定。在司法实践中,审判人员不谋而合地采取书面审理的形式,以提高审判效率。但不得不考虑的是,某些存在特殊情况的案件,如果采取开庭审理的方式,是不是可以使审判人员更加深入、全面、客观地了解案件情况,提高审判的公正性,从而更好地保障人权。

（三）社区矫正对象的权利救济存在缺陷

撤销缓刑的裁定书不同于其他刑事裁定书，撤销缓刑的裁定书自送达后即发生法律效力，属于"一裁终局"的审理模式。这种审理模式毫无疑问，会给社区矫正对象造成权利救济的限制。

目前，社区矫正对象赖以维权的法律依据仅为《中华人民共和国社区矫正法》第 34 条第 2 款规定"社区矫正对象认为其合法权益受到侵害的，有权向人民检察院或者有关机关申诉、控告和检举。受理机关应当及时办理，并将办理结果告知申诉人、控告人和检举人"，但实质上该规定意义不大，并没有就社区矫正对象不服撤销缓刑裁定的救济方式作出更为具体明确的规定。在司法实践中，也并没有统一的规范程序。这就导致法律虽然赋予了社区矫正对象提出申诉的权利，但很难启动法院再审程序，往往得不到很好的效果。同时，这也导致了社区矫正对象在被错误撤销缓刑后收监羁押时无法启动国家赔偿程序。

三、完善撤销缓刑制度的设想

（一）法律适用标准应更加人性化、全面化

最高人民检察院发布第三十三批指导性案例中的检例第 131 号案例所确立的指导意见为"人民检察院办理撤销缓刑监督案件时，应当全面考量行为人主客观情形，依法判断是否符合'其他违反有关法律、行政法规和监督管理规定，情节严重'的撤销缓刑情形。"《刑事审判参考》中的张伟民虚假诉讼案（第 1381 号）的裁判要旨指出，虚假诉讼罪中"情节严重"的认定应当坚持主客观相统一、以客观危害后果为主要依据的原则，应当坚持刑法的谦抑性原则，应当坚持体系解释原则。

《中华人民共和国社区矫正法实施办法》第 46 条第 1 款第 5 项规定以及《最高人民法院关于适用<中华人民共和国刑事诉讼法>的解释》第 543 条第 1 款第 5 项规定，对社区矫正对象撤销缓刑情形规定了兜底性条款。依照上述要旨及指导意见，适用兜底条款情形应当等同于业已明确规定的情形。认定是否达到"情节严重"的标准时，应当在全面考量社区矫正对象违反有关法律、行政法规和监督管理规定行为的性质、次数、频率、手段、事由、后果等客观事实，在准确把握其主观恶性大小的基础上作出综合认定。

在每一起撤销缓刑的案件中，都应当全面考量社区矫正对象的行为及主观恶性大小，结合社区矫正对象的长期表现予以确定是否符合"情节严重"的情形。社区矫正对象因特殊情况被处罚，社区矫正机构应充分调查核实，更为人性化地适用兜底条款，方能从源头上遏制错误收监。审判机关也需要综合考虑社区矫正对象的行为是否等同于业已明确规定的情形，不能仅依据处罚文书径直作出撤销缓刑的裁定。

（二）撤销缓刑的审查程序应更加具体化

笔者认为，根据案件情况的不同应当区别适用书面审查、开庭审理两种方式。对于案件事实清楚，社区矫正对象对相关事实没有异议的，在听取社区矫正对象及其委托的律师的意见后，人民法院可以书面审查的方式进行审理。而对于案件事实不清、社区矫正对象对案件事实有异议的，法院就应当开庭审理，同时在这类案件中，社区矫正机构作为建议撤销缓刑的一方，应当派员出庭，类似于公诉机关的公诉人。这样一来不仅有利于事实的调查、证据

的核实，也有助于保护社区矫正对象的合法权益。

在这类案件中，保障每位社区矫正对象都有律师为其提出相关意见尤为重要。若社区矫正对象未委托律师，应明确告知其权利，确定在其不委托律师的情况下可以采取刑事案件辩护全覆盖政策，通过法律援助的方式为其指派律师，为缓刑被撤销的矫正对象提出辩护意见，从而进一步加强人权司法保障。

（三）健全社区矫正对象权利救济制度

1. 增设行政听证程序

该制度不同于检察听证，而是适用于社区矫正机构向人民法院提出撤销缓刑建议之前的程序，其既可以确保办案质效，又可以依法维护社区矫正对象的合法权益，从而在该程序中有效贯彻刑事诉讼法核心理念。

社区矫正机构在拟作出撤销缓刑的建议前，应当告知社区矫正对象有要求听证的权利，当事人要求听证的，社区矫正机构应当组织听证。除社区矫正对象及其委托的律师外，社区矫正机构应当邀请听证员、人民监督员及检察机关人员参会。

听证会由社区矫正机关宣读关于提请撤销缓刑建议书，出示相关证据材料，社区矫正对象及其委托的律师提出申辩意见。最后，列席人员结合案情及社区矫正对象实际情况，围绕法律适用、社会治理、矛盾纠纷化解等方面发表意见。

此制度既可以推行司法公开、维护司法公正，有利于推动撤销缓刑工作的规范化和科学化，也可以最大限度地保证社区矫正对象的合法权益。

2. 完善审判后的救济途径

“无救济则无权利”①强调救济手段的存在对保障权利的重要意义。对于这类案件而言，应当强化社区矫正对象的救济权利，避免“一裁终局”的结果出现，应赋予社区矫正对象针对撤销缓刑裁定提出异议的权利。与之相对应的，社区矫正机构也享有对不予撤销缓刑提出异议的权利，可设立类似于上诉程序的途径，审判机关在审理后告知当事人有上诉的权利，并在刑事裁定书中载明上诉的权利期间，比如“不服撤销缓刑的裁定，可以在收到裁定书的次日起十日内申请复议或者上诉”。这一措施可更大限度地保障人权，维护各方权益。

在此基础上，应将错误撤销缓刑后的收监行为纳入国家赔偿范围。社区矫正对象相对判处实刑的罪犯而言，虽然其人身自由受到一定的限制，但其仍然依法享有不受任何非法拘禁、羁押等限制人身自由的权利。人民法院错误裁定撤销缓刑导致社区矫正对象被收监，属于侵犯公民人身自由的情形，作出该裁定的人民法院应按照国家赔偿法的规定承担赔偿责任。

3. 加强检察机关法律监督工作

检察机关是国家的法律监督机关，是保障国家法律统一正确实施的司法机关，是保护国家利益和社会公共利益的重要力量，是国家监督体系的重要组成部分。

在履行刑事执行监督职能中，检察机关不仅要对社区矫正对象是否符合收监条件进行监督，也要对社区矫正机构报送建议撤销缓刑进行监督，充分发挥检察机关的法治保障作用。

---

①李浩. 社区矫正撤销缓刑问题研究[J]. 社区矫正理论与实践，2022，1(02)：25-28.

四、结语

社区矫正机构、检察机关、审判机关三方应各司其职,相互制约,完善社区矫正法律体系,将原则性规定更为具体化,保障缓刑罪犯的合法权益,从而体现我国宽严相济的刑事政策。

虚开增值税专用发票的牟利原理及犯罪边界

于海威

黑龙江孟繁旭律师事务所

摘　要：准确理解虚开增值税专用发票的牟利原理有助于厘清虚开行为造成国家税款损失的内在逻辑，从而精准把握该罪的犯罪边界，避免罚不当罪。该罪的立法初衷是为了惩治以虚开为手段骗取国家税款的行为，但随着社会经济发展，出现了不骗取国家税款的虚开行为。在这种情况下，准确认定国家税款损失的实害结果，精准解释该罪立法目的，对保障该罪的实体正义具有重要意义。

关键词：虚开增值税专用发票；目的犯；实害犯

《最高人民法院关于适用<全国人民代表大会常务委员会关于惩治虚开、伪造和非法出售增值税专用发票犯罪的决定>的若干问题的解释》将虚开增值税专用发票的犯罪行为归纳为三类情形：(1)没有货物购销或者没有提供或接受应税劳务而为他人、为自己、让他人为自己、介绍他人开具增值税专用发票；(2)有货物购销或者提供或接受了应税劳务但为他人、为自己、让他人为自己、介绍他人开具数量或者金额不实的增值税专用发票；(3)进行了实际经营活动，但让他人为自己代开增值税专用发票。为何这几类虚开增值税专用发票的行为会侵害国家税收法益，法律该如何惩处此类行为才能罪刑相当，本文将从虚开增值税专用发票的牟利原理、犯罪边界两个方面予以阐明。

一、虚开增值税专用发票的牟利原理

从增值税税制的设计原理上看，增值税税制本身很难发生偷逃税情况，因为在增值税税制链条中，任何一环少缴税款，必然会导致该税负被转嫁他人，国家不会因此而少收税款，这也是增值税税制的设计优势。但是，如果通过某种方式将该税制链条予以“熔断”，则税制链条的连接转嫁作用将失去，国家税收安全也将面临重大风险。

举例说明，A公司年收入200万元，年支出100万元，年利润则为100万元，在不考虑小规模税收优惠等政策的情况下，A公司企业所得税的税率为25%。故，A公司每年需缴纳25万元的企业所得税。如果A公司不想交25万元的企业所得税，只有两种方法可以操作：第一种，减少年收入。如200万元年收入中有50万元是来自零售个人客户，无须开具发票，资金也可以不走对公账户，A公司可以用个人账户进行收款，如此便可脱离税务监管，将200万元年收入变为150万元，同时年利润相应变为50万元，企业所得税也仅需缴纳12.5万元即可。但是，该种方法在实践中很难操作，而且并不是每家企业都能有如此多不需要开具发票的收入。第二种，增加年度支出。A公司可以通过购买增值税专用发票来提高材料、费用成本，以此增加年度支出。如此操作不仅可以少缴纳企业所得税，而且购买的增值税税金还能作为企业进项税额予以抵扣。比如,A公司与B公司虚构一笔50万元的买卖交易,A公司支付B公司50万元“货款”以及2万元开票费用,B公司为A公司开具一张50万元13%税点的增值税专用发票,然后将50万“货款”私下转到A公司老板个人账户。如此操作后,A公司仅支付了2万元的开票费用,却能够少缴纳12.5万元的企业所得税,并且6.5万元的增值税税金还能进行进项税额抵扣,更合适的是,A公司老板个人账户上多出了50万元现金,该笔收入并不是通过A公司股东分红所得,如此一来,A公司老板也可以少缴20%的个人所得税10万元。A公司老板仅仅用了2万元的代价,却可以少缴22.5万元税金,并获得了6.5万元的抵扣税额,简直太“划算”。但问题是,B公司开具的50万元增值税专用发票也增加了B公司6.5万元的销项税额,也就是说B公司一番周折后将6.5万元卖成了2万元,这时候B公司必须“熔断”增值税链条,让这少缴的6.5万元税额由国家承受,如此才能稳挣2万元开票费用。实务中,B公司常常是冒用他人身份证设立的“空壳”开票公司,短期内向税务局大量领票、对外开票,然后跑路。

除了上述“空壳票”方式虚开增值税专用发票外,还存在“农副产品票”“黄金票”等方式虚开增值税专用发票,如“农副产品票”方式,利用税务部门允许从无法开具进项税发票的农户手中收购农产品的政策,以收购凭证、银行流水、农户身份证等手续证明企业收购了大量原料,进而进行税务抵扣,该类企业制造假流水,获取大量的进项税额,以抵扣为由对外虚开增值税专用发票,既获得了进项税额的变现,又额外获得了开票费用。虚假开票的双方企业均获得了丰厚利益,唯独国家税收遭受严重侵害。

二、虚开增值税专用发票的犯罪边界

虚开增值税专用发票的行为严重侵犯了国家税收法益,必须严厉打击。《中华人民共和国刑法》(以下简称为《刑法》)第205条第1款规定:“虚开增值税专用发票或者虚开用于骗取出口退税、抵扣税款的其他发票的,处三年以下有期徒刑或者拘役,并处二万元以上二十万元以下罚金;虚开的税款数额较大或者有其他严重情节的,处三年以上十年以下有期徒刑,并处五万元以上五十万元以下罚金;虚开的税款数额巨大或者有其他特别严重情节的,处十年以上有期徒刑或者无期徒刑,并处五万元以上五十万元以下罚金或者没收财产。”《刑法》第205条关于虚开增值税专用发票罪的罪状表述,立法上采用了简单罪状的表述方式,导致司法实践中关于本罪构罪问题产生了一定争议,笔者梳理如下:

(一)虚开增值税专用发票罪为目的犯

有观点认为,《刑法》第205条关于虚开增值税专用发票罪的规定,仅简单表述了本罪的客观特征,对于本罪的主观方面,包括是否要求有骗取税款的目的,从法条表述中并不能得出。对此,笔者持不同意见。笔者认为虚开增值税专用发票罪是典型的非法定目的犯,其虽未像贷款诈骗罪等罪名将犯罪目的于法条中明文规定,但并不影响该罪名主观目的的理论推定。《刑法》第205条的原第2款规定:“有前款行为骗取国家税款,数额特别巨大,情节特别严重,给国家利益造成特别重大损失的,处无期徒刑或者死刑,并处没收财产。”该条款便可证明,本罪成立要求以骗取税款为目的。虽然该条款后被《中华人民共和国刑法修正案(八)》所删除,但删除原因是废除本罪的死刑量刑,而不影响本罪的实体构成。司法实践中最高人民法院亦持相同观点，如（2016）最高法刑核51732773号刑事裁定书指出，虚开行为必须是以骗取国家税款为目的，行为人主观上不具有偷骗税款的目的、客观上亦未实际造成国家税收损失的虚开行为不构成虚开增值税专用发票罪。

（二）虚开增值税专用发票罪为实害犯

司法实践中主流观点认为该罪为典型的行为犯，只要行为人实施了虚开行为，不管其主观状态如何，亦不管是否造成税款损失的后果，都构成犯罪，理由是法条并未要求行为人必须具备特定的目的，更未要求本罪必须造成国家税收损失的后果，即使行为人没有骗取国家税款目的、没有造成国家税收损失，也侵害了增值税专用发票管理秩序，亦应构成本罪。笔者认为，这种观点是对法条的曲解，是对行为犯的误解。首先，从刑法教义学上讲，行为犯并不必然排斥目的犯，二者可以兼容。其次，本罪是重罪，刑法应有其谦抑性，若仅仅因行为人侵害了增值税专用发票管理秩序，是否有必要苛以如此重刑。最后，任何法条均有其立法目的、保护法益，不能仅从法条表面上予以解释，正如罗克辛教授所说："正确的解释，必须永远同时符合法律的文言与法律的目的，仅仅满足其中一个标准是不够的。"虚开增值税专用发票罪与虚开发票罪相并列，很明显该罪保护的法益是增值税税款而不仅仅是增值税专用发票管理秩序，若行为人的虚开行为并未对增值税税款产生侵害，就不应轻易以该罪予以论处。

笔者倾向于张明楷教授的观点，将该罪认定为实害犯，具体分析如下：首先，从立法沿革来看，《刑法》第205条的原第2款规定："有前款行为骗取国家税款，数额特别巨大，情节特别严重，给国家利益造成特别重大损失的，处无期徒刑或者死刑，并处没收财产。"也就是说，如果行为人骗取国家税款数额没有达到特别巨大程度，则应继续适用《刑法》第205条第1款。从该条款可以反推出虚开增值税专用发票罪要求行为人对国家利益造成实害结果，即《刑法》第205条第1款规定应为实害犯。虽然《刑法》第205条原第2款后被《中华人民共和国刑法修正案（八）》予以删除，但删除的原因仅仅是废除本罪的死刑，而非改变该罪的实体构成。

其次，《刑法》第205条第1款规定的行为除了虚开增值税专用发票外，还包括虚开可以用于骗取出口退税的发票，但《刑法》第204条第1款却只规定了骗取出口退税罪，而没有规定骗取增值税罪，那么，骗取增值税或者利用虚开的增值税发票抵扣增值税税款的行为，则只能适用《刑法》第205条第1款，这也同样表明虚开增值税专用发票罪是实害犯。若不将虚开增值税专用发票罪认定为实害犯，而将其认定为行为犯，则将意味着不管行为人是否抵扣了增值税，其所受的处罚完全相同，这明显不符合刑法罪刑相适应的基本原则。传统刑法理论上还有一种观点，将该罪理解为抽象危险犯，虽然理论上有所差异，但在实务操作中与行为犯界限并不明显，故不再展开赘述。

三、结语

虚开增值税专用发票的行为严重扰乱了国家税收秩序，并有造成国家税收损失的风险，法律应予严格规范。但该行为是否一定触及刑事处罚，笔者认为应谨慎对待，从刑法理论上论证，虚开增值税专用发票罪应既是目的犯又是实害犯，本罪的构成须以行为人主观上具有骗取国家税款的目的、客观上造成国家税款损失为要件,若仅仅因经营等问题“环开、对开”增值税专用发票,不应成立本罪。本罪保护的法益应该是两个,一是增值税税款征管制度,二是增值税专用发票管理秩序,若行为人的虚开行为仅仅侵犯了增值税专用发票管理秩序,笔者认为应根据《中华人民共和国发票管理办法》的有关规定,对其进行行政处罚,而非追究刑事责任。

参考文献

[1]陈兴良.虚开增值税专用发票罪:性质与界定[J].政法论坛,2021,39(04):56-70.
[2]张明楷.刑法学[M].北京:法律出版社,2021.

侦查阶段刑事辩护全覆盖试点工作初探

邱长富

上海市汇业(长春)律师事务所

摘　要:在公安机关建立刑事辩护全覆盖法律援助工作站,推动刑事辩护全覆盖试点工作从审判、审查起诉阶段向侦查阶段延伸。深化以审判为中心的诉讼制度改革,打造法律职业共同体,探索“理论研究+实务实践”发展新路径,优化司法资源配置,提高刑事诉讼效率,保障各方权益,促进司法公正,为侦查阶段认罪认罚案件中律师参与刑事辩护全覆盖创造积极条件,实现律师刑事辩护从侦查阶段到审判阶段的有效衔接。

关键词:刑事辩护全覆盖;侦查阶段;法律援助

辩护制度是现代刑事诉讼制度的重要组成部分,在面临控诉时,每个人都有权从事实、证据、程序、法律、定刑等方面进行申辩、反驳,法律赋予被控诉者辩护权,在维护被控诉者权益的同时,也有利于案件得到公正处理。辩护权的实现程度是衡量一个国家法治水平的重要标准,最高人民法院、最高人民检察院、公安部、司法部出台了《关于进一步深化刑事案件律师辩护全覆盖试点工作的意见》,之后在全国开展试点工作,不断深化刑事案件律师辩护全覆盖。2022 年 11 月 18 日“两高两部”联合召开深化刑事案件律师辩护全覆盖试点工作推进会,全国超过 90%的县(市、区)开展了试点工作,审判阶段刑事案件律师辩护率和值班律师帮助率达到 81.5%,试点工作取得了良好的政治效果、法律效果、社会效果。① 为了不断深化刑事案件律师辩护全覆盖,不断加强人权司法保障,促进司法公正,要在审判阶段、审查起诉阶段律师辩护全覆盖的基础上,推动刑事案件侦查阶段律师辩护全覆盖试点工作,真正意义上实现刑事案件律师辩护全覆盖,扩大法律援助影响力、知晓率,满足人民群众法律咨询和法律援助需求。

针对刑事诉讼制度改革,党的十八届四中全会提出了“推进以审判为中心的诉讼制度改革”和“完善刑事诉讼中认罪认罚从宽制度”两项重大改革举措,以审判为中心的诉讼制度的建立有利于构造符合诉讼规律的控辩审关系,实现控辩双方地位平等,在面对公权力机关时,辩方能拥有同等的对抗能力。相对于不具备法律知识与专业素养的被告人,更为专业的律师辩护显然更为有效,就认罪认罚从宽制度而言,若没有专业律师参与,可能导致本无罪的被告人因为错误认识而仓促认罪,也可能导致原本应认罪认罚的被告人因不信任公权力机关而拒绝认罪。让律师充分参与辩护,稳步提升辩护率,不仅有着强烈的现实需要,更是

① “两高两部”联合召开深化刑事案件律师辩护全覆盖试点工作推进会[EB/OL].中华人民共和国司法部官网,2022-11-18.

司法文明、国家法治的发展方向,是司法改革绕不开的命题。

自2017年开展试点工作以来,刑事法律援助案件数量增幅明显,基本实现了全覆盖。在最初一批试点地区工作取得初步成效后,刑事法律援助案件呈现出大幅度增长的态势,更多的人能够享受这一制度的红利。

如何充分发挥律师在刑事案件侦查阶段的辩护作用,真正让每一个司法案件中的犯罪嫌疑人、被告人都感受到公平正义,唯有不断扩大刑事辩护法律援助的全覆盖范围,不仅仅是在审判阶段、审查起诉阶段,还要推进到刑事案件的侦查阶段,书面告知犯罪嫌疑人有权委托辩护人或得到值班律师的法律帮助,从而让辩护人或值班律师帮助犯罪嫌疑人梳理案情,告知犯罪嫌疑人享有的合法权利,指导犯罪嫌疑人如何收集有力证据、如何与侦查机关沟通和配合,挖掘其是否存在自首、立功等法定情形。保障侦查阶段效率,同时,让每一名犯罪嫌疑人、被告人都能在刑事诉讼中感受到公平正义。

一、营造良好的职业环境

一个公正有序的执业环境,能极大减少律师执业过程中遇到的阻碍。刑事案件涉及的法益是当事人的人身自由甚至是生命,对抗的是国家公权力,而一个国家的民主和法治,必须对公权力进行有效的制约,避免公权力滥用。社会大众对刑辩律师的“不了解”,认为刑辩律师就是“为坏人辩护”,其实是先入为主地认定了被告人的身份——“罪犯”,违反了无罪推定的基本原则。然而,刑辩律师的辩护过程恰恰相反,不仅是帮助司法机关查清案件事实的过程,以防止冤假错案的发生,保证罪责刑相适应;也是突显对被告人人格的尊重、保障其辩护权的体现。同时,司法机关必须重视辩护律师的作用,认真听取辩护律师的意见。受过去侦查中心理念的影响,辩护人的意见往往不被重视,被追诉人的辩护权也不能得到有效维护。在当前以审判为中心的诉讼制度改革进程中,要想真正实现庭审实质化,必须首先确保辩护的实质化。必须健全律师意见听取机制,确保律师在刑事案件全过程都能有效参与并发表意见。公安部门在刑事案件侦查阶段要及时有效维护律师执业权利,只有不断提高辩护律师的诉讼地位,增强律师的职业认同感,为律师营造一个良好的执业环境,才能破解律师当前的执业困境,形成真正的法律职业共同体,①共同推进刑事案件律师辩护全覆盖工作。

二、持续扩大刑事法律援助范围

完善刑事法律援助申请受理机制。完善公安机关保障辩护权利工作机制。应当鼓励和支持侦查阶段律师辩护全覆盖工作。以审判为中心的诉讼制度改革在所有刑事案件都能适用,但在实践中则主要适用于普通程序中那些不认罪,认罪后又翻供以及重大、疑难、复杂的案件,这些案件的被告人最需要律师为他们进行辩护,除了那些能够自行委托律师和符合法律援助申请条件可以获得帮助的当事人外,仍有一些当事人没有能力自行委托律师,同时也不符合法律援助申请条件,没有律师为其辩护,应当将他们纳入律师辩护全覆盖的关注重

---

① 王林林,刘仁文.我国刑事法律援助制度的现状反思与完善思路——审判中心改革的视角[J].江西社会科学,2019,39(03):205-214.

点。同时，公安机关应该充分履行告知义务，告知因经济困难没有聘请律师的犯罪嫌疑人可以申请法律援助，便于在刑事案件侦查阶段帮助犯罪嫌疑人了解涉嫌重点罪名、依法收集有力证据等，协助侦查机关在侦查过程中遵守程序正义，避免因程序违法导致的证据效力瑕疵，保障决策程序的合法性，提高工作效率。

三、统筹调配律师资源

建立刑事辩护全覆盖法律援助工作站，深化以审判为中心的诉讼制度改革，打造法律职业共同体，通过高校理论研究与律师实务培训相结合的方式优化司法资源配置，提高刑事诉讼效率，保障各方权益，促进司法公正，为侦查阶段认罪认罚案件中律师参与刑事辩护全覆盖创造积极条件，实现律师刑事辩护从侦查阶段到审判阶段的有效衔接。

同时，通过开展培训，提升民警执法能力和办案水平，推动公安执法规范化建设，拓宽民警法律视野，提升民警综合执法水平，全面提升执法状况和民警的办案能力，稳步推动执法规范化建设。

四、开展值班律师法律帮助

侦查机关可以为法律援助工作站提供必要办公场所和设施，加快推进法律援助工作站建设。司法行政机关和法律援助机构应当根据当地律师资源状况、法律帮助需求合理采用现场值班、电话值班、网络值班等多种形式，确保值班律师法律帮助做到“全覆盖”。同时，辩护律师也要坚持以事实为依据、以法律为准绳，依法诚信履行辩护代理职责，勤勉尽责，不断提高辩护质量和工作水平，切实维护当事人合法权益，促进司法公正。帮助犯罪嫌疑人了解涉案罪名、梳理案情，告知犯罪嫌疑人依法享有的合法权利，指导犯罪嫌疑人如何收集有力证据、如何与侦查机关沟通和配合，挖掘犯罪嫌疑人是否存在自首、立功等法定情形。

五、强化法律援助人才队伍建设

司法行政机关、律师协会应鼓励和支持律师开展刑事辩护业务，不断充实刑事辩护法律援助志愿者律师团成员，动态调整法律援助志愿者队伍，鼓励骨干律师、资深律师办理刑事法律援助案件，发挥优秀律师在刑事辩护领域侦查阶段的示范作用，开展刑事辩护专项业务培训，开展优秀辩护律师评选表彰活动，充分调动和发挥律师参与刑事辩护工作的积极性。

六、侦查阶段刑事辩护全覆盖发展路径

在公安机关设立刑事辩护全覆盖法律援助工作站，由公安局、司法局、高校及律师事务所共同设立，高校和律师事务所提供智力和人才支持。法律援助工作站负责根据实际情况安排符合条件的律师通过现场、电话、网络等多种方式进行值班。搭建“理论研究+实务实践”协作平台，探索“以理论研究指导司法实务，以司法实务促进理论研究”的共建路径，推动高校理论研究与司法实务双向互动，优化司法资源配置，提高刑事诉讼效率，加强人权司法保障，为实现更全面、更有效的刑事案件律师辩护全覆盖创造积极条件、积累宝贵经验。

七、刑事辩护全覆盖法律援助工作站工作职责

在公安机关设立刑事辩护全覆盖法律援助工作站，实现刑事辩护全覆盖从审判阶段、审查起诉阶段向侦查阶段的延伸，推动侦查阶段试点工作，法律援助工作站的职责为：

（1）转交援助申请。提供免费的法律咨询和诉讼指导服务，帮助符合条件的犯罪嫌疑人及其近亲属申请法律援助。对不符合法律援助条件的申请应主动说明原因，做好解释和疏导工作，对不属于法律援助管辖范围的申请，应耐心解释清楚，给予正确指引。

（2）提供法律帮助。对申请约见值班律师的犯罪嫌疑人，值班律师应当充分了解案情并向犯罪嫌疑人充分释明相关诉讼权利和程序规定，提供法律咨询、提供程序选择建议、申请变更强制措施、提出案件处理意见等。

（3）开展理论研究。组织专家学者、专业律师参与侦查阶段刑事案件律师辩护全覆盖试点工作，通过定期座谈交流、召开高端论坛、进行个案研究等方式，对刑事案件律师辩护全覆盖的目标、意义和实现路径进行深入研究，总结发现工作中存在的困难和问题，集多方之智，共商解决方案，为推动刑事案件律师辩护全覆盖试点工作提供经验。

（4）进行实务培训。开展法律援助业务培训，引导律师依法履职，帮助犯罪嫌疑人了解涉嫌罪名、依法收集证据等，协助侦查机关在侦查过程中遵守程序正义，避免因程序违法导致的证据效力瑕疵，保障决策程序的合法性，提高工作效率。邀请高校教授为民警进行培训，强化民警法治思维、程序意识、证据意识，不断提升民警执法能力和办案水平，推动公安执法规范化建设。

刑事法律援助为当事人提供了平等的司法保障，对司法公正的实现发挥着不可或缺的作用，有助于准确及时查明案情，有利于确保裁判结果的公正性。刑事辩护律师尽早介入刑事案件侦查阶段，不仅有利于当事人辩护权利的保障，更有利于侦查机关保障程序正义，最大限度地实现实体正义，维护司法公正和司法权威性。

论刑事案件中第三人的财产救济途径

孟庆铠

辽宁同方律师事务所

摘　要：我国刑事诉讼活动长久以来“重定罪量刑、轻财产处置”。由此导致现行规范下刑事涉案财物涉及第三人财产权利时，救济途径较为艰难。现行规范下，刑事涉案财物第三人没有诉权，不能适用民事诉讼中案外人执行异议之诉制度，而只能有限地参与或提出异议。刑事涉案财物第三人财产救济制度亟待完善。

关键词：第三人；刑事涉案财物；执行异议之诉

刑事涉案财物第三人中的“第三人”来源于2014年颁布并实施的《最高人民法院关于刑事裁判涉财产部分执行的若干规定》（以下简称《刑事涉财执行规定》）第11条，①该条款在论及刑事涉案财物的案外主体时使用了第三人的称谓方式。但是在涉及刑事涉案财物处置的其他相关规范中，关于案件之外涉案财物权利主体的身份名称还有其他表述方式，如：当事人、利害关系人、案外人。对比民事诉讼案外人异议制度，民事诉讼将该类主体统一命名为案外人。

笔者之所以支持使用第三人，是因为现行规范主要保护的是善意第三人，相关权利主体在身份定性上也更接近于民事诉讼中“有独立请求权的第三人”，因此使用第三人更为贴切。所以本文所讨论的第三人指的是，独立于刑事案件被告人、被害人、公共利益之外的，对涉案财物享有独立合法权益的第三方。

一、刑事案件第三人的财产保护规范沿革

我国确立刑事案件中第三人的财产救济程序，最早可追溯至已废止的2012年《最高人民法院关于适用<中华人民共和国刑事诉讼法>的解释》第364条，②该条款明确赋予案外人异议权利，规定人民法院在法庭审理过程中应当调查刑事涉案财物的权属情况，对于案外人的权属异议应当审查处理，概括性赋予第三人异议权利。

①《最高人民法院关于刑事裁判涉财产部分执行的若干规定》第11条规定，被执行人将刑事裁判认定为赃款赃物的涉案财物用于清偿债务、转让或者设置其他权利负担，具有下列情形之一的，人民法院应予追缴：（一）第三人明知是涉案财物而接受的；（二）第三人无偿或者以明显低于市场的价格取得涉案财物的；（三）第三人通过非法债务清偿或者违法犯罪活动取得涉案财物的；（四）第三人通过其他恶意方式取得涉案财物的。第三人善意取得涉案财物的，执行程序中不予追缴。作为原所有人的被害人对该涉案财物主张权利的，人民法院应当告知其通过诉讼程序处理。

②《最高人民法院关于适用<中华人民共和国刑事诉讼法>的解释》（2012）第364条规定，法庭审理过程中，对查封、扣押、冻结的财物及其孳息，应当调查其权属情况，是否属于违法所得或者依法应当追缴的其他涉案财物。案外人对查封、扣押、冻结的财物及其孳息提出权属异议的，人民法院应当审查并依法处理。经审查，不能确认查封、扣押、冻结的财物及其孳息属于违法所得或者依法应当追缴的其他涉案财物的，不得没收。

2014年《刑事涉财执行规定》第14条①确立了在执行程序中对第三人财产救济的程序性规定，规定第三人有权提出书面异议，法院应当公开听证并参照2012年修正后的《中华人民共和国民事诉讼法》第225条②处理，即异议成立的则纠正，不成立的则有权复议。

2015年中共中央办公厅、国务院办公厅印发《关于进一步规范刑事诉讼涉案财物处置工作的意见》（以下简称《处置工作意见》），进一步加强第三人维护自身权利的程序性保障。《处置工作意见》第12条③明确规定，各办案机关应当告知第三人诉讼权利，人民法院应通知第三人参加诉讼并听取意见，不服判决的也可请求检察院抗诉。

2019年《人民检察院刑事诉讼规则》第645条第1款第5项④规定，人民法院执行刑事裁判涉财产部分存在损害第三人合法权益的，检察院应当提出纠正意见。

2021年《最高人民法院关于适用<中华人民共和国刑事诉讼法>的解释》（以下简称《刑诉法解释》）第279条⑤更进一步，赋予了第三人有限度的出庭权利，即人民法院认为有必要时，可以通知第三人出庭。

二、现行规范下第三人财产救济的困境

（一）侦查阶段的“查扣冻”范围缺乏有效制约机制

司法实践中，刑事案件的涉案财产“查扣冻”由侦查机关实施，特别是办理涉有组织犯罪、涉众型经济犯罪时，本能扩大“查扣冻”范围，并且不作细致甄别，将案件中有可能存在联系的家庭成员、亲属、持股企业的所有财产冻结。而针对不合理的“查扣冻”行为，实践中难以进行制约。一方面是因为刑事诉讼的强威慑力，使得第三人唯恐避之不及，另一方面是因为司法资源紧张，侦查机关没有足够的能力去甄别，也没有特定的制度、部门去处理第三人财产救济的问题。

---

①《最高人民法院关于刑事裁判涉财产部分执行的若干规定》第14条规定：“执行过程中，当事人、利害关系人认为执行行为违反法律规定，或者案外人对执行标的主张足以阻止执行的实体权利，向执行法院提出书面异议的，执行法院应当依照民事诉讼法第二百二十五条的规定处理。人民法院审查案外人异议、复议，应当公开听证。”

②《中华人民共和国民事诉讼法》（2012年修正）第225条规定：“当事人、利害关系人认为执行行为违反法律规定的，可以向负责执行的人民法院提出书面异议。当事人、利害关系人提出书面异议的，人民法院应当自收到书面异议之日起十五日内审查，理由成立的，裁定撤销或者改正；理由不成立的，裁定驳回。当事人、利害关系人对裁定不服的，可以自裁定送达之日起十日内向上一级人民法院申请复议。”

③《关于进一步规范刑事诉讼涉案财物处置工作的意见》规定：“十二、明确利害关系人诉讼权利。善意第三人等案外人与涉案财物处理存在利害关系的，公安机关、国家安全机关、人民检察院应当告知其相关诉讼权利，人民法院应当通知其参加诉讼并听取其意见。被告人、自诉人、附带民事诉讼的原告和被告人对涉案财物处理决定不服的，可以就财物处理部分提出上诉，被害人或者其他利害关系人可以请求人民检察院抗诉。”

④《人民检察院刑事诉讼规则》（2019年）第645条第1款第5项规定，人民检察院发现人民法院执行刑事裁判涉财产部分具有损害被执行人、被害人、利害关系人或者案外人合法权益的情形的，应当依法提出纠正意见。

⑤《最高人民法院关于适用〈中华人民共和国刑事诉讼法〉的解释》（2021年）第279条规定：“法庭审理过程中，应当对查封、扣押、冻结财物及其孳息的权属、来源等情况，是否属于违法所得或者依法应当追缴的其他涉案财物进行调查，由公诉人说明情况、出示证据、提出处理建议，并听取被告人、辩护人等诉讼参与人的意见。案外人对查封、扣押、冻结的财物及其孳息提出权属异议的，人民法院应当听取案外人的意见；必要时，可以通知案外人出庭。经审查，不能确认查封、扣押、冻结的财物及其孳息属于违法所得或者依法应当追缴的其他涉案财物的，不得没收。”

(二)审判阶段对第三人异议审查流于形式

受“重罪轻财”的观念影响以及迫于案多人少的现实压力,审判阶段在处置涉案财物时鲜有实质审查的案例。① 关于在审判过程中第三人提出的异议,现行规范的要求是,人民法院在认为必要时,可以通知第三人出庭。客观地说,该条规范所传达的理念即不出庭为常例,出庭为例外,甚至以不审查为常例,审查为例外。在实践中,审判人员面对第三人的异议,多以在执行中解决为由,推诿审查,呼应了条文所指向的“必要”“可以”。

笔者围绕涉案财物处置检索相关刑事判决发现,刑事裁判文书中多以“违法所得一切财物予以追缴”“继续追缴被告人违法所得”“责令被告人退赔各被害人经济损失”等高度概括、含糊的方式表述,不仅没有甄别第三人的合法财产,就连刑事案件本身需要查明的涉案财物也是一笔带过,留待执行部门处理。

(三)执行阶段中的执行异议制度缺陷

现行制度在执行阶段只赋予了第三人“残缺的”异议权。相较于民事执行异议制度,执行异议分情况处理:如果异议对象是执行行为本身的,由执行法院审查,不服审查结论的向上一级法院复议,因为这本质上解决的是程序性问题,采取审查、复议制度是符合法理的;如果异议对象是实体权利的,经执行法院审查,不服的则赋予当事人一方提起诉讼的权利,即“案外人执行异议之诉”,通过赋予完整的诉权来保障各方利益。

反观刑事涉案财物执行异议制度,无论第三人提出的是针对执行行为的异议,还是针对实体性权利的异议,均按照审查、复议程序处理,没有赋予第三人诉权,②这一点在实践中已经在最高人民法院(2017)最高法民再 120 号民事裁定书中得到确认,即针对刑事裁判涉财产部分执行案件中案外人所提诉讼不属于人民法院受理案外人执行异议之诉的范围。③ 所以,刑事涉案财物执行异议是“残缺”的异议制度,刑事案件执行中的第三人所享权利与民事执行案件中的案外人享有权利不对等。

(四)申诉程序虚设

在 2014 年《刑事涉财执行规定》第 15 条④中,还赋予了第三人通过申诉解决的路径。

---

①李奋飞.刑事诉讼案外人异议制度的规范阐释与困境反思[J].华东政法大学学报,2021,24(06):45-56.

②纪格非.刑事涉案财物处置程序中的案外人权利保护[J].法学杂志,2020,41(08):1-11.

③(2017)最高法民再 120 号民事裁定书中的“本院认为”部分写道:“本案属于刑事裁判涉财产部分执行案件。根据《中华人民共和国刑法》第六十四条、《最高人民法院关于适用<中华人民共和国刑事诉讼法>的解释》第一百三十九条,犯罪分子非法占有、处置被害人财产的违法所得,应当依法予以追缴或者责令退赔。本案执行依据系抚州中院(2013)抚刑二初字第 4 号刑事判决,该判决中涉财产部分的内容为‘追缴被告人何国栋犯罪所得返还被害人,不足部分责令何国栋退赔被害人损失’。执行法院在刑事追缴或责令退赔的执行过程中,应适用刑事法律及相关司法解释的规定追缴、处理案涉财产,并首先就执行标的物是否具有刑事违法性予以审查。审查中不应按照被告人承担刑事附带民事或普通民事责任的情形,仅以民法上‘责任财产’的查明方法与证明标准,审查案涉财产是否属犯罪分子违法所得;也不能仅适用一般民事执行法律、司法解释判断执行机构追缴违法所得或责令退赔的行为是否正确。而《中华人民共和国民事诉讼法》第二百二十七条规定的案外人执行异议之诉是一种民事诉讼程序,并不适于审查刑事追缴、责令退赔的财产是否属于犯罪分子违法所得,以及案外人民事权利能否排除‘刑事裁判涉财产部分’执行的问题。”

④《最高人民法院关于刑事裁判涉财产部分执行的若干规定》第 15 条规定:“执行过程中,案外人或被害人认为刑事裁判中对涉案财物是否属于赃款赃物认定错误或者应予认定而未认定,向执行法院提出书面异议,可以通过裁定补正的,执行机构应当将异议材料移送刑事审判部门处理;无法通过裁定补正的,应当告知异议人通过审判监督程序处理。”

规定如果存在赃物认定错误的，由审判部门裁定补正，补正不能时，告知通过审判监督程序处理。然而该路径在实践中仅是理论上行得通，第三人所提出的关于财产的申诉几乎与定罪量刑无涉，如果达到"有错必究"的标准，现阶段的司法资源显然是承受不起的，这也是鲜见因刑事涉财异议而启动审判监督程序的原因。① 该项制度仅仅是保留了理论上解决问题的可能。

三、现行规范下刑事案件第三人的财产救济策略

正因为现行规范下第三人的涉案财产救济存在制度性缺陷，那么就需要第三人珍惜案件每一个阶段的救济机会，通过全面而持续的努力，从而提高救济成功的概率。

在侦查阶段，积极与侦查机关沟通，收集、保留侦查机关出具的查封、扣押手续或其他证据。可以依据2015年《处置工作意见》，针对不合理的"查扣冻"行为及时提出书面异议。笔者在办理案件过程中发现，侦查机关常常对于民事诉讼领域，特别是公司法相关规定较为生疏，及时提供书面意见有助于侦查机关变更措施范围；在审查起诉阶段，作为第三人通常很难介入程序。但仍然可以依据2015年《处置工作意见》以及《人民检察院刑事诉讼规则》，向检察机关说明其不能置身事外，争取解决机会；在审判阶段，第三人可以依据《刑诉法解释》第279条之规定，提出书面异议，要求出庭陈述意见。若能争取出庭，则可通过围绕涉案财物发表质证意见及庭审发问，补充有关涉案财物的相关事实，从而达成救济目标。在执行阶段，则可依据2014年《刑事涉财执行规定》，要求公开听证，充分利用异议、复议程序；最后，仍可依据2014年《刑事涉财执行规定》提起申诉。

综上所述，刑事案件中第三人的财产救济规范现状与司法实践已经明显不匹配，这在经济活动不发达时，矛盾尚不明显，但近些年矛盾已经凸显。司法实践亟须完善、成熟的制度来解决矛盾。从规范沿革可以看出，我国一直在谨慎推进第三人财产救济途径的完善，总体趋势是赋予第三人更多的参与权，通过庭审制度来保障各方表达诉求②，使各方利益诉求公开、透明地呈现，这显然是符合司法规律的正确方式。笔者建议，参照民事诉讼案外人执行异议之诉制度，赋予刑事案件第三人诉权，或许才能更加有效地保障第三人的合法权益。

---

①韩波. 论涉案财物审理程序中案外人的参与权保障[J]. 法学杂志,2020,41(08):12-22.

②温小洁. 我国刑事涉案财物处理之完善——以公民财产权保障为视角[J]. 法律适用,2017(13):31-37.

我国证人证言证明力的审查方式
——以引入证人弹劾制度为视角

宋玉立

北京大成(哈尔滨)律师事务所

摘　要:证人证言作为法定证据种类之一,其证明力对刑事证据制度具有重要意义。在我国司法实践中,证人证言审查存在诸多弊端。保障诉讼程序中证人证言在真实性、可靠性等方面的证明力的大小在不断的完善中。通过借鉴英美法系对证人弹劾规则的运用,有针对性提出我国建立证人弹劾制度可行性的视角与具体规则。

关键词:证人证言;证明力;证人弹劾

一、相关概念界定

(一)证人证言

在对证人证言的概念进行界定时,应当先明确“谁可以作为证人”。英美法系对证人的概念采用广义的证人,包括所有在诉讼过程中向司法机关提供口头证词的人;大陆法系对证人的概念采用狭义的证人,不包括当事人和鉴定人;我国法律规定的证人的范围也是较为狭窄的,《中华人民共和国刑事诉讼法》(以下简称为《刑事诉讼法》)第62条规定,证人是指知道案件有关情况的人。

综上,证人证言是指证人在诉讼过程中向司法机关陈述的与案件情况有关的内容。其表现为由知晓案件情况有关内容的自然人所作的一种客观性的陈述,但证人证言受证人的主观影响较大。

(二)证明力

证人证言作为法定证据种类之一,应当具有客观性、关联性、合法性。其中客观性、关联性则决定了一份证据的证明力大小。证明力是指一定的材料对案件有关事实的认定所具有的价值和作用,即对案件真实情况的说明能力、证实程度、可信程度。

证明力又可以分为形式上的证明力和实质上的证明力。形式上的证明力以真实性为标准;而实质上的证明力是指根据证据的关联性标准所判断的证据内容是否对待证事实起作用而确定的证明力。

二、我国证人证言的证明力存在的问题

(一)证人主观上故意作伪证

在刑事诉讼的司法实践中,证人证言的证明力存在的最大问题即证人作伪证。这极大影响了证人证言的取得及其真实性,从而削弱其证明力。① 当然,证人主观上故意作伪证的原因有很多:证人被社会力量威胁、恐吓;证人被他人教唆、收买而作伪证;证人害怕遭到打击报复;等等。笔者认为证人主观上故意作伪证还存在一个主要的原因:在大多数案件中,证人作为知晓案件事实的人,一般都是当事人的利害关系人,这便导致很可能存在串供的情况。当然,虽然《刑事诉讼法》规定,利害关系人所作出的证人证言不可单独作为定案依据,但由于大家联合起来串供,这些利害关系人所作出的证人证言也可能形成一个虚假的“证据链”,进而导致冤假错案的发生。

当然,这与我国缺少证人宣誓制度也存在一定关联。英美法系等国家的证人在作证之前都会根据其宗教信仰进行一定的宣誓;而我国目前没有宣誓的相关制度,而是通过签署一份《证人如实作证保证书》作证。但这一做法并没有太大成效,西方学者认为这是由于我国公民缺乏一种信仰与敬畏之心。其实我国公民受我国传统文化的深远影响,存在着一定的信仰与敬畏,只是这种信仰与敬畏还没有在法庭之中得到良好的运用。

(二)证人非主观故意作出非真实证言

当代认识论学说认为,证言是一种知识,要想准确顺利地抵达听者,需要“言者”和“听者”两方面。② 言者的要求是必须具有知识、相应的能力、权威和资质,以及必须诚实;听者则要求懂得信任和理解。③ 因此,在感知阶段,如果证人并不具备相应知识、能力、资质,就算是证人基于诚实而作出证言,也会与案件的真实事实存在一定的偏差。在对案件事实的回忆过程中,对记忆过程储存的案件事实情况的重新组合,往往由于各种因素的影响,使后来形成的证言内容失实。④ 因为人的记忆是有限的,同时询问、作证等距离案发时间相隔较长,记忆出现偏差;此外,记忆还会受到周围人的评价、舆论,以及证人与当事人之间的感情,甚至只是第一印象等外部环境的影响,不知不觉间记忆就会出现一定的偏差。而基于上述原因,证人也会存在非主观故意而作出非真实的证言陈述的情况。

(三)证人出庭率极低

对证人证言的证明力审查最有效的方式之一就是证人出庭作证,并接受质证。但我国缺失对证人强制到庭接受质证的制度规定,导致在司法实践中证人的出庭率是极低的。清华大学法学院教授周光权就曾提出:“多数地方刑事案件证人出庭率低于1%,有的基层法院法官,审了十年、二十年案件,从来没有见过证人。”个别案件中,证人勉强来了,也未进行真正的当庭质证。这是很令人担忧的一个现实。

---

①张月满.我国诉讼中证人证言证明力探析[J].河北法学,2004(02):92-95.

②张建清.证人证言可信性的知识论考察[D].中国政法大学,2009.

③强卉.刑事证人证言的可信性问题研究——以美国证据法中的证人弹劾制度为视角[J].法律科学(西北政法大学学报),2016,34(03):164-170.

④张明之.论证人证言[J].锦州师范学院学报(哲学社会科学版),2001(04):101-105.

证人出庭率低的原因有多方面:人情本土的压力、担心打击报复、保障制度不健全等,但最根本的原因就是我国现行法律对证人出庭作证的规定不足。《最高人民法院关于适用<中华人民共和国刑事诉讼法>的解释》(以下简称为《刑诉法解释》)列举了证人不出庭的四种法定情形。① 但规定中的"有其他客观原因"明显过于宽泛和模糊,这就给实践中相当一部分应该出庭且有条件出庭的证人不出庭提供了便利,同时也给法院在实践中不容易强令证人出庭留下了一定的余地。②

三、引入证人弹劾制度的基础

(一)需证人出庭接受质询

在我国目前的司法环境下,极低的证人出庭率是没有办法良好地实施证人弹劾制度的。证人弹劾制度需要证人出庭作证,进而控辩双方对该证人的证言进行"弹劾"。由于当事人双方对裁判结果最为在意,也必定会尽可能地弹劾不可靠的证人、揭露不真实的证言,而被弹劾方也必然会极力地正誉以恢复己方证明力,裁判者在兼听的基础上有利于提高事实认定的准确性,防止冤假错案的发生,同时提高裁判结果的可接受性。③ 而实践中大多数的证人证言都是以形成笔录的形式而存在,这种笔录呈现出的案件事实是极其有限的,是没有办法经得起"弹劾"与"反弹劾"的。因此引入证人弹劾制度必须证人出庭接受质询。

(二)需交叉质询制度

证人弹劾与交叉质询的关系极其紧密。证人弹劾需要一种载体存在于诉讼之中,而该载体就是交叉质询制度,换言之,交叉质询制度是证人弹劾的手段与方式。在我国现行刑事诉讼法之中,已经确立了证人询问规则,因此有些学者认为我国已经确立了交叉询问规则。④ 当然,对于我国是否存在交叉质询制度是存在争议的,笔者比较赞同我国已基本上存在交叉质询制度的观点。我国的证人询问大概可以分为以下几步:第一,经审判长许可,向审判长提请询问的一方可以先向证人询问;第二,该方询问结束后,再经审判长许可,另一方也可以对该证人进行询问。通过这种交叉询问,控辩双方从有罪与无罪、罪轻与罪重等不同方面进行弹劾,有利于对证人证言进行全方位的审查,防止冤假错案之发生。

四、五种证人弹劾角度

(一)和先前不一致陈述

先前不一致的陈述,是指同一证人在侦查阶段所作的证言与在法庭上所陈述的证言并不一致。传统理论认为,先前不一致的陈述仅作为弹劾证据,不能用于证明该陈述本身的真

①《最高人民法院关于适用<中华人民共和国刑事诉讼法>的解释》第253条规定,证人具有下列情形之一,无法出庭作证的,人民法院可以准许其不出庭:(一)庭审期间身患严重疾病或者行动极为不便的;(二)居所远离开庭地点且交通极为不便的;(三)身处国外短期无法回国的;(四)有其他客观原因,确实无法出庭的。具有前款规定情形的,可以通过视频等方式作证。

②张月满.我国诉讼中证人证言证明力探析[J].河北法学,2004(02):92-95.

③车雅璇.庭审实质化背景下的证人弹劾[J].理论界,2018(12):68-75.

④沈志先.刑事证据规则研究[M].北京:法律出版社,2014:238.

实性。① 那么我国面对该问题,笔者认为应当先给予证人一个作出合理解释之机会,而不能统统否定该证人证言的证明力,因为直接否认该证据的证明力并不利于寻求案件真相。如果证人作出了合理解释,那么证人需要承担对该合理解释的证明责任,否则就应当承担作伪证之不利后果与责任。

(二)偏见或利益关系

边沁提出的功利主义可以很好地对该角度进行论述。“人生本该寻快乐,众人都应乐中生,避苦就乐乃真性,如苦必降但愿少而轻。”人们都有趋利避害、追求自身利益最大化的本性。尤其在我国,费孝通先生就曾提出我国社会是一个“人情社会”,人与人之间总有着各种各样的利害关系。那么简单地讲,证人与一方当事人是一种积极关系,其证言就会偏袒这一方当事人;证人与一方当事人是一种消极关系,其证言就会不利于这一方当事人。且在当前的司法实践中,大量的证人都与当事人之间存在利害关系。因此法官在面对这种原因提起的证人弹劾时,应充分考虑证人与当事人之间的关系,如果有其他实物证据或者非利害关系人的证人证言,应当优先认定其证明力,并形成初步事实,进而考虑利害关系人所作出的证人证言是否有其他证据予以佐证,并形成证据链。

(三)感官或精神缺陷

现行《刑事诉讼法》第 62 条第 2 款规定,生理上、精神上有缺陷或者年幼,不能辨别是非、不能正确表达的人,不能作证人。因此,在我国现行法律制度下,“感官或精神缺陷”的人是没有办法作为证人的,其所陈述的案件事实也不可以作为证人证言,这是对其作为证据的证明能力的一种否定。根据上文可知,证人证言需要具有“言者”与“听者”,简单讲即证人应当具有认知与表达的作证能力。本文着重探讨证人证言的证明力,要求该证人证言是我国法律意义上的“证据”。因此根据现行法律,英美法系规定的该种弹劾原因并不适用对证人证言证明力的审查。

(四)不诚实品格

品格证据作为一种间接证据,在我国司法环境下是绝对禁止适用的。不良品格本身就存在不良瑕疵,部分司法参与者道德水准存在下滑的情形下,品格证据本身就存在判断难的问题,品格瑕疵就更不能适用,品格瑕疵是源头产生不良,支流的清纯度就不能保证,无法确定是否受到污染,因而在我国法律资源相对完善,但是司法公信力不足、执行难度大的时期,不良品格证据绝对排除适用。②

(五)具体的矛盾

根据《刑诉法解释》第 87 条规定,对证人证言应当着重审查证言之间以及与其他证据之间能否相互印证,有无矛盾。基于前文论述,证人证言很可能出现所陈述的事实是非客观的事实这一现象。因此在司法实践中经常会出现证人证言之间、证人证言与其他证据之间存在矛盾的情况。那么,在我国,法官应当运用相互印证规则,重点审查证言之间或者证言与

---

①强卉.刑事证人证言的可信性问题研究——以美国证据法中的证人弹劾制度为视角[J].法律科学(西北政法大学学报),2016,34(03):164-170.

②蒋运雄.论刑事诉讼中品格证据的排除规则[J].职工法律天地(下半月),2015(05):76-77.

其他证据之间的矛盾。换言之,证人证言的内容要得到其他证据的印证才能采用。①

五、结语

在我国当前司法环境下,引入证人弹劾制度是具有一定价值的。我国可以通过借鉴英美法系的“证人弹劾”制度,结合我国当前诉讼结构与现实存在的诸多问题,形成一种我国本土化的“证人弹劾”制度,以此在保证程序正义的同时,尽最大努力还原案件真实事实,追求实质之正义。

①彭雪莉,孔祥伟.中国式弹劾证据规则的理论与实践反思——从证言弹劾切入[J].黑龙江省政法管理干部学院学报,2019(03):99-104.

认罪认罚从宽制度下被告人上诉权的保障

雷茗[1]　雷国军[2]

1. 黑龙江庆元律师事务所　2. 黑龙江鸿英律师事务所

摘　要:认罪认罚从宽制度的适用在司法实践中已取得显著成效,成为刑事诉讼重要制度之一,既有利于犯罪嫌疑人、被告人接受相对较轻的刑罚处罚,尽早地回归社会,又提高诉讼效率、简化诉讼程序,促进了法治中国的建设。但该制度存在以下问题:犯罪嫌疑人、被告人已认罪认罚的行为与其在庭审期间辩解的行为相冲突;已签署认罪认罚具结书的被告人上诉的权利与检察机关认定被告人不认罪认罚,随之提起抗诉的行为相冲突。探讨如何保障被告人上诉权就尤为重要,可通过允许被告人合理陈述与辩解,以及检察机关有甄别性地做好上诉原因的区分以便正确行使抗诉权的途径来实现。

关键词:认罪认罚从宽制度;上诉权;抗诉

一、认罪认罚从宽制度运行的成效

认罪认罚从宽制度自 2016 年推出试点,2023 年 3 月 7 日第十四届全国人民代表大会第一次会议上的《最高人民检察院工作报告》中确定认罪认罚从宽制度在检察环节适用率已超过 90%,2022 年量刑建议采纳率 98.3%,一审服判率 97%,高出未适用该制度案件 29.5 个百分点。依据《最高人民法院、最高人民检察院关于在部分地区开展刑事案件认罪认罚从宽制度试点工作情况的中期报告》,适用认罪认罚从宽制度审结刑事案件占试点法院同期审结刑事案件的 45%,被告人上诉率仅为 3.6%,可以看出适用认罪认罚从宽制度后上诉率极大降低。

认罪认罚从宽制度已成为刑事诉讼最重要的制度之一。在过失犯罪和轻微刑事案件适用认罪认罚从宽制度,既有利于犯罪嫌疑人、被告人接受相对较轻的刑罚处罚,尽早地回归社会,又节省大量司法资源,提高诉讼效率、简化诉讼程序,促进了法治中国的建设,认罪认罚从宽制度是司法机关所开出的一剂良方。

二、认罪认罚从宽制度运行中的冲突问题

认罪认罚从宽制度的初衷是推动宽严相济的刑事政策、完善刑事诉讼制度、优化司法资源配置、有效惩治犯罪、加强人权保障,但是在制度实施的过程中难免会出现制定时没有考虑到的情况,以致与制定的本意存在消极的冲突。

1. 犯罪嫌疑人、被告人已认罪认罚的行为与其在庭审期间辩解的行为相冲突

2021 年最高人民检察院出台的《人民检察院办理认罪认罚案件开展量刑建议工作的指

导意见》明确规定,“量刑建议应当区别认罪认罚的不同诉讼阶段”;“在从宽幅度上……早认罪认罚优于晚认罪认罚”。所以,认罪认罚从宽制度原则上是越早认罪,从宽幅度越大,对犯罪嫌疑人、被告人越有利。在侦查阶段可以签署认罪认罚权利义务告知书,实践中更多的是在检察院审查起诉阶段签署认罪认罚具结书,也是在此阶段检方会与犯罪嫌疑人在认罪的基础上就量刑等情况进行“协商”,在此时犯罪嫌疑人有认罪悔罪的态度。但是在被告人收到自己的起诉书,进入审判阶段后,发现起诉书上认定的具体内容与其内心认为的发生偏差时,产生不再认罪的心理反应,或被告人认可犯罪事实和罪名,但是量刑过重,超出自己心理预期过多,庭审过程中进行自我辩解,辩护人也为量刑过重而进行辩护。在此种情况下,一些检察官会认为被告人认罪悔罪态度不好,甚至当庭撤销认罪认罚情节,进而对被告人提出更重的量刑建议。

案例:被告人陈某因非法吸收公众存款罪,在审查起诉阶段签署了认罪认罚具结书,因此检察机关提出量刑建议为建议判处有期徒刑四年六个月,并处罚金十万元。但因被告人当庭辩解,认为自己不应该对全案三亿元的犯罪金额负责,而仅对一千二百万元的犯罪金额负责,法庭及公诉机关认为被告人不认罪认罚,一审判决有期徒刑五年六个月,并处罚金三十万元。判决结果比量刑建议高出一年的刑期,多了二十万元罚金。在这个案件中无论是三亿元还是一千二百万元,都已经构成《中华人民共和国刑法》第 176 条规定的情节特别严重的情形,被告人其实是在认罪的基础上进行合理的陈述和辩解,该行为不应直接认定为不认罪认罚,全盘否定被告人签署的认罪认罚具结书,进而加重被告人的刑期和罚金。

2. 已签署认罪认罚具结书的被告人上诉的权利与检察机关认定被告人不认罪认罚,随之提起抗诉的行为相冲突

案例 1:被告人钱某某犯盗窃罪,盗窃原油价值 25565. 45 元,公诉机关认为钱某某的行为构成盗窃罪,归案后钱某某如实供述自己的犯罪行为,自愿认罪认罚,具有重大立功表现,公诉机关建议量刑有期徒刑七个月。辩护人的辩护观点为:(1)钱某某无前科劣迹,是初犯,认罪时间早,认罪态度好;(2)钱某某归案后揭发 25 人盗窃犯罪团伙,有重大立功表现;(3)钱某某所盗的原油已全部返还被害单位,造成损失小。因此辩护人建议法院对钱某某从轻处罚,适用缓刑。一审法院刑事判决书对公诉机关指控的罪名、认定的犯罪事实及量刑建议均予认可,对于辩护人的观点,除本案应适用缓刑外均予认可。一审判处钱某某有期徒刑七个月,并处罚金一万元。

但钱某某及辩护人认为本案应适用缓刑,钱某某向一审法院递交上诉状。面对钱某某想要提起上诉的情况,公诉人主张钱某某上诉的行为是不认罪认罚的表现,公诉机关将启动抗诉程序,撤回原量刑建议书,将从重处罚。钱某某见状,撤回刑事上诉状,辩护人在向钱某某告知公诉机关抗诉可能会加重一审判处刑罚的前提下,同时说明因其有重大立功表现,且根据上诉不加刑的规定,认为本案应适用缓刑。但钱某某表示不愿承担因提起上诉的行为导致检察机关提起抗诉最终没有判处缓刑反而增加刑期的风险,还不如接受七个月的刑期,本案中钱某某最终没有提起上诉。

案例 2:崔某某于 2018 年 12 月 6 日以生产、销售伪劣产品罪被判处有期徒刑一年,缓刑一年六个月,至 2020 年 6 月 7 日缓刑考验期执行完毕。但大庆市公安局 XX 分局于 2020 年 8 月 5 日以同一罪名将崔某某立案,该次立案是因崔某某于 2018 年 11 月将剩余 33 吨伪劣

产品柴油卖给孙某某,孙某某对外销售5.3吨被抓现行。本案属于在缓刑考验期届满后发现漏罪而立案的,崔某某具有自首情节,在本案前无前科劣迹,认罪认罚。检察机关起诉书适用《中华人民共和国刑法》第77条撤销缓刑,数罪并罚,新罪量刑十个月。一审刑事判决书的判决结果是撤销前述已生效执行的刑事判决书,对被告崔某某犯生产、销售伪劣产品罪有期徒刑一年,撤销缓刑一年六个月的宣告缓刑部分,判处有期徒刑十个月与前罪判处有期徒刑一年,适用数罪并罚执行有期徒刑一年六个月。

崔某某不服,认为应仅对漏罪定罪处罚,且崔某某具有未遂情节应适用缓刑而提出上诉,检察机关因而提起抗诉。

上述两起案件是被告人对犯罪事实和罪名都认可,仅对量刑过重或者法律适用问题提起上诉。但检察机关认为只要被告人上诉,就是认罪认罚态度不好,需撤销原来的量刑建议书,启动抗诉程序,建议从重处罚,这是对正确适用认罪从宽制度的一种误区。

三、以保障被告人上诉权的冲突解决路径选择

1. 允许被告人合理陈述和辩解

虽然被告人在审查起诉阶段签署了认罪认罚具结书,但不代表在审判阶段就不需要发表辩护观点。法律赋予被告人及其辩护人在庭审期间发言的权利,庭审中被告人可以陈述事实、自我辩护以及辩护人可以发表辩护意见。这就要求辩护律师在审判阶段还应当继续履行相应的辩护工作,不能因为在审查起诉阶段被告人认罪认罚而懈怠,应当切实维护被告人的合法权益。被告人自身也要在庭审过程中如实认真地陈述事实并依法行使法律赋予的自我辩护权利,这一过程不应被理解成被告人不再认罪认罚,就撤销被告人的认罪认罚情节,要切实落实法律赋予被告人的权利。

2. 检察机关应有甄别性地做好上诉原因的区分以便正确行使抗诉权

检察机关提起抗诉之后,二审审理就不再受到上诉不加刑原则的限制。刑事诉讼法规定被告人只要不服一审的判决、裁定,就有权上诉,而抗诉则需要检察院认为一审的判决、裁定确有错误的,才可提出抗诉。前者上诉是“不服”,后者抗诉则是“确有错误”。而目前实践中存在只要被告人上诉,检察机关就启动抗诉的情形。这与我国两审制的诉讼程序相悖,等于变相剥夺了被告人的上诉权。检察机关一方面因被告人认罪认罚而在量刑上给予从宽处理,另一方面告知被告人如若不服一审判决上诉,检察机关将抗诉并取消从轻的量刑建议,对其从重处罚,这是对被告人上诉权利的一种客观威胁。在刑事诉讼中两审终审是保护被告人合法权益的程序,上诉权不应在客观层面就被剥夺。检察机关不但有提起公诉、追究犯罪嫌疑人有罪的职能,还有针对犯罪嫌疑人可能不存在犯罪事实而作出不起诉的决定,或者针对犯罪嫌疑人的犯罪情况作出罪轻的建议的职能,也需同时监督法庭,防止无罪的人被追究刑事责任、罪轻的人被重判、罪重的人被轻判,以保障被告人的合法权益和法律的良好适用。

首先,案件二审开庭时,检察机关必须出庭支持公诉。通过出庭支持公诉对已认罪认罚的被告人、在一审中当庭拒不认罪的被告人或被告人上诉的案件,检察机关可以参与案件二审庭审,还可以实现法律监督的职能。这便不会变相剥夺认罪认罚案件的被告人享有的上

诉权利,不会使案件从客观上变成了一审终审,从而有悖于刑事诉讼的立法本意。

其次,如果二审法庭认为一审量刑过轻,那么说明存在事实不清或证据不足的情形,则可发回重审。一审法院审理后,完全可对被告人按照不认罪悔罪的情形从重处罚,这一做法并不影响上诉不加刑的规定,因此检察机关更无需提起抗诉。

综上,检察机关应区分具体情形提起抗诉,切实保障被告人上诉权的实现,保障刑事诉讼的两审终审程序在实践中的完全落实。对一审当庭翻供的,对于主要犯罪事实及罪名不予认可,检察机关应依法行使抗诉权。但被告人对具体情节的合理辩解,或认为程序上、法律适用上存在问题以及具有法定的从轻、减轻情节而未被认定的情况提起上诉的,检察机关不应一刀切式提起抗诉,可在二审开庭支持公诉过程中去行使检察监督的职能。

四、结语

认罪认罚从宽制度是完善我国刑事诉讼程序的良好制度,是把握好宽严相济、罪责相适应的原则,合理调配司法资源,提高刑事案件办理效率的极好途径,更能调动犯罪嫌疑人、被告人配合案件办理,为获得宽大处理而主动认罪认罚的积极性,能更好地保障犯罪嫌疑人或被告人的合法权益。检察机关区别对待被告人上诉的具体情形而行使抗诉权,是完善认罪认罚从宽制度的一部分内容,任何一项法律制度都需要在实践中完善和磨砺。

参考文献

[1]钱春. 认罪认罚从宽制度的检视与完善[J]. 政治与法律,2018(02):150-160+149.

[2]孔令勇. 论刑事诉讼中的认罪认罚从宽制度——一种针对内在逻辑与完善进路的探讨[J]. 安徽大学学报(哲学社会科学版),2016,40(02):145-156.

[3]张丽霞. 认罪认罚案件上诉与抗诉的法理辨析[J]. 中国人民公安大学学报(社会科学版),2020,36(01):80-89.

[4]汪海燕. 认罪认罚案件上诉问题实证研究——基于 B 市 508 件案例的分析[J]. 中国应用法学,2023(03):86-102.

[5]于秋. 认罪认罚从宽制度的现实理路分析[J]. 法制博览,2023(12):139-141.

“两卡”类帮信罪案件中少捕慎诉慎押政策的适用问题

曹英雪

吉林省律师协会

摘　要：我国正处于全面依法治国的时代，现代社会形势下的犯罪形态和结构正在急速变化，相比之下，严重暴力犯罪数量和重刑率在下降，轻罪数量和轻刑率呈现上升趋势。近几年的相关统计数据表明，轻罪时代已经来临，其中最具有代表性的罪名之一便是帮助信息网络犯罪活动罪（简称帮信罪），但司法实践当中帮信罪却有沦为“口袋罪”的趋势，大量的帮信罪案件占用了我国司法资源，与我国现阶段的“少捕慎诉慎押”司法政策不相适应，笔者对帮信罪案件在少捕慎诉慎押刑事政策下的适用问题颇感兴趣，通过本文谈几点个人观点。

关键词：少捕慎诉慎押；帮信罪；刑事司法政策

一、“两卡”类帮信罪的现状

（一）“两卡”类帮信罪案件基本态势

纵观近几年犯罪类型现状，最高人民检察院发布的数据显示，2021 年全年帮信罪的起诉人数仅在“危险驾驶罪”和“盗窃罪”之后，位列全国刑事案件起诉人数的第三名。针对“两卡”类帮信罪，通常指的是非法买卖银行卡、手机卡或者从事非法提供、使用手机卡和银行卡的一大类犯罪形式，自 2015 年《中华人民共和国刑法》增设帮信罪至 2020 年 10 月开始的“断卡行动”以来，检察机关帮信罪起诉人数呈指数型上升趋势，经相关数据统计，2021 年全国检察机关对于帮信罪起诉的犯罪嫌疑人为 12.9 万人。2022 年前两季度数据显示，帮信罪起诉人数高达 6.4 万人，从案件动态分析，起诉人数比之前虽有所下降，但整体仍在高位运行。①

针对起诉人员类型分析，检察机关起诉范围广，起诉人员分布在全国各个省市，涉案领域复杂，且大多数被告人系初犯。从人员年龄看，低龄化现象突出，30 岁以下的占 64.8%，18 至 22 岁的占 23.7%。犯罪嫌疑人中，低学历、低收入群体占多数，初中以下学历占 66.3%、无固定职业的占 52.4%，犯罪行为主要表现为非法买卖“两卡”。同时，大学本科以上学历、民营企业尤其是科技公司收入较高者涉罪人数持续增加，犯罪行为主要表现为开发软件、提供技术支持。起诉人员中，近 90%没有犯罪前科，系初犯。

“两卡”类帮信罪案件从行为方式来看，以“卡农”“卡商”和“卡头”的犯罪团伙的组织

①陈家琪，许昆．涉“两卡”类帮助信息网络犯罪案件特征及防控——以底端“卡农”为视角[J]．河北公安警察职业学院学报，2022，22(04)：13-17.

模式为主,范围包含了电信网络诈骗及网络违法赌博相关领域,如笔者在上文所述,该罪主要行为方式是非法买卖、借用、租用"两卡",一般为上游犯罪提供帮助,行为手段如转移和套现。全国检察机关注意到此种行为后,逐渐加强了对网络治理问题的重视,开始加强网络犯罪源头的管控。

(二)"两卡"类帮信罪案件特征

笔者通过查询中国裁判文书网的相关案例和分析数据得出,涉及该罪的判决书在2020年至2021年期间为2万份,而2020年之前涉及该罪的判决书仅为几百份,从大量的刑事案件判决书当中可以发现,案件的犯罪嫌疑人、参与者大多数为青少年、在校大学生、务工人员等,初犯和偶犯占大比例,犯罪行为的手段是犯罪人员通过招聘市场,或是网络平台向学生和刚步入社会的青少年、工人阶层发布违法和虚假的招聘信息广告,导致许多法律意识淡薄、缺少社会经验的群体落入"网络陷阱",最终触犯了刑法。

相比于传统的犯罪团伙,"两卡"类帮信罪的组织模式分工较为明确,犯罪常见情形包括:将银行卡、手机卡提供给他人后被用于违法犯罪活动,非法收购、售卖非实名制手机卡用于诈骗活动,完成"跑分"洗钱任务,使用非本人控制的银行卡为他人提供转账、提现违法犯罪服务。与此同时,"卡农""卡商""卡头"会持续有规模地为其上游犯罪提供技术支持,涉案的犯罪人员受自身利益的驱使,为了小恩小惠等蝇头小利违反"实名制"等规定大量办理"两卡"并非法出售、提供,成为电信网络犯罪主要的工具输送渠道。

二、"两卡"类帮信罪治理中的困境

(一)立法上模糊导致口袋罪化趋势严重

2015年《中华人民共和国刑法修正案(九)》中新增设了帮信罪,从一开始该罪名在立法角度上就被赋予了"口袋罪"的典型特征,在司法实践当中进一步"口袋化",从2020年"断卡行动"开始以来,帮信罪案件的起诉数量就呈现井喷式,笔者查询最高人民检察院的官方数据,2021年帮信罪起诉人数就达到了惊人的12.9万人,最高人民法院数据显示,2021年1月1日至11月15日全国人民法院审结帮信罪案件4.7万件。由此看出,大量新类型网络案件由于犯罪结构和犯罪方式的新颖性,都被归入帮信罪的范围,引起了理论界广泛的讨论,对于帮信罪定罪当中的此罪和彼罪的区分成了探讨热门话题。

笔者认为,"两卡"类帮信罪在如今司法环境当中逐渐"口袋化"的原因一方面可以归结为我国对于帮信罪立法上的模糊。2016年"两高一部"印发了《关于办理电信网络诈骗等刑事案件适用法律若干问题的意见》,当中对帮信罪的规定较为模糊。最高人民法院、最高人民检察院在2019年联合发布《关于办理非法利用信息网络、帮助信息网络犯罪活动等刑事案件适用法律若干问题的解释》,随即对帮信罪在司法实践当中出现的问题在2020年《关于深入推进"断卡"行动有关问题的会议纪要》中也进行了大致的阐述。虽然我国对该罪的相关规定相继出台,但由于司法实践当中犯罪形式的多样性,司法机关对帮信罪的理解也是参差不齐,新旧司法解释之间对于法律适用和相关基本事实的认定也无法完全概括,进而产生了司法的适用困境。

与此同时,对于帮信罪案件趋于"口袋化"的另一方面原因归结于实务当中的司法适用混乱。在办案机关侦破案件过程当中,通常情况下办理的电信网络诈骗案件的下游犯罪相比于上游犯罪的侦破较为轻松,上游犯罪的犯罪嫌疑人一般会采取较为科技化的手段逃避侦查机关的侦查,在实务当中,上游犯罪被查清,那么下游的帮助行为会被认定为掩饰、隐瞒犯罪所得罪或者是帮助犯,但大多数的情况并不理想,在上游犯罪无法快速查清时,下游的帮助行为通常会被认定成帮信罪,因此,基于电信网络犯罪的复杂性、层级性,当侦查机关查处难度较大,且侦查机关在无法准确认定的情况下,会将此类行为统一盖然性地当成帮信罪处理,这就是“两卡”类帮信罪逐渐沦为兜底性罪名的具体体现。

(二)罪与非罪认知偏差导致诉讼资源损耗

从执法、司法实践当中看,执法司法工作由具体的人来实施,而不论是执法还是司法队伍,目前都存在法律素养参差不齐的问题,在办理个案中容易受到一些来自自身非理性因素的影响,从而可能会造成对自由裁量权的不当使用。① “两卡”类帮信罪频频发生在法律意识和观念淡薄的这一类人群当中,当事人甚至是司法机关在面对新型网络犯罪时,较难凭借自身的实践经验迅速判断罪与非罪、此罪与彼罪,所以在一定程度上会产生构罪的认知偏差。当进入司法程序后,大多数缺乏法律意识的当事人想要追求罪轻和无罪的好结果,当得到的判决并不理想时,进而上诉启动二审审判程序,至此增加了案件的司法成本,造成司法资源损耗。

三、少捕慎诉慎押背景下“两卡”类帮信罪的司法适用

(一)贯彻少捕慎诉慎押刑事政策的困境

一是关于社会危险性和羁押必要性规定的标准较为模糊,《中华人民共和国刑事诉讼法》第 81 条列举了具有社会危险性的多种情形,如可能实施新的犯罪,有危害国家安全、公共安全的现实危险,等等。但在具体司法实践中,这种对于涉案人员是否具有社会危险性的判断通常要依靠办案人员的主观性判断,证据很难获取,尤其大多数帮信罪案件是以案件情节轻重这一因素来判断犯罪嫌疑人是否具有社会危险性。检察机关在办理案件过程当中,忙于应对考核和机关内任务的压力,大体上贯彻少捕慎诉慎押政策,会以银行卡的数量、支付结算金额作为不捕、不诉的考量指标,这种做法会造成对社会危险性的量化。

二是关于非羁押强制措施制度的规定不够完整,趋于碎片化。一方面,社会群众往往对逮捕羁押措施存在不少误区,认为不捕就等同于无罪,不羁押就意味着司法机关办案不公正,导致大量的群众上访和申诉的发生,这种结果也给相关司法机关在适用取保候审措施时带来了无形的压力。另一方面,少捕慎诉慎押刑事政策是在变相鼓励办案机关、检察官作出不捕和不诉的决定,但存在着权利的监督和制约,通常情况下,面对犯罪情形一样的案件,部分办案人员选择逮捕起诉,另一部分办案人员走不捕不诉的途径,由此可见,关于取保候审约束力不强,对被取保候审人有效监管措施不足,违反取保候审规定惩戒力度不够等,使得非羁押强制措施难以满足保障诉讼的需要。②

①王静,周雪.帮助信息网络犯罪活动罪“口袋化”问题及应对[EB/OL].筑城审判公众号,2022-12-28.
②郭淞.浅析两卡类帮信罪案件中少捕慎诉慎押政策的适用问题[EB/OL].大伦天谕公众号,2023-06-09.

（二）少捕慎诉慎押政策下帮信罪的司法矫正

第一，尊重我国刑事司法的基本原则，上调侦查阶段取保候审强制措施的适用比例，司法机关需要逐步转变司法观念，应当以治理为导向，以宽缓的司法程序处理“两卡”类帮信罪。笔者认为在理论层面，对于“两卡”类帮信罪，在贯彻罪刑法定原则的基础下，办案机关不应该将刑事程序的适用进行扩大化。顾名思义，相关办案人员针对个案要对刑事政策充分理解，对法律法规及相关司法解释合理运用，维护司法权威，将入罪条件严格把控，不能以完成任务的想法滥用国家赋予的权力，应当调整帮信罪案件当中的取保候审适用比例，减少未决羁押率。①

第二，完善“两卡”类帮信罪行刑衔接制度。笔者通过几个环节阐述个人观点，首先，对于涉嫌帮信罪的立案环节要严格把关，检察机关需加强对公安机关的审查监督机制，针对不应当进入刑事司法程序的案件立案的，应当及时进行监督和审查。其次，对于案件类别的准确把握，把不属于刑事犯罪个案，如果能以行政处罚方式进行出罪处理的案件，要注重对涉案行政材料的具体收集，所以，检察机关要充分发挥在行政案件上的监督作用。最后，少捕慎诉慎押刑事政策原则上可以与认罪认罚从宽制度进行程序上的衔接，对于主观恶性小、社会阅历少、可改造性强的犯罪群体，笔者认为检察机关在审查起诉阶段贯彻少捕慎诉慎押刑事政策更为重要，对符合条件的案件当事人应该适用从宽处罚、不起诉制度，将少捕慎诉慎押刑事政策运用于“两卡”类帮信罪的治理，有助于实现轻罪与重罪治理程序的分离，更有利于实现少捕慎诉慎押刑事政策的预期目标。

①班艺源.少捕慎诉慎押下“两卡”类帮信罪的司法治理[J].政法学刊，2022，39(06)：14-22.

论死刑复核程序中辩护权的法律保障

郭情情

吉林国隆律师事务所

摘　要：在死刑案件中，死刑复核程序具有特殊性，在保障人权方面具有重要意义。死刑复核程序的落实与辩护权的使用密切相关。从整体而言，我国死刑复核程序尚待完善，以辩护权利为代表的被告方权利并未得到充分保障，有关程序性质、具体权利内容、权利行使保障措施等问题并未得到充分法律保障。考虑到死刑复核辩护权保障迫切性，本文围绕死刑复核程序展开分析，进一步就辩护权保障问题进行讨论，并提出在死刑复核程序中要做到准诉讼化设计、落实被告人诉讼权利保障、在具体制度中保障辩护人具体权利行使。

关键词：死刑复核程序；辩护权；诉讼化改造

一、基本概念的辨析

（一）死刑复核程序性质

当前国内对死刑复核程序界定主要包括两类，其一认为该程序属于行政审批程序。有学者在分析死刑复核程序概念的基础上，认为该程序接近于行政机关审批程序。还有学者就死刑复核程序结构进行分析，强调因为需要由法院审查该程序，因此程序具有较强的行政化特征。① 其二认为该程序属于审判程序。有学者从刑事诉讼法制度设计出发，认为死刑复核程序属于审判范围内。还有学者认为，对比普通程序，虽然死刑复核程序在运作方面存在不同，但是在控辩双方参与、充分听取意见并出具裁决方面与审判程序具有一致性。

本文经研究认为死刑复核权归属于司法权，在价值角度方面，司法权以公正作为重点，与死刑复核程序力图还原真相的要求相符。在权力性质方面，司法权具有独立性，可对诉讼争议事项进行审理从而裁判，本质上属于判断权，行政权可借助强制手段，赋予管理社会的权力，本质上属于处分权。而死刑复核权在本质上是有权复核法院对下级法院裁判的延续性判断，需要进一步分析合法性与适当性。从程序权利保障来看，将死刑复核权界定为司法权更加有利于多方主体参与程序之中，让被告人和辩护人都能在其中充分行使权利以求得实体结果的公正性，这有利于避免行政程序的密闭性和参加主体的单一性，从而有效保障有关主体的诉讼权利。

（二）死刑复核程序中的辩护权

辩护权强调以法律作为依据，被告人、犯罪嫌疑人在面对指控、起诉时，具有提出申诉、

---

①欧超荣. 完善我国死刑复核程序法律援助制度之构想[J]. 司法警官职业教育研究，2022，3(03)：51-58.

辩解以及证明无罪、罪轻的诉讼权利。该项权利受到刑事诉讼法的保护。在现代刑事诉讼中,辩护属于重要职能,经控诉、辩护、审判等职能交互,能够推动刑事诉讼进展。

关于辩护人在死刑复核程序中是否享有辩护权也是值得探讨的。有观点主张辩护人应当在死刑复核程序中享有辩护权,这是因为尽管没有刑事诉讼法的直接授权,但是由于死刑复核程序是死刑裁判程序的后续,不能因为死刑复核权的上提就剥夺辩护人对最终结果的辩护权,否则就人为地以死刑复核权的分离来变相剥夺被告人与辩护人最为重要的诉讼权利。本文主张从司法程序角度看待死刑复核程序,更以司法程序的完整性角度来看待死刑复核程序,因此辩护人应当享有死刑复核辩护权。

二、死刑复核程序中辩护权保障的重要性

因为死刑具有不可挽回的特征,死刑案件裁断公正已经成为学界共识。我国强调应对现有人权司法保障制度进行完善,不仅要落实建设法治国家的任务,完善刑事诉讼程序,还要坚持正确的思想导向,强化对刑事诉讼理论的研究。因此,以制度作为依据,加强程序设计工作,能够确保在死刑复核程序中保障辩护权。另外,通过深入探索诉讼程序价值,还能够进一步强化我国法治现代化建设。

三、死刑复核程序中辩护权保障措施

(一)落实准诉讼化设计

在死刑复核程序中,被告人、辩护人的辩护权受到限制的原因主要与不开庭审理模式以及审批模式行政化密切相关。因此,应切实加强诉讼化改造工作,进而确保死刑复核程序与我国司法理念要求相符。本文研究认为,在刑事诉讼体系中,保障被告人人权与主流论调相符合。从实务视角出发,被告人可能会受多种因素干扰,包括不法侵害、对司法不信任等,导致最终放弃上诉。一旦把死刑复核程序调整为按照申请要求启动,在上述情况发生后,将会导致被告人辩护权被剥夺。而借助自发启动方式,在经过常规程序后,死刑案件将会自动进入复核阶段,并由最高司法机关审理。同时,自发启动方式能够使一审、二审、死刑复核程序连接更加紧密,可促进现有复杂程序简化,在促进节约司法成本方面具有积极影响,可有效提升诉讼效率。①

就死刑复核程序而言,当前学术界就审理模式调整尚未形成统一的意见。本文认为听证制度能够对书面审理进行弥补,可确保案件裁判的公正性。同时,对比日本辩护权保障情况,我国在三审建设方面缺乏相应的理论、物质基础。就目前而言,增加听证更符合我国死刑复核程序执行要求,通过对审理方式进行完善,能够实现对辩护权的保障。需要明确的是,虽然听证设计具有必要性,但是该方法并不具有唯一性,以免增加法院压力。应结合具体案件,给予分流处理,优先选择死刑争议较大的案件应用听证模式。通过充分结合听证、书面审理方式,能够与我国当前诉讼理念要求相符,有利于减轻法院工作负担,可改善死刑

①娄倍倍.死刑复核程序法律援助问题研究[D].上海师范大学,2022.

复核程序的封闭性，进而促进辩护权保障。①

我国法律规定，在死刑复核阶段，律师具有查询案件进展的权利，但是在实务中，需要律师进行申请，法院方面不会主动告知复核进程。考虑到死刑复核程序具有较强的封闭性，一旦没有及时行使辩护权，将会对被告人产生严重影响。因此，在创新审理模式的基础上，应进一步完善流程告知机制，进而保障被告人辩护权。具体而言，法院在收到具有争议的死刑案件后，如果被告人没有委托辩护人，需要由法律援助机构委派律师，负责该案件。值得指出的是，是否需要听证并不应局限于有权司法机关的自我判断，因为判断结果将直接导致诉权的行使，在这个判断过程中也应当赋予辩护人有关申请听证的权利，就应当采取听证提出有关建议和理由。死刑复核裁定书内容应注意条理清晰，并具备充足的论证。法官的心证至关重要，司法与相关社会矛盾调解方式具有明显不同，要求应充分保护被告人的知情权、辩护权。②

（二）强化被告人辩护权保障

刑事诉讼法强调在整个诉讼过程中，应突出被告人主体性。考虑到当前死刑复核制度呈现过度行政化的问题，难以保障被告人辩护权的行使。因此，应进一步突出被告人在整个诉讼中的主体性，进而保障辩护权。确保被告人诉讼权利是保障被告人辩护权的重要前提。我国刑事诉讼法强调在整个诉讼过程中，被告人具有接受法律援助的权利，并且能够参与到庭审辩论中，完成最终陈述。因为死刑复核程序不具有独立性，为确保死刑复核案件的公正性，应在死刑复核程序中保留被告人诉讼权利。在实务中，被告人在死刑复核阶段仅仅能够在接受讯问后辩护，由于被告人处于被动状态，自身需求难以得到重视。因此，可借助听证、书面审核相结合的方式，在接受听证审理后，被告人能够出庭并为自己进行辩解，进而有效保障被告人辩护权。经研究显示，远程讯问方式存在一定的不足，被告人无法当面沟通，将会导致信息反馈不具有直观性。同时，因为远程讯问不具有仪式感，将会削弱辩护权的积极性。但是考虑到当前法院资源不足的情况，无法直接废除远程讯问，可进一步对该项工作进行调整，进而有效满足被告人辩护权要求。具体而言，在实际工作中，应结合具体个案情况，确定是否选择应用远程讯问。考虑到远程讯问方式将会在一定程度上限制被告人诉讼权利，为提高被告人的主体地位、诉讼权利，如果被告人适用于远程讯问，但是被告人认为需要当面陈述，可提出异议，如果异议成立，则调整为当面讯问方式，反之需要告知被告人理由。③

（三）强化辩护律师辩护权保障

在我国司法体系中，法律援助具有重要作用。《中华人民共和国法律援助法》（以下简称《法律援助法》）在2022年正式实施，规定在死刑复核案件中，如果被告人没有委托辩护人，则可以申请法律援助，在提出申请后，可由法律援助机构委派相应的律师，作为辩护人，完成后续辩护工作。通过这一规定，能够避免被告人无辩护人的情况，在保障辩护权方面具有积极意义。《法律援助法》能够为死刑复核程序提供保障，但是法律的完善性需要不断磨

---

①亓嘉兴.死刑复核程序中辩护权保障问题研究[D].辽宁大学,2022.

②刘浩.我国死刑复核程序法律援助全覆盖研究[D].燕山大学,2022.

③夏雪.死刑复核程序中被告人辩护权保障研究[D].兰州大学,2022.

合。我国法律要求参与死刑复核案件的律师应具备三年以上相关执业经历,律师相关执业经历与办案能力密切相关,通过明确规定律师相关执业经历,能够在最短时间内筛选到合适的律师,为被告人提供辩护。正常而言,律师中的诉讼律师主要负责根据当事人委托完成诉讼。而非诉讼律师不仅要负责诉讼,还要提供相应的法律服务。对比后者,在死刑复核案件中,诉讼律师辩护能力更强。但是不同诉讼律师,执业领域存在明显区别,而负责婚姻家庭方面的诉讼律师难以负责死刑案件。本文认为,在死刑复核案件中,选择的律师不仅需要具备三年以上相关执业经历,还需要具备一定的死刑案件辩护经验。

我国法律援助制度存在经费不足的问题,资深律师多不愿意进行法律援助,而律师事务所在接到法律援助案件后,多将其安排给新人律师完成。《法律援助法》强调应建立完善的法律援助保障体系,可在政府预算中,增加法律援助经费内容。考虑到死刑的特殊性,应区别于其他案件经费管理,优先预留出死刑案件需要使用的经费,有效促进专款专用。应增加办案补贴,确保资深律师能够参与到该项工作中,进而充分发挥法律援助作用。①

死刑案件的裁断将会受到律师辩护的影响。因此,通过提升律师辩护水平,能够在保障辩护权的基础上,促进司法公正性。当前我国实务中同样出现了由于律师辩护能力不足导致被告人权利无法得到保护的情况。因此,可充分借鉴国外无效辩护制度经验,在死刑复核程序中明确无效辩护标准,并制定相应的救济方案,确保能够有效保障辩护质量。在行为方面,律师在承接死刑复核案件后,应做好辩护准备,跟进案件的同时,积极收集证据,如果在此期间权利受到侵害,则需要寻求救济。一旦发现律师存在失职行为,视为无效辩护。在辩护内容方面,律师应提出有效辩护意见,如果辩护意见没有实质性意义,视为无效辩护。在死刑复核阶段,如果被告人认为律师存在无效辩护行为,可提出申诉,在申诉通过后,合议庭可予以延期审理,在被告人重新更换律师后,以保障辩护律师做好准备为前提,重新开庭。

四、结语

在刑事诉讼程序中,死刑复核程序在维护人权方面具有积极意义。当前我国通过完善法律法规,在死刑复核程序方面已经建立了基本架构,这也是我国理论界、实务界共同努力的结果。虽然我国在死刑复核程序研究方面取得了一定的成就,但是结合工作实践,仍存在一定的问题。为有效保障该程序内的辩护权,应进一步做好诉讼化改造,充分保障被告方及其辩护律师的辩护权,健全权利救济机制,进而实现对辩护权的保障。作为被告人,应认识到自身享有发声的权利,合理借助法律武器保障权益。作为辩护律师,应明确自身社会责任,坚守职业操守。

①刘沛宏.控辩平等原则下中国特色有效辩护制度之构建——以死刑复核程序为视角[J].时代法学,2022,20(02):80-90.

浅析刑事诉讼中的电子数据证据司法适用

周铮

辽宁民威律师事务所

摘　要：电子数据作为移动互联网和大数据时代的产物，是以数字化形式证明案件事实的证据，亦是刑事司法活动中证明案件事实的重要依据。电子数据证据的出现对刑事诉讼证明、事实认定产生重大影响。现行《中华人民共和国刑事诉讼法》虽已将电子数据证据作为一种独立的证据类型予以明确，但在实践中因该电子数据证据存在着技术性要求较高和掌握难度较大的固有特质，传统证据理论难以径行适用在电子数据证据领域。故探析电子数据的法律本质及适用规则对于当下刑事司法活动具有重要意义。

关键词：电子数据；刑事司法活动；非法证据排除规则；间接证据

一、电子数据的认识及刑事立法历史沿革

1. 电子数据含义

现行法律规定中将电子数据定义为“案件发生过程中形成的，以数字化形式存储、处理、传输的，能够证明案件事实的数据”，同时有学者认为“电子数据是一切以电子形式存在并作为证据使用的材料及其衍生物，即一切借助电子技术或电子设备形成的证据”。即电子数据是以电子数码编码技术制成的文字、图片、音频、视频等数据，故从广义而言，视频资料作为以录像带、录音带等设备储存的声音或者图像证明案件的证据，亦属于电子数据范畴。

2. 电子数据的特性

有学者认为，电子数据区别于言词证据，属于以客观存在的物体为证据事实表现形式的证据，即属于一种特殊的实物证据。电子数据具有外部及内部双重载体，前者主要表现为光盘，后者记载各种电子信息，即同时具备实物证据的外部形式及书证的内容。

学界大部分观点认为，电子数据属于间接证据，即无法单独、直接证明案件事实。但若电子数据中有可以体现犯罪嫌疑人实施犯罪行为全部过程的视频或文字反映，则在此条件下即可直接证明案件事实。按照现行规定，以数字化形式记载的证人证言、被害人陈述以及犯罪嫌疑人、被告人供述和辩解等证据属于直接证据而非电子数据。

3. 我国电子数据刑事立法历史沿革

2012 年《中华人民共和国刑事诉讼法》修改后，将电子数据正式确立为法定证据类型之一。2013 年《最高人民法院关于适用<中华人民共和国刑事诉讼法>的解释》正式实施，该解释作出了关于电子数据审查内容和不得作为定案根据的规定。2014 年“两高一部”颁布实

施《关于办理网络犯罪案件适用刑事诉讼程序若干问题的意见》,明确了针对电子数据的收集以及专门性问题的认定等方面的适用规则,2016 年又颁布实施《关于办理刑事案件收集提取和审查判断电子数据若干问题的规定》,统一了电子数据的认定及裁判标准,确立了扣押原始存储介质为主、提取电子数据为辅、打印拍照或录像等方式为补充的电子数据取证原则。2019 年公安部颁布实施《公安机关办理刑事案件电子数据取证规则》,规范了公安机关在办理刑事案件过程中的电子数据取证工作程序。

由上述我国关于电子数据刑事立法沿革可见,刑事相关法律规定对电子数据在实践中的收集、提取、认定、审查及裁判事宜进行逐步完善。

二、我国电子数据证据在司法实践中存在的问题

1. 电子数据取证措施与刑事侦查措施未形成有效衔接

虽然我国现行关于“收集、提取电子数据”内容,规定了包括扣押、封存原始存储介质,现场提取电子数据,网络在线提取电子数据,冻结电子数据以及调取电子数据等五种措施。然而在司法实践中存在着如下问题:在侦查阶段针对电子数据采用的是“收集”与“提取”字样,而非明确为“搜查”,从该角度而言,意味着我国并未将电子数据纳入搜查范围。而现行法律规定对于搜查程序和要求均作出了明确规定,但对于“收集、提取电子数据”的五种措施无相对应的审批要求方面规定。在司法实践中收集、提取电子数据措施届时将面临内部无审批流程要求、外部无约束力的窘境。

2. 电子数据非法证据排除规则尚不完善

目前司法实践中仅明确规定将“笔录或者清单上没有调查人员或者侦查人员、电子数据持有人、提供人、见证人签名或者盖章的”作为人民法院非法证据排除规则裁量内容,虽然还有兜底条款,但考虑到电子数据证据技术性较高及举证难度较大,司法人员很难适用该兜底条款进行非法证据排除。此外即使在电子数据收集程序中存在着上述条款中程序瑕疵问题,但是若侦查机关作出相应补正或者合理解释时,则该电子数据证据将不会被排除。而有学者指出,在司法实践中关于电子数据收集过程中出现的程序问题,侦查机关几乎都能予以补正。

3. 侦查人员缺乏电子数据相关专业知识

电子数据证据较其他证据而言取证难度较大,司法实践中因侦查人员对电子数据相关知识掌握较少,又欠缺专门技能知识培训,侦查人员在电子数据收集及提取过程中极易出现未按照操作准则操作而导致该证据被删除抑或被销毁的情况,进而对待证案件事实产生不利影响。

4. 电子数据收集过程中存在着侵犯隐私权风险

目前电子数据随着信息时代的快速发展,在人们日常生活中愈发扮演着重要角色,而电子数据作为信息载体,往往记录着人们生活或者工作中的隐私信息。所以在电子数据收集过程中,届时将径行进入人们生活或者工作之中,对相对人隐私权加以干预,而这种干预若无相应限制及约束,势必会对相对人隐私权进行侵犯。

三、我国电子数据证据司法实践适用完善建议

1. 电子数据取证措施程序要求予以明确

现行法律规定对于电子数据证据“收集和提取”的界定，与传统刑事诉讼侦查措施相分离，从而导致在司法适用时易出现混乱情况。故针对电子数据证据“收集和提取”措施，针对电子数据冻结、调取等已存在初步审批程序的措施而言，应进一步细化各情形项下的审批标准。而对于电子数据扣押、提取等措施而言，在查明案件事实办案基础上，应充分考虑将对相对人合法权利的侵害降至最小。可针对扣押、提取电子数据对公民人身及财产权利、社会公众利益乃至国家安全权益的危害程度逐步加以区分、细化，进行分级保护并施加不同程度的审批要求和控制强度。

2. 明确电子数据证据非法证据排除适用规则

首先，针对电子数据证据审查标准应当将适用非法证据排除规则的情形予以罗列明示，即明确非法电子数据的范围，以便为司法实践中检察官、法官审查侦查机关电子数据取证过程合法性提供充分的依据。并可根据程序瑕疵补正、裁量性排除、强制排除三种情形对侦查机关收集及提取到的不同违法程度的电子数据进行区分，针对违法取证程序造成公民权利侵害后果的不算严重情形，适当给予补正或合理解释的机会，作为裁量性排除情形予以认定。

3. 加强侦查人员电子数据收集和提取方面专业能力

电子数据作为信息时代下的产物，随着信息技术的不断发展，其表现形式及信息载体愈发复杂，取证难度日益增大。首先，应不断提升先进的技术和设备以便完整地保存、保密电子数据。其次，需要侦查人员充分掌握电子数据特性、内容及规则等全方面知识。提高侦查人员的技术水平、职业素养，以便能充分利用现有的高科技或设备收集、调取电子数据。最后，国家可着重培养电子数据侦查阶段高素质人才，推动各级司法单位开展关于电子数据的学习和培训工作，以便更好地发挥出电子数据证据在社会中查明案件犯罪事实的重要作用。

4. 加大对公民隐私权保护力度

增强侦查人员维护公民权利的意识，侦查人员在收集、调取电子数据时，必须严格遵守法律相关规定，不能查阅与案件无关的信息，不能为了查明案件事实而侵犯公民的隐私权，否则应视情节严重程度给予适当的赔偿。

四、结语

目前电子数据已全方面覆盖人们的生活，随着信息化时代的发展，人们愈发依赖电子数据，与此同时，电子数据在刑事司法活动查明案件事实中亦愈发扮演着重要角色。故应从立法修改、裁量标准以及制度框架等多个维度对我国电子数据证据司法适用规则予以进一步优化，进而形成完备的电子数据证据司法适用准则。这不仅有助于查明刑事案件事实，而且能给予公民的权利最大限度的保护！

论认罪认罚从宽制度下之证据规则

文娇

辽宁宣昱律师事务所

摘　要：纵观近代中国法治到今天，德日的法律体系对我国影响颇深，大陆法系的历史传统便是制定成文法典。和英美法系不同，我们更习惯于将证据规则单列。新修正的《中华人民共和国刑事诉讼法》在2018年10月公布实施，认罪认罚从宽制度是其新增的最重要的一项制度，与以往的诉讼模式不一样，认罪认罚从宽制度更侧重于诉讼效率、节约资源，因此相关证据规则应该有所改变。本文回顾认罪认罚从宽制度的理论初心，探讨如何在该制度中将证据制度变通，尤其是原则和规则的定义应做到宽和简，达到制度的设计效果。

关键词：认罪认罚；证据原则；证据规则

在2018年10月，新修正的《中华人民共和国刑事诉讼法》（以下简称《刑事诉讼法》）公布实施，认罪认罚从宽制度在国家立法上正式确立。适用此制度，扭转传统的对抗式庭审模式，新型的协作式庭审开始运作，因此相关的证据制度较传统中国的诉讼制度大相径庭，将新旧融合，共同推进法治事业进展，变得尤为重要。

一、现有的认罪认罚适用证据规则

认罪认罚的证据规则一般由原则性规则和具体性规则组成。可以说是法律工作者在认罪认罚案件中关于各个阶段的证据采用的专门性规制。换句话说，在证据适用时具有法律效力的一系列操作准则。

（一）原则性证据规则

按照法理学的理解，法律原则是从法律规则中概括而来，拥有高度的统领作用，适用于整个规则体系，是立法者意图的高度概括，适用在具体规则中。所以，原则的适用与规则比起来，适用范围更大，也更灵活。

在2016年，“两高三部”印发《关于在部分地区开展刑事案件认罪认罚从宽制度试点工作的办法》（以下简称《试点办法》），《试点办法》文件中涉及的证据规则就包括证据原则和具体规则两个部分。

但诉讼法中没有具体规定原则性规则的条文，缺乏针对性，这点确实颇为可惜。关于证据的要求，《刑事诉讼法》中明确提到，即“确实、充分”①，因此在认罪认罚案件中，证据采用

---

①李本森．认罪认罚从宽制度中的证据规则：检讨与重构[J]．浙江工商大学学报，2020(01)：61-69．

依然要遵循“证据确实充分”这一原则性要求。

认罪认罚从宽制度是一项新制度，适用于整个刑事诉讼程序，应该有完整的理论原则，指导整个制度的适用。现有的刑事诉讼规则中主要是正面性的规则，否定性的证据规则非常少，这和非法证据排除规则的适用有一定关系。根据证据要素论推导，从证据的评价角度来看，影响证据评价的基本要素属性或标准是什么？① 科学立法原则强调应将正面性的证据原则和否定性证据原则相结合，二者不可或缺。但在认罪认罚从宽制度中，没有例外性的规定，在原则性证据规则和具体性证据规则中都可以看出，缺乏此类规定。原则不明确、不具体，容易导致各地司法系统在适用本制度时造成混乱，同案不同判，减损司法信服力。

（二）具体性证据规则

具体性证据规则是原则性证据规则的具体体现，体现在认罪认罚制度适用的各个阶段，是阶段性的证据规则。具体性证据规则不同于原则性证据规则，越是具体、越是明确，则越容易在适用中被采用，这也能体现出认罪认罚从宽制度的特征：宽和简。刑事诉讼根据司法进程，可以分为侦查阶段、审查起诉阶段和审判阶段。本文将分别讨论。

（1）侦查阶段。与一般案件不同，适用认罪认罚从宽制度案件的关键点是如何保障犯罪嫌疑人口供的自愿性。因为，通过口供，就可以初步选择适用的刑罚。如果口供的真实性和自愿性不能保证，就很容易产生虚假口供，进而造成冤假错案，将一些本没有罪的犯罪嫌疑人推向法律深渊，消减司法公信力，同时造成司法资源的极大浪费。须以更高的要求来严格证据规则，力求保障犯罪嫌疑人口供的自愿性。因此除了正常的权利告知前置之外，还应该充分利用值班律师制度等保障犯罪嫌疑人的合法权利。我们要避免像美国辩诉交易那样，为了业绩和效率，肆意践踏法律底线，造成不可弥补的损失。

在侦查阶段，公安机关收集的证据，直接关系到犯罪嫌疑人的人身、财产等切身相关的利益。我们应该杜绝由于效率、政绩等原因，随意将不相符的证据强加给犯罪嫌疑人。公安机关一定要在源头把握好证据的真实性、关联性、合法性。因为后面的检察机关、法院很难快速、准确地排查出不相关的证据，只有侦查机关能够做到。欲速则不达，不能为了追求破案速度，而降低对案件证据的审查标准，必须在排除合理怀疑之后，整合所有证据，然后移送检察机关，进行到下一环节。

（2）审查起诉阶段。在这一阶段中，作为认罪认罚从宽制度的主导者的检察机关，是本制度设立的利益最大者。检察机关可以根据认罪认罚的具体情况去和被告人、犯罪嫌疑人及其律师进行协商，进而提出从宽处罚的量刑建议，且量刑建议一般都会被采纳。权柄之重，乃是中国法治改革中第一次，权力越大，责任越大。如何协调好控审双方的关系、推进以审判为中心的刑事诉讼制度改革，均与此息息相关。一般证据规则通常在适用此制度前适用。量刑合意是认罪认罚从宽制度中不同于一般证据规则的具体体现，在各地试点中，往往也因此造成检法之间的对抗。对于检察机关来说，量刑建议权是其权力、责任扩大的表现，法院应该接受。对于法院来说，这是对审判权的削弱。如何平衡两者之间的关系，共同维护法治建设，成为亟须解决且十分重大的问题。

①这里的“要素属性”就是何家弘、马丽莎所说的审查认定证据的标准，即采纳标准和采信标准。参见何家弘，马丽莎：《证据“属性”的学理重述——兼与张保生教授商榷》，载《清华法学》2020年第4期，第79页。

量刑合意也就是量刑意见，不仅仅是主刑的适用，而且包括了具体量刑的方式。指导意见予以了明确。因此，在审查起诉阶段，证据规则的重点应该是通过规制认罪认罚具结书的签署，来保证被告人、犯罪嫌疑人认罪认罚的自愿性和量刑合意结果。检察机关根据认罪认罚具结书的内容，被告人、犯罪嫌疑人自愿认罪的内容，对其履行告知义务，以此保证认罪认罚的自愿性、真实性。不能为了效率，忽略签署认罪认罚具结书的自愿性和证据的真实性。

量刑合意应注意的是合意的自愿性。不同于普通案件，认罪认罚案件在审查起诉阶段至关重要，甚至决定案件的走向。要做好自愿性审查，真正做到公平公正，从宽从简。

(3)审判阶段。检察机关享有量刑建议权，但这不是说法院要在审判阶段全面接受检察院的量刑建议，对控方指控的事实和量刑建议要在对证据和认罪认罚具结书的审理基础上作出判断，决定要不要接受，接受多少。这是我国和英美法系的不同，美国的辩诉交易弊端显露，让我们更加警惕。我们的法官需要根据指控事实，进行实体审查，对相关证据作出判断，判断其证明力。同时，要审查证明力是否达到标准，采信标准是否合理，对非法证据排除规则的运用是否恰当。对于自愿性的审查更是重中之重，关系到法院是否采纳检察机关的量刑建议。因此，在审判阶段，最重要的是对被告人认罪认罚自愿性的审查，此外要审查量刑建议的合法性。基于此，《刑事诉讼法》的第 201 条保留了法院对检察机关的变更权，可以否定量刑建议。

这一阶段的证据规则，虽然也是本着从宽从简的理念，但不能因此牺牲公平正义，而盲目跟风追求诉讼效率。我们要兼顾效率与公平，在节约司法资源的同时，避免冤假错案的产生。以审判为中心的刑事诉讼制度改革要协调好控辩审三方的关系。法官既要对案件真实性负责，也要考虑控制犯罪等因素。在实施员额制之后，法官的审判压力变得更大，但不能因此就降低案件审理质量，反而要更加公平公正，维护社会和谐。

二、理想的认罪认罚案件证据规则

(一)证明标准原则化、变通化

在司法适用中，部分法律工作者认为，认罪认罚从宽制度是对以前的证据规则的缩版，并无新意。在此，本文认为该言论多有不当。认罪认罚从宽制度采用的是双重标准，定罪标准和量刑标准各不相干，又需要同时具备。不同的诉讼阶段，所使用的量刑标准也有所不同。因此在不同阶段，认罪认罚从宽的幅度也不同，这就是所谓的阶段式量刑。

诉讼阶段不同，侧重点也不同，在侦查阶段，侦查机关的重点是保障犯罪嫌疑人认罪认罚的合法权利，证据规则是自愿的；在审查起诉阶段，检察机关要关注量刑建议是否合理、适当；在审判阶段，法庭需要对事实认定和供述自愿性进行审查，确保不存在冤假错案，同时要考虑量刑是否适当，部分案件的被告人撤回认罪认罚，要及时适用普通程序进行审理。

认罪认罚从宽制度的核心是从宽从简，这点在证据规则里应该着重体现。其中不可忽视的是认罪认罚具结书的自愿性，犯罪嫌疑人应在值班律师等的法律意见的指导下，充分理解公诉机关的指控事实、指控罪名以及量刑种类、幅度、适用方式等，在此基础上自愿签署认罪认罚具结书。这才是认罪认罚从宽制度中最具有现实意义的基石。犯罪嫌疑人有时会因为不懂法律，误以为自己触犯法律，实际上并不构成犯罪，这种情况适用该制度反而不利于犯罪嫌疑人,同时浪费司法资源,违背该制度的初衷。所以要将该制度的证明标准原则化、变通化,让普通人也能理解。

(二)证据质量标准化,证据数量差异化

在一般证据规则中,有明确的证据适用标准,相比认罪认罚案件中的证据规则,更加严格、明确。但并不是说适用认罪认罚从宽制度就不需要证据适用标准,恰恰相反,标准化的证据适用准则更为重要。必须根据相关证据,严格审查适用标准,不能让无辜之人承担法律后果。由于适用认罪认罚从宽制度,要简化相关程序,容易造成证据排查的不合理,影响案件判断。但我们要严格把关证据,力求案件证据的真实性,从而保证案件的准确性。要让新制度真正地融入司法审判当中,成为一把新利器,维护和平正义。

证据的证明力问题很关键,证明力的重要影响因素是相关性程度的高低。甚至一般来讲,在证据的真实性、合法性都没有异议时,证明力的高低就影响证据与待证案件事实的关联程度,即关联性的大小。① 在审查证据时,要从证据三性入手,以说服力作为最后考量,必须形成完整的证据链,孤证不能定罪,同样不能认罪。证据证明力的法定主义在我国被逐渐抛弃,法官对证据的自由判断成为证据证明力的主要手段,通过结合个案的具体情况,得出证据证明力的判断。

在适用认罪认罚从宽制度时,要牢牢把握住证据规则,确保适用的正当性,坚决避免为求效率而轻视证据质量,一切司法行为要有高质量证据作为支撑,在此基础上,适用认罪认罚从宽制度,优化司法的资源配置,提高司法效率,推进法治建设。另外,根据个案的不同,对每个案件的证据数量要考虑到差异化,不能一股脑限定数量,案件性质不同,使得证据数量也不尽相同,充分考虑到差异性,让案件办理更加灵活,同时提高适用的正确性。

(三)庭前证据审查的严格化、确定化

庭前证据审查是认罪认罚从宽制度适用程序里的有关证据认定的阶段。法庭审查的结果直接关系到一个案件的前期所有努力。庭前证据审查主要是两个方面,可以分为主观性证据审查和客观性证据审查,只有主客观相统一,证据具有"一致性",才可以定罪量刑。

我们现在的证据审查模式属于严格式审查,严格的审查模式可以避免自由心证的缺点,避免夸大单个证据,造成案件偏离,从而导致错误判断。因此,在认罪认罚案件中,对被告人认罪认罚具结书签署的自愿性进行审查非常重要,关乎后面的定罪量刑。在进入法庭调查环节时,法庭一般不会再进行全面的证据审查。为了保证认罪认罚情节的真实性、自愿性,必须进行主观性证据的审查,而且是在庭审前。

庭前证据审查是认罪认罚从宽制度的重要保障,之后的法庭证据调查就可以采取"确认式庭审"。通过庭审前签署的认罪认罚具结书,法庭可以简化审理程序,在保证自愿性的基础上,对案件证据进行核对,效率高,质量高。"确认式庭审"可以体现出认罪认罚从宽制度的初衷:从宽、从简,既提升了案件审理速度,优化了司法资源的合理分配,还可以缓解控辩双方之间的矛盾,一举两得。

庭前对证据的严格审查,既能把好案件审查的最后一关,避免产生冤假错案,同时也可

①张保生.证据法学(第三版)[M].北京:中国政法大学出版社,2018:24.

以提升司法效率,将庭审中需要质证的证据,提前到庭前,充分听取双方的意见,快速有效地在证据效力环节达成一致意见,促使庭审阶段的简化,满足各方的司法需求。

认罪认罚从宽制度不同于以往,该制度下的证据规则和一般的证据规则多有不同之处,有必要建立起新的证据原则和具体规范。当然,究竟是采用单独立法的体例,还是采用其他立法体例,这是一个立法技术问题,都可以考虑。笔者以为,在现有的证据规则体系中,很少有和认罪认罚从宽制度相关的条文,可以将现实各地适用的条例补充到诉讼法中。至于怎么补充,不能破坏已有证据规则的体例,而是要完全可分散地嵌入已有的证据规则体系之中,使之整体更加合理、完善。

参考文献

[1]李本森. 认罪认罚从宽制度中的证据规则:检讨与重构[J]. 浙江工商大学学报,2020(01):61-69.

[2]李小东. 认罪认罚从宽制度证明标准差异化的实证研究[J]. 中国刑事法杂志,2019(03):122-133.

[3]颜玉康. 论刑事证据审查的程序和规则[J]. 中国刑事法杂志,2000(04):88-92.

[4]汪海燕. 认罪认罚从宽案件证明标准研究[J]. 比较法研究,2018(05):71-81.

虚开增值税专用发票罪的内部结构分析及罪与非罪的定性

张猛

辽宁同泽律师事务所

摘　要:《中华人民共和国刑法》对虚开增值税专用发票罪采取的是简单罪状描述,但虚开犯罪的内在结构却并不简单。一方面,开票人和受票人之间没有真实的货物交易,一段时期以来成为司法机关认定虚开犯罪的标志性特征,然而,现实中存在大量“有货代开”“挂靠开票”“指示交付”等开票人和受票人之间无真实货物交易但却不能认定为构成虚开增值税专用发票罪的情形;另一方面,鉴于虚开犯罪所保护的实质法益是国家税收,所以成立虚开犯罪,还应要求行为人有骗取国家税款的主观目的,也要求出现造成国家税款实际损失的法律后果。

关键词:虚开犯罪;内部结构;真实交易;税款损失

《中华人民共和国刑法》第205条以简单罪状的形式规定了虚开增值税专用发票罪,但虚开犯罪的内在结构却并不简单,随着虚开犯罪在经济犯罪中的比例不断攀升,学界和实务界就有关虚开如何界定,是行为犯还是结果犯,是目的犯还是实害犯等争鸣不断,笔者结合有关观点和司法实践,从三个方面对虚开犯罪进行解构,以厘清虚开犯罪的定性问题。

一、本罪要求有虚开的行为表现

虚开犯罪的“虚开”,指开票方和受票方之间没有真实的商品和服务的交易,或开票金额与实际交易不符。正常的交易模式下,开票方和受票方之间的资金流、发票流、合同流、货物流应一一对应,即所谓的“四流合一”,在没有真实交易的情况下,四流无法合一,往往被一些司法机关认为构成虚开犯罪。实际上,是否构成虚开犯罪,不应以是否有真实货物交易为评判标准,“真实交易”也不仅限于开、受票两方。在一些特定的情形下,尽管开、受票方之间貌似没有真实交易,但并不构成虚开犯罪,主要体现在一些小规模纳税人、个体工商户、自然人因无法为客户开具增值税专用发票,从而由其他方开票促进交易达成的情形,常见的有“有货代开”“挂靠开票”“指示交付”。

“有货代开”指行为人自己无法开具增值税专用发票,而请具备一般纳税人资格的企业按实际交易代开增值税专用发票,此情形并不构成虚开犯罪。最高人民法院发布的第二批人民法院充分发挥审判职能作用保护产权和企业家合法权益典型案例中的“张某强虚开增值税专用发票案”,即属于有货代开不构成虚开犯罪的典型案例。

“挂靠开票”与“有货代开”相似。挂靠经营在交通运输、劳务服务、废旧回收等行业中具有一定的普遍性,挂靠方借用被挂靠方资质,并向被挂靠方支付挂靠费,挂靠费一般包含了开票税点。就挂靠开票是否属于虚开,《关于〈国家税务总局关于纳税人对外开具增值税专用发票有关问题的公告〉的解读》和《最高人民法院研究室〈关于如何认定以“挂靠”有关公司名义实施经营活动并让有关公司为自己虚开增值税专用发票行为的性质〉征求意见的复函》均持否定观点，认为挂靠方向受票方实际销售货物，被挂靠方向受票方开具增值税专用发票的，不属于虚开增值税专用发票。

社会经济活动中“指示交付”的交易模式也容易被草率认为没有真实交易，从而错定为虚开犯罪。如在再生资源回收行业，存在一批专门连结无法开具增值税专用发票的个体从业者（散户）和利用废旧物资进行再生产的企业（利废企业）的企业（中转企业）。中转企业与散户和利废企业均签订购销合同，指示散户将货物以中转企业的名义直接送至利废企业，中转企业正常交税开票，利废企业正常付款，中转企业留下利润点后再付给散户。这些中转企业设立于政府财政返还政策洼地，所以综合开票成本很低，这也是中转企业存在且盈利的主要原因。由于中转企业在交易环节中没有体现出实际接收和交付货物，故容易被认为没有真实货物交易的虚开犯罪。

笔者认为这是认知错误。法律上的交付不仅有现实交付，还广泛存在着观念交付，货物原地不动数易其手的情形并不少见。当散户接到并同意中转企业的送货指示时，货物所有权就已经发生了移转，散户以中转企业的名义向利废企业交货，属于《中华人民共和国民法典》第624条规定的“指示交付”，这样可以节约大量额外的仓储、运输、人工管理成本。对此种情形，《国家税务总局关于废旧物资回收经营业务有关税收问题的批复》指出这不应属于虚开增值税专用发票。

还有一些情况，如为虚增业绩、融资贷款等目的而出现的“对开”“环开”情形，开票方与受票方、第三方之间确实均不存在真实交易，但若未造成国家税款损失的，也不构成虚开犯罪。

二、本罪要求有骗取国家税款的目的

从《中华人民共和国刑法》第205条的罪状描述看，实际上是多重罪名，集中了虚开增值税专用发票罪、虚开用于骗取出口退税发票罪和虚开用于抵扣税款发票罪，可见虚开增值税专用发票罪也同样应具有骗取税款的犯罪目的。从增值税专用发票对企业的功能来看，其最主要的功能就是抵扣税款，虚开犯罪的立法宗旨也是为了保障不因虚开抵扣税款造成国家税款损失。因此，骗取国家税款的目的应作为虚开犯罪的主观要件。

在《最高人民法院关于湖北汽车商场虚开增值税专用发票一案的批复》以及《最高人民法院研究室〈关于如何认定以“挂靠”有关公司名义实施经营活动并让有关公司为自己虚开增值税专用发票行为的性质〉征求意见的复函》、“张某强虚开增值税专用发票案”中，也将骗取抵扣税款的主观目的作为成立虚开犯罪的要件之一。

最高人民法院姚龙兵法官对虚开增值税专用发票罪属于目的犯亦持鲜明的肯定观点，其在《如何解读虚开增值税专用发票罪的“虚开”》一文中指出：“虚开增值税专用发票罪……均要求有骗取税款的主观目的，如不具备该目的，则不能认定为刑法第二百零五条之‘虚开’行为，不能以该罪论处。”①

①姚龙兵.如何解读虚开增值税专用发票罪的“虚开”[N].人民法院报,2016-11-16(06).

有的地方高级人民法院也在典型案例中明确虚开犯罪以骗取国家税款为目的。如山东省高级人民法院在2018年发布的“崔某某虚开用于抵扣税款发票再审改判无罪案”,该案列入山东省高级人民法院依法服务保障新旧动能转换重大工程十大典型案例。法院在此案中即认为具有骗取抵扣税款的故意应当是认定犯罪的构罪要件之一。

《最高人民检察院关于充分发挥检察职能服务保障“六稳”“六保”的意见》也强调虚开犯罪中骗取国家税款的主观目的,指出有实际生产经营活动的企业为虚增业绩、融资、贷款等非骗税目的且没有造成税款损失的,不以虚开增值税专用发票罪定性处理。

三、本罪客观上要求造成国家税款损失

一般认为,虚开犯罪属于复杂客体,犯罪侵害的既有发票管理秩序,又有国家税收利益,但实质法益应当是国家税收利益。全国检察业务专家李勇认为,该罪名的保护法益表面上看是增值税专用发票管理秩序或管理制度,容易导致产生只要虚开就构成该罪的认识,但这样的认识不合理,因为虚开增值税专用发票罪所保护的实质法益是国家税收利益。① 当行为没有实际侵害到刑法所保护的法益时,出于对市场经济运行和商业主体的充分保护,刑法不宜置喙,侵害发票管理秩序的行为由行政机关予以处理即可有效规范;只有当国家税收利益受到损害时,才能作为犯罪予以打击,故虚开犯罪是实害犯。

从法条逻辑来看,本罪立案、追诉、定罪、量刑均以虚开的税款数额为衡量,这也说明本罪需要以一定结果的出现为认定条件。故本罪属于结果犯,而这个结果结合犯罪客体来看,应当定性为国家税款的损失。

陈兴良教授认为,国家税款损失是虚开增值税专用发票罪的构成要件之一,其撰文指出:“有货虚开的受票人因为其本身有货,因而其受票行为不会给国家税款造成损失,因而不能认定为虚开……在受票人并没有造成国家税款损失的情况下,这种虚开行为亦不能以虚开增值税专用发票罪论处。”②

在《最高人民法院关于湖北汽车商场虚开增值税专用发票一案的批复》《最高人民法院研究室〈关于如何认定以“挂靠”有关公司名义实施经营活动并让有关公司为自己虚开增值税专用发票行为的性质〉征求意见的复函》、“张某强虚开增值税专用发票案”中,均持本罪应当有客观上造成国家税款损失的观点。在《最高人民检察院关于充分发挥检察职能服务保障“六稳”“六保”的意见》中,也将“没有造成税款损失”作为不定性为虚开增值税专用发票罪的理由之一。

检察系统的有关业务专家也支持该观点,如李勇在《虚开增值税专用发票罪本质特征在于滥用抵扣权》一文中认为“虚开增值税专用发票罪是实害犯。从滥用抵扣权的行为本质到国家税收利益的保护法益,能够推导出本罪是实害犯……只有具有导致国家税收利益受损的实害才成立该罪。”③

①李勇.审慎把握行政犯的司法认定[N].检察日报,2022-12-30(03).

②陈兴良.虚开增值税专用发票罪的不法性质与司法认定[J].法律科学(西北政法大学学报),2021,39(04):142-156.

③李勇.虚开增值税专用发票罪本质特征在于滥用抵扣权[N].检察日报,2023-04-22(03).

在司法实践中，中国法学会财税法学研究会等在 2019 年、2021 年评选了两个虚开犯罪案例，列入了当年的“年度影响力税务司法审判案例”，分别是合慧伟业商贸（北京）有限公司等虚开增值税专用发票案和王超虚开用于抵扣税款发票案。两案中的法院均站在国家税款未受损害的立场，判决不构成虚开犯罪。

就国家税款损失如何认定的问题，本文限于篇幅不作论述。但在司法实践中，有一种认知偏差笔者认为有必要提及，就是在再生资源回收行业的虚开犯罪案件中，有观点将政府对开票企业的财政返还认定为国家税款损失，这是错误的。企业全额纳税后，国家税款是完好无损的，政府返还的资金虽然与税款呈比例相关状态，但已经不再是税款，只能是财政资金。因此，不能据此认定国家税款遭受损失。如果开票企业存在虚构事实骗取政府资金的，可能成立诈骗罪，但并不构成虚开增值税专用发票罪。

综上所述，构成虚开增值税专用发票罪不仅需要有真正虚开的行为，还需要贯彻主客观相统一的原则，主观上要有骗取国家税款的目的且客观上造成了国家税款损失。从学界到司法界，就虚开犯罪的内部结构已经形成了一部分难得的共识，但由于法律理解和适用水平的参差不齐，错误认定罪与非罪、司法结果偏离人民群众一般认知的情形还时有存在，还要有赖于全体法律人的共同努力，需要立法和司法机关对犯罪构成作出进一步明确解释，准确定性虚开犯罪，让本罪真正成为保护国家税收利益的有力武器，不至于异化为创建营商环境的阻碍。

虚开增值税专用发票罪的内部结构及其认定研究

崔伟

北京市京师(呼和浩特)律师事务所

摘　要:最高人民法院公布的指导案例和相关会议纪要中,对于虚开增值税专用发票罪的犯罪构成早已有了明确的观点,即主观上不以偷骗税为目的,客观上也不会造成国家税款损失的,不应认定为犯罪。然而在司法实践中对于不以偷骗税为目的、客观上也没有造成国家税款损失的虚开行为被认定为犯罪的情况依然比较常见。究其原因,主要是虚开增值税专用发票罪的叙明罪状与增值税的基本原理相脱节。所以笔者认为搞明白增值税的基本原理是理解虚开增值税专用发票罪的犯罪结构的前提条件,对于认定虚开是否构成犯罪才能有更为清晰的认识。

关键词:虚开增值税专用发票罪;目的犯;行为犯;罪责刑相适应

一、罪名介绍与问题提出

虚开增值税专用发票罪规定在《中华人民共和国刑法》(2020 年修正,以下简称《刑法》)第 205 条,其规定了犯罪的数额要求以及虚开的几种情形:“……是指有为他人虚开、为自己虚开、让他人为自己虚开、介绍他人虚开行为之一的。”但其中并未出现“以……目的”或者“为了……”这样能够释明本罪以何种目的进行的表述。

这样看来,法条规定了十分明确的虚开情形,只要符合了罪名下规定的行为并达到了一定的数额标准,就可以按照虚开增值税专用发票罪追究相关人员的刑事责任。但是作为一个曾经法定最高刑为死刑的罪名,在最高人民法院公布的指导案例和相关会议纪要中,对于虚开增值税专用发票罪的犯罪构成早已有了明确的观点,即主观上不以偷骗税为目的,客观上也不会造成国家税款损失的,不应认定为犯罪。

然而在司法实践中对于不以偷骗税为目的、客观上也没有造成国家税款损失的虚开行为被认定为犯罪的情况依然比较常见。究其原因,主要是虚开增值税专用发票罪的叙明罪状与增值税的基本原理相脱节。所以笔者认为搞明白增值税的基本原理是理解虚开增值税专用发票罪的犯罪结构的前提条件,对于认定虚开是否构成犯罪才能有更为清晰的认识。

二、虚开增值税专用发票罪的内部结构分析

(一)增值税的概念

增值税是以单位或者个人在生产经营活动中取得的增值额为课税对象而征收的一种

税,是我国重要的流转税,也是我国第一大税种。从原理上讲,增值税的核心是如何确认商品、服务及劳务过程中产生的增值额。

增值税的核心原理是将税收负担转嫁到商品和服务的最终消费者身上。在生产和流通环节,企业只需缴纳增值税的差额部分,即商品和服务的增值额。这种税收方式有效地减轻了企业的财务压力,同时也避免了多次征税的情况。

(二)增值税的纳税义务主体及计税依据

我国对不同类型的纳税人实行不同的税收管理办法,其中增值税征税过程中按照纳税义务主体分为一般纳税人和小规模纳税人。对纳税人实行分类管理,有利于税务机关加强重点税源管理,简化小型企业的计算缴纳程序,有利于维护发票的正确使用和安全管理,从而降低征管成本,提高税收征管效率。

1. 一般纳税人及计税依据

一般纳税人,是指年销售额达到规定标准、会计核算健全的纳税人。经过税务机关审核登记的一般纳税人,可按照规定领用增值税专用发票,实行凭增值税专用发票等法定抵扣凭证进行抵扣的计征方法,并按照《中华人民共和国增值税暂行条例》计算缴纳增值税。公式为:应交增值税=销项税额-进项税额。简单来说,就是一个企业应该缴纳的增值税是出售商品或者服务获利应缴的税额减去为了制造该商品或者服务购买原材料支出的税额。增值税专用发票的抵扣联就是最重要的进行税额计算的依据。明白了这一点对于理解不以偷骗税为目的、客观上也不会造成国家税款损失的虚开不构成犯罪非常关键。

2. 小规模纳税人及计税依据

小规模纳税人,是指经营规模较小、会计核算不健全的纳税人。小规模纳税人实行按征收率计算的简易计税方法。简易计税方法,简化了计算过程,应纳增值税税额仅与应税销售额相关,进项税额不得抵扣,应纳增值税税额为不含税应税销售额与适用征收率的乘积。搞清楚这一点也非常重要。

(三)本罪的性质争议

1. 目的犯说

陈兴良教授认为考量本罪犯罪构成要素时,应当聚焦于立法者的主观意图,也即立法目的而论。立法者旨在规制部分通过虚开发票骗取国家税款的行为,而不是试图通过刑法矫正虚开发票所引起的发票管理秩序问题,其本质在于保护法益的区别,故而此刻应当理解立法者的立法意图,将“骗取国家税款”的目的作为必备要件之一。也即当行为人对税款没有非法占有的目的,即使实施了虚开专用发票行为并抵扣税款,也不构成犯罪。①

2. 行为犯说

主张行为犯的学者认为,《刑法》第 205 条并没有规定行为人必须具有骗取税款或偷逃税款的目的才能构成本罪。因此,只要行为人以虚开增值税专用发票的行为达到一定数额

①陈兴良. 虚开增值税专用发票罪:罪名沿革与规范构造[J]. 清华法学,2021,15(01):15-28.

标准,就可以构成本罪,无需考虑其具有何种目的。① 该类学者认为本罪所侵犯的法益应当涵盖国家发票管理秩序,也即只要行为人实施了“虚开”行为,不论其具备何种主观目的,不论其是否实现了税款抵扣的结果,都应成立虚开增值税专用发票罪。

3. 危险犯说

以张明楷教授为主的学者认同本罪为危险犯,其认为虚开增值税专用发票的行为应当具备一定的侵犯法益的危险性,司法机关应当以一般的经济运行方式为根据,判断是否具有骗取国家税款的危险。② 该种学说求助于特定领域的生活经验来对是否存在抽象危险进行一般性的、类型性的判断,总体上属于形式化的判断模式。

三、以指导案例为例说明不以抵扣为目的的虚开不构成犯罪的罪与非罪法律分析

(一)典型案例回顾

1. 张某强虚开增值税专用发票案

基本案情:

2004 年,张某强以鑫源公司名义对外经营龙骨生意,但其龙骨厂由于不具备开具增值税专用发票的资质,于是张某强以鑫源公司作为套壳,与多家企业签订龙骨购销合同,并利用鑫源公司开具增值税专用发票 53 张,含税价 4457701.36 元,增值税税额 647700.18 元。基于上述事实,某地检察院指控其犯虚开增值税专用发票罪。

判决结果:最高人民法院经复核认为,被告人张某强以其他单位名义对外签订销售合同,由该单位收取货款、开具增值税专用发票,不具有骗取国家税款的目的,未造成国家税款损失,其行为不构成虚开增值税专用发票罪,某州市人民法院认定张某强构成虚开增值税专用发票罪属适用法律错误。据此,最高人民法院裁定:不核准并撤销某州市人民法院一审刑事判决,将本案发回重审。该案经某州市人民法院重审后,依法宣告张某强无罪。

2. 芦才兴虚开用于抵扣税款发票案

基本案情:

被告人芦才兴与宁波旭日联运有限公司(以下简称旭日公司)存在挂靠关系,与宁波远航集装箱仓储运输公司(以下简称远航公司)存在承租关系,而后,芦才兴从上述公司分别获得了全国联运业货运统一发票和一系列货运、运输等专用发票。芦才兴为冲减旭日公司运输业务的营业额,将上述发票全部入账,共计 53 张,价税可达人民币 6744563.77 元。而后,芦才兴以帮助他人偷逃税款之目的,为其他多家企业提供运输发票若干,虚开的发票联金额总计 4145265.32 元。

判决结果:浙江省高级人民法院审理后认为,本案中芦才兴所用发票为运输发票不具备抵扣税款的资格,其在运输企业入账后,不能被用于抵扣税款。被告人芦才兴明知上述运输发票不具备抵扣税款的可能,仍然使用虚开发票冲减营业额的方法偷逃税款,其行为符合偷

①岳彩林.虚开增值税专用发票犯罪行为的认定及法律适用[J].法律适用,2004(06):60-63.

②张明楷.危险驾驶罪的基本问题——与冯军教授商榷[J].政法论坛,2012,30(06):130-141.

税罪的构成要件,但不具备虚开用于抵扣税款发票罪的相关要件。故本法院认为原审判决定罪和适用法律正确,量刑适当,审判程序合法,维持原判。①

(二)相关问题的法理分析

1.“行、刑”分立视角下的法益分析

关于虚开增值税专用发票罪的详细规定,我国并未出台具备针对性的增值税法等,其基本在增值税条例及专用发票管理相关的实施细则中进行管理。而在现有法规的规制下,虚开增值税专用发票罪所侵犯的法益无外乎发票管理秩序抑或是国家税收管理秩序。依据前文所述增值税的原理,虚开行为只有在折扣税款的目的支配下才会造成国家税款流失。一般的虚开,如代其他人如实开票、粉饰经营业绩、套用他人资金等为目的的代开、环开、对开增值税专用发票行为,客观上不会破坏税收管理制度。② 笔者认为,当国家税款并未遭受实际损害时,其侵犯的法益仅为发票管理秩序,此时仅仅具备行政违法性,应当由行政机关予以处罚,而非适用刑事处罚。既然本罪作为《刑法》所载罪名之一,其侵犯法益应当具备一定刑事角度下的可罚性,换言之,只有当行为人具备“折扣税款”的主观目的,其行为才会造成值得刑法科处刑罚的后果,而如果只是一般的虚开,并不会影响税收征管制度以及国家财政利益,便不能构成本罪。

2. 以罪责刑相适应原则分析

罪责刑相适应原则要求刑罚的轻重,应当与犯罪分子所犯罪行和承担的刑事责任相适应。这一原则不仅是司法实践中公平正义的体现,也应当是科学合理之立法所必备。如果说司法实践中的冤假错案损害的是个别人的权益,是对少数人的侵害的话,那么立法上的不公正则损害了某类人的权益,侵害的是多数人的利益。司法实践中出现的不公往往只会侵害个别人的利益,而立法上的不公则侵害的是多数人的利益。在立法过程中贯彻罪责刑相适应原则,其核心在于不同罪名的惩罚力度应当不同,如故意杀人罪的法定刑最高可达死刑,而盗窃罪的法定刑则相对较轻。回归本罪,虚开增值税专用发票罪在《中华人民共和国刑法修正案(八)》之前最高可达死刑,尽管之后对该刑罚有所修改,但仍然可达无期徒刑,根据罪责刑相适应原则应有之义,本罪的社会危害性应当与其他重罪具有相当性。然而,实践中部分纳税人不具备抵扣国家税款的目的,仅仅图谋经营便利而虚开的行为,如以重罪规制不仅会造成刑法体系内部矛盾,更是对刑法原则的破坏。立法者惩治虚开行为的目的在于保护国家税收政策以及税收利益,故而应当将包含此目的的虚开与非抵扣税款目的的虚开行为区别开来,将刑法所惩治的实质虚开与其他意义的虚开严格区分,方能够贯彻罪责刑相适应原则,也有利于保障刑罚配置的协调性。

3.“目的犯说”之再提倡

基于前文所述,着眼于本罪所侵犯实质之法益以及社会危害性,笔者认为较之于“行为犯说”以及“危险犯说”,“目的犯说”具备一定的优越性。

第一,“目的犯说”将法益视角从“发票、税收秩序”转化为国家财政利益的实际得失,不

①陈兴良.判例刑法学(第二版)(下卷)[M].北京:中国人民大学出版社,2017:257.

②孙立平,吴秀尧.几种新型虚开增值税专用发票行为的法律探讨[J].税务研究,2014(09):77-78.

仅有利于厘清虚开行为下的行政与刑事界限，还通过考量是否具有一定“骗取税款目的”来构建虚开行为与国家利益损失之间的桥梁。第二，“目的犯说”限缩了处罚界限，其不仅是对刑法谦抑性原则的贯彻，亦体现了立法者立法目的以及贴合社会实践的立法精神。当部分纳税人出于经营中的其他目的，不具备“骗取税款目的”但实行了虚开行为后，刑法不应当贸然出击，其并不属于立法者所要规制的“破坏税收财政行为”，应当保持法律对于社会多变性的宽容，给行为人一定的补救机会。综上所述，笔者认为“目的犯说”能够更好地解释应用本罪中的“虚开”，只有“虚开”行为同时具备“骗取税款目的”时，方能适用本罪。

四、结语

实践当中，虚开增值税专用发票行为表现较为复杂，其目的除了骗取税款之外，还有平账、冲减营业额、虚夸业绩等其他目的。对非以骗取税款为目的的虚开行为能否入罪处理，涉及对“增值税”、本罪性质甚至刑法原则的理解。笔者认为虚开行为必须同时具备骗取国家税款的目的，如若行为人主观上不具有偷骗税款的目的，仅谋求其他利益而实行“虚开”行为，则不构成虚开增值税专用发票罪，如若构成其他罪名，如偷税罪，应当按照其他罪名依法判处。

参考文献

[1]陈兴良. 虚开增值税专用发票罪：罪名沿革与规范构造[J]. 清华法学，2021，15(01)：15-28.

[2]岳彩林. 虚开增值税专用发票犯罪行为的认定及法律适用[J]. 法律适用，2004(06)：60-63.

[3]张明楷. 危险驾驶罪的基本问题——与冯军教授商榷[J]. 政法论坛，2012，30(06)：130-141.

[4]姚龙兵. 如何解读虚开增值税专用发票罪的“虚开”[N]. 人民法院报，2016-11-16(06).

[5]孙立平，吴秀尧. 几种新型虚开增值税专用发票行为的法律探讨[J]. 税务研究，2014(09)：77-78.

[6]许多奇，杨健. 我国虚开增值税专用发票法律治理探究[J]. 上海政法学院学报(法治论丛)，2019，34(04)：41-51.

[7]谢望原，郭立锋. 虚开增值税专用发票罪若干疑难问题探析[J]. 山东审判，2002(05)：3-9.

[8]陈兴良. 判例刑法学(第二版)(下卷)[M]. 北京：中国人民大学出版社，2017：257.

离婚协议中约定房产归属于子女的效力分析

薛媛

北京大成(长春)律师事务所

摘　要:离婚协议中将夫妻共有的房产约定归属于子女是常见情形。但由于存在无法过户的客观原因,经常出现夫妻双方办理完毕离婚登记手续,未将房屋过户给子女的情形。更有甚者向法院起诉撤销赠与,要求重新分割财产。由于该类条款涉及离婚协议双方当事人以外的第三方(即子女),与离婚协议中的其他条款相比,进一步增加了离婚协议中将房产约定给子女的条款效力的复杂性。通过对吉林省近三年涉及离婚协议中将夫妻共有的房产约定归属于子女、在未过户前又产生争议的相关判例分析得知,吉林省司法实践中所持观点与主流司法观点保持一致,即离婚协议中将房产约定给子女的行为属于不得单方撤销的赠与。但在实际履行之前,经离婚夫妻双方协商一致,可以撤销。

关键词:离婚协议;夫妻共有房产;约定归属于子女;不得单方撤销的赠与

离婚协议中将夫妻共有的房产约定归属于子女是常见情形。但由于房屋存在抵押登记、子女未成年等多种原因,实践中经常出现夫妻双方办理完毕离婚登记手续后怠于履行将房屋过户给子女的义务的情形,更有甚者向法院起诉撤销赠与,要求重新分割财产。同时,由于该类条款涉及离婚协议双方当事人以外的第三方(即子女),与离婚协议中的其他条款相比,进一步增加了离婚协议中将房产约定给子女的条款效力的复杂性。本文将结合吉林省司法判例,对离婚协议中赠与子女房产条款的效力进行分析。

一、离婚协议中将房产约定给子女的行为能否撤销

(一)问题的产生

产生这一问题的原因在于,司法实践中一般认为离婚协议中将夫妻共有的房产约定归属于子女的行为属于父母对子女的赠与。根据《中华人民共和国民法典》(以下简称为《民法典》)第六百五十八条的规定,除经过公证的赠与或者依法不得撤销的具有公益、道德义务性质的赠与外,赠与人在赠与财产的权利转移之前可以撤销赠与。但根据《最高人民法院关于适用<中华人民共和国民法典>婚姻家庭编的解释(一)》第六十九条、第七十条的规定,离婚协议中关于财产分割的条款,对男女双方具有法律约束力,除非存在欺诈、胁迫等情形,否则不得撤销。那么离婚协议中将房产赠与子女的行为能否撤销呢?

(二)典型案例

最高人民法院在 2015 年发布过一起婚姻家庭纠纷典型案例。该案例的基本案情为:于

某某与高某某在法院调解离婚，离婚时协议约定某59号房屋在高某某付清贷款后归双方之子高某所有。后于某某诉至法院，称房屋产权未变更至高某名下，未实际赠与，主张撤销赠与行为，分割59号房屋。该案例一、二审判决均未支持于某某诉讼请求。

最高人民法院发布上述典型案例时，总结的典型意义为：本案中双方争议的焦点是在离婚协议中约定将夫妻共同共有的房产赠与未成年子女，离婚后一方在赠与房产变更登记之前是否有权予以撤销。在离婚协议中双方将共同财产赠与未成年子女的约定与解除婚姻关系、子女抚养、共同财产分割、共同债务清偿、离婚损害赔偿等内容互为前提、互为结果，构成了一个整体，是“一揽子”的解决方案。如果允许一方反悔，那么男女双方离婚协议的“整体性”将被破坏。在婚姻关系已经解除且不可逆的情况下如果允许当事人对于财产部分反悔将助长先离婚再恶意占有财产之有违诚实信用的行为，也不利于保护未成年子女的权益。因此，在离婚后一方欲根据《合同法》第一百八十六条第一款之规定单方撤销赠与时亦应取得双方合意，在未征得作为共同共有人的另一方同意的情况下，无权单方撤销赠与。①

（三）主流裁判观点

主流裁判观点认为，离婚协议中将房产约定给子女的条款属于不得单方撤销的赠与条款，该观点与最高人民法院2015年发布的典型案例中所持观点一致。首先，离婚协议具有整体性，离婚协议不仅涉及财产的分割，也涉及解除婚姻关系、子女抚养等问题，如果允许一方反悔，离婚协议的整体性将遭到破坏。其次，允许单方撤销离婚协议中对子女的赠与，违反诚实信用原则，也不利于未成年子女的保护。最后，离婚协议中赠与子女财产是夫妻双方达成合意的行为，一方无权单方撤销。若夫妻双方达成撤销的合意，则可以在实际履行之前撤销对子女的赠与，无需征得子女同意。

二、吉林省相关案件审理情况

在威科先行·法律信息库“婚姻家庭纠纷”“赠与合同纠纷”案由下以“离婚协议”“赠与”为关键词进行检索，截至2023年6月12日，吉林省共检索出“最近三年”的判决书97份，其中涉及离婚协议中将夫妻共有的房产约定归属于子女、在未过户前又产生争议的相关判例共21件。

（一）审理区域

从审理区域看，长春市中院辖区7件，延边朝鲜族自治州（简称为延边州）中院辖区4件，白城市中院辖区4件，通化市中院辖区3件，白山市中院辖区2件，吉林市中院辖区1件。

①于某某诉高某某离婚后财产纠纷案[EB/OL]. 中国法院网，2015-11-19.

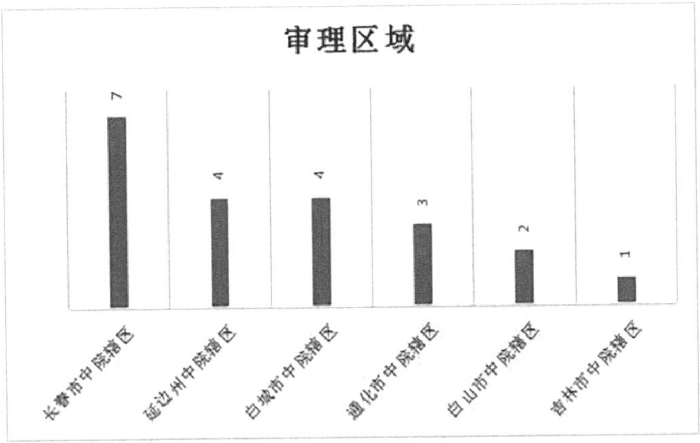

图 1　各审理区域相关判例数量图

（二）案由

从案由上看，赠与合同纠纷 11 件，占比 52.38%；离婚后财产纠纷 9 件，占比 42.86%；婚姻家庭纠纷 1 件，占比 4.76%。

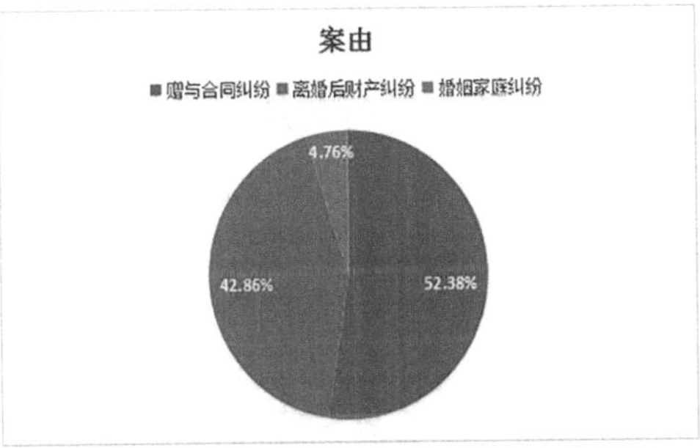

图 2　相关判例案由统计图

（三）诉讼请求

从一审诉讼请求看，诉讼请求为将房屋过户到子女名下的有 14 件，占比 66.67%；诉讼请求为重新分割房屋的有 5 件，占比 23.81%；诉讼请求为撤销离婚协议中将财产赠与子女的条款的有 1 件，占比 4.76%；诉讼请求为撤销离婚协议中将财产赠与子女的条款并重新分割财产的有 1 件，占比 4.76%。

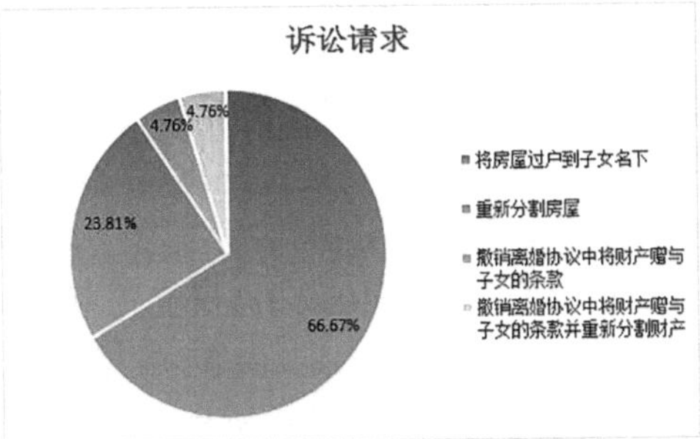

图 3　相关判例诉讼请求统计图

（四）裁判观点

从法院裁判观点来看，认为构成赠与的有 16 件，占比 76.19%；对于是否构成赠与未进行论述的有 3 件，占比 14.29%；认为不构成赠与的有 1 件，占比 4.76%；认为属于附条件的赠与合同已经成立，但在条件尚未成就的情况下，赠与合同不能生效的有 1 件，占比 4.76%。

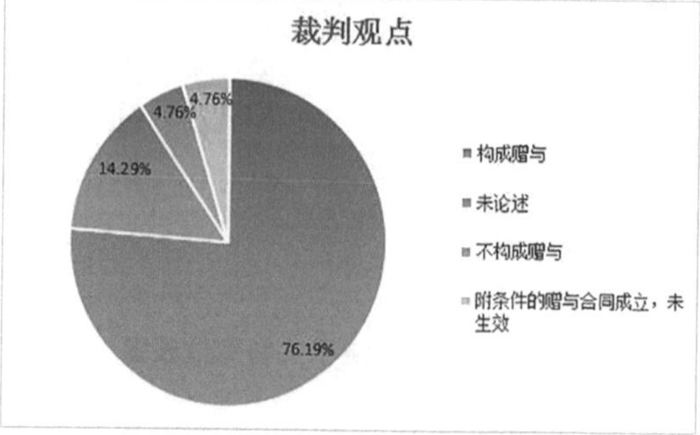

图 4　相关判例裁判观点统计图

三、吉林省裁判观点分析及典型判例

（一）离婚协议中将房产约定给子女的行为属于赠与

通过对吉林省近三年相关判例进行分析可以得知，吉林省法院所持观点与主流裁判观点一致，即离婚协议中将房产约定给子女的条款属于赠与条款。本文所涉判例中，有 16 件认为构成赠与，占比 76.19%。在具备过户条件的情形下，原告要求过户的，法院予以支持。

典型判例：吉林省延吉市人民法院，(2022)吉 2401 民初 10432 号。

法院观点概要：原告韩某系二被告韩某某、于某的婚生子，二人于 2020 年 5 月 14 日在延吉市民政局协议离婚，离婚协议约定将二人夫妻关系存续期间购买的共有房屋赠与儿子韩某，二人离婚时对共同财产的处分系双方真实意思表示，该赠与行为成立并生效，涉案房屋贷款已经还清，抵押权已经解除，具备过户条件，故原告韩某要求将房屋过户到其名下的主张，本院予以支持。

（二）构成赠与，但不具备过户条件的，对过户诉求不予支持

通过分析吉林省判例可知，在房屋没有取得所有权证或者存在抵押等情形下，不具备过户条件，法院虽然在判决中认定离婚协议中将房产约定给子女的行为构成赠与，对离婚双方有约束力，但由于不具备过户条件，对子女要求将房屋过户至其名下的诉讼请求不予支持。

典型判例：吉林省长春经济技术开发区人民法院，(2021)吉 0191 民初 4557 号。

法院观点概要：本案中，李某与张某 2 在民政登记离婚时签订了《离婚协议书》，并对房产归属进行约定，该协议系双方真实意思表示，对双方具有法律约束力，双方应当按照协议约定履行义务。但原、被告之间签订的《离婚协议书》仅能约束原、被告双方，不能对抗抵押权人。结合本案事实及《离婚协议书》中双方约定，由李某还清剩余按揭贷款后，涤除案涉房屋抵押权，房屋具备更名过户条件后，方可归张某 1 所有。故《离婚协议书》约定的条件尚未达成，张某 1 要求办理房屋更名过户的诉求依据不足，本院不予支持，其可待案涉房屋贷款均已支付完毕并具备过户条件后，另行起诉主张权利。

（三）夫妻双方一致同意撤销赠与的可以撤销赠与

主流裁判观点认为，虽然夫妻一方无权单方撤销离婚协议中给予子女财产的约定，但在夫妻双方一致同意撤销给予子女财产条款的情形下，可以合意撤销离婚协议中给予子女财产的条款，而无需征得子女同意。虽然《民法典》对于此类条款的解除是否需要征得第三人同意并无明确规定，但通说认为，协议双方可以根据自己的意愿变更或撤销相应的条款，但若因此造成第三人损失的，第三人有权请求赔偿。①

典型判例：吉林省长春新区人民法院，(2021)吉0193民初1866号。

法院观点概要：根据《中华人民共和国民法典》第六百五十七条“赠与合同是赠与人将自己的财产无偿给予受赠人，受赠人表示接受赠与的合同”之规定，二原告基于真实意思表示将案涉房产赠与被告王某乙，刘某作为王某乙的法定监护人代王某乙接受了赠与，二原告与被告之间的赠与合同生效；根据《中华人民共和国民法典》第六百五十九条“赠与的财产依法需要办理登记或者其他手续的，应当办理有关手续”之规定，由于案涉房产未办理更名过户，故该赠与财产权利未转移至被告；根据《中华人民共和国民法典》第六百五十八条“赠与人在赠与财产的权利转移之前可以撤销赠与”之规定，二原告与被告之间的赠与合同已成立并生效，但赠与财产权利未发生转移，二原告行使撤销权，符合法律规定，依法应予支持。

四、结语

通过对吉林省近三年涉及离婚协议中将夫妻共有的房产约定归属于子女、在未过户前又产生争议的相关判例分析可知，吉林省司法实践中所持观点与主流司法观点保持一致，即离婚协议中将房产约定给子女的行为属于不得单方撤销的赠与。但在实际履行之前，经离婚夫妻双方协商一致，可以撤销。这一裁判观点的核心意义在于维护离婚协议的整体性，保护未成年人的利益。夫妻一方不得任意撤销给予子女财产的条款，这也是我国家事法律的立法初衷与基本原则之一。

①张寅，潘锦捷. 离婚协议中给予子女财产条款的效力研析[EB/OL]. 威科先行・法律信息库，2022-04-21.

夫妻离婚过程中未成年子女抚养问题探析

孙凤

辽宁创越律师事务所

摘　要:伴随着离婚纠纷案件高发、生育政策放开,加之学界研究薄弱,离婚过程中未成年子女民事权益保护问题对程序实践的冲击也越发强烈。本文认为,研究夫妻离婚过程中未成年子女抚养问题是保护未成年子女民事权益和身心健康的必要,从夫妻离婚过程、夫妻离婚过程中未成年子女两个角度限缩问题,进而分析了夫妻离婚过程中未成年子女抚养问题的成因,归结为父母双方推诿或争夺抚养权、未成年子女的意见表达不畅、传统抚养权归属原则的阻碍三点,从加大对抚养权的法律维护、改进未成年子女意见的获取方式、进一步明确最有利于未成年子女的原则、增设针对离婚过程中未成年子女的法援制度四个方面提出了解决建议。

关键词:夫妻离婚;未成年子女抚养;抚养权争夺;意见表达

一、夫妻离婚过程中未成年子女抚养问题的提出

(一)当前离婚率居高不下,学界相关研究欠缺

夫妻离婚过程中未成年子女的抚养问题是未成年人民事权益保护的一大薄弱环节,需要引起高度的关注和重视。

据民政部的数据,2019 年我国离婚户数高达 470.1 万对,离婚率更是高达 3.4‰,尽管到 2021 年这一数字有了下降,但一审离婚纠纷案件收案数仍创历史新高,超过了 144 万件。而近年来离婚纠纷案件高发以及生育政策的放开,使离婚过程中未成年子女民事权益保护问题更加凸显。这些问题主要有父母双方推诿或争夺抚养权、未成年子女的意见表达不畅、传统抚养权归属原则的阻碍等,其中有的父母甚至为争夺孩子大打出手,采取过激行为,给孩子的身心健康和成长带来了严重的负面影响。例如,一些孩子因为父母的争吵和冲突而出现了抑郁症状,严重的还会缺乏教育,乃至违法犯罪。然而,我们不难发现,学者们大多关注并研究离婚诉讼中抚养权的判决问题,而对于离婚过程中未成年子女抚养问题,鲜有研究。因此,我们亟须关注和重视夫妻离婚过程中未成年子女抚养问题,分析这些问题的成因,提出对策建议,以期对离婚过程中未成年子女的合法权益保护有所裨益。

（二）研究夫妻离婚过程中未成年子女抚养问题的必要性

1. 是保护未成年子女身心健康的必要

研究夫妻离婚过程中未成年子女抚养问题，有利于减少离婚过程中夫妻间敌对情绪，防止未成年子女的身心健康进一步受损。离婚不仅仅是一对夫妻的分开，更是一个家庭的破碎，未成年子女的身心发展尚未成熟，缺乏自我保护能力，如果生活环境发生动荡，极易受到伤害。目前，离婚过程中未成年子女的参与度有限，未能充分尊重未成年子女的意愿，无法有效地解决未成年子女的抚养问题，对未成年子女的保护不尽如人意。研究夫妻离婚过程中未成年子女抚养问题，有助于了解和充分尊重子女的意愿，减少离婚程序中影响未成年子女身心健康的潜在危险。

2. 是保护未成年子女民事权益的必要

研究夫妻离婚过程中未成年子女抚养问题，有助于完善和保护未成年子女的民事权益。离婚问题不仅涉及离婚双方的婚姻关系终止和财产的分配，还涉及未成年子女的抚养、抚养费等问题。长期以来，我国离婚程序充斥着父母本位思想，把父母的利益诉求作为出发点，虽然一定程度依靠父母实现了子女受抚养权、财产权等实体权利的保障，但是对未成年子女的程序权利仍有所忽视。因此，研究夫妻离婚过程中未成年子女抚养问题，有利于平衡父母和未成年子女在离婚过程中的地位关系，从而完善未成年子女民事权益的程序保护。

3. 是改良传统抚养权归属原则的必要

《中华人民共和国民法典》（以下简称为《民法典》）婚姻家庭编最有利于未成年子女原则的提出，为离婚诉讼中未成年子女利益保护提供了更有力的法律依据，现行的父母本位抚养裁判规则正面临强烈冲击。① 尽管这一新原则有效冲击了父母本位抚养裁判规则，但来源于“儿童最佳利益”原则的最有利于未成年子女原则并不能完全解决离婚过程中未成年子女抚养权归属问题的歧义。离婚过程中未成年子女抚养问题一直是其家庭纠纷中的难点，对于未来未成年子女抚养权归属也有着深远的影响。因此，为了改进传统的抚养权归属原则，需要研究离婚过程中的未成年子女抚养问题，扫除歧义和盲点，以便更好地保护未成年子女权益。

二、夫妻离婚过程中未成年子女抚养问题的限缩

（一）限缩的定义

本文中的限缩指的是，按照文义理解“夫妻离婚过程中未成年子女抚养问题”过于宽泛，遂限制缩小其中“夫妻离婚过程”“未成年子女”等概念的文义范围，使其局限于问题核心含义部分，以更好地探索分析夫妻离婚过程中未成年子女抚养问题。

（二）夫妻离婚过程的限缩

离婚是指夫妻按照法律规定的条件和程序解除合法婚姻关系的法律行为。离婚过程是

---

①张静．民法典婚姻家庭编最有利于未成年子女原则研究——以二孩政策对抚养裁判的冲击为视角[J]．池州学院学报，2021，35（02）：71-74.

指夫妻按照法律规定的条件和程序解除合法婚姻关系所经历的一组活动。根据我国《民法典》,离婚有登记离婚和诉讼离婚两种方式,相应地,离婚过程也包括登记离婚过程和诉讼离婚过程。

其中,登记离婚过程需要的时间较短,夫妻双方需先协商一致并签署离婚协议,离婚协议应当载明双方自愿离婚的意思表示和对子女抚养、财产以及债务处理等事项协商一致的意见,然后申请离婚。离婚冷静期届满后三十日内,可申请发给离婚证,领取离婚证。笔者认为,既然已签署离婚协议,过程中的抚养问题可以参照协议处理,但应审查协议中抚养意见内容是否充分考虑到未成年子女的意愿。而诉讼离婚过程则需要较长时间,因为程序相对曲折漫长。如果首次起诉没有证据证明感情破裂,法院将驳回诉讼请求,不予准许离婚,需要等待六个月后才可再次提起诉讼,期间子女由谁抚养也需要研究。

(三)夫妻离婚过程中未成年子女的限缩

夫妻离婚过程中的未成年子女应当指已经出生的、18 周岁以下的非完全民事行为能力人,对其抚养问题,父母双方会协商或人民法院会依法进行裁判。

首先,在父母离婚前尚未出生的婴儿不应该包括在离婚过程中的未成年子女内,这是因为婴儿尚未出生,从法律上来说并不是一个独立的法律主体,尚未产生抚养、监护和教育等方面的问题。其次,未成年子女也是未成年人。根据《民法典》中关于未成年人民事行为能力的规定,未成年子女按照年龄可以划分为三类:不满 8 周岁的未成年子女属于无民事行为能力人;8 周岁以上的未成年子女属于限制民事行为能力人;16 周岁以上的未成年子女以自己的劳动收入为主要生活来源的,视为完全民事行为能力人。① 最后,语境下的未成年子女应当是非完全民事行为能力人。离婚过程中的未成年子女抚养问题,实际上是建立在父母作为监护人,负有抚养、教育和保护职责的基础之上的,因此,只有非完全民事行为能力人才需要有监护人,具备完全民事行为能力的未成年人不能列入此问题的讨论中。

三、夫妻离婚过程中未成年子女抚养问题的日益严峻

(一)父母双方推诿或争夺抚养权

夫妻离婚过程中产生未成年子女抚养问题的主要原因是双方无法达成一致的抚养意见,推诿或争夺抚养权。

根据前文所述,登记离婚需要先签订离婚协议,其中必须明确子女抚养意见。笔者建议,离婚过程中的未成年子女抚养问题可以参考协议的意见处理,甚至将抚养意见生效时间明确为协议签订后,以包含离婚过程。之后在提交离婚申请时,婚姻登记机关应审核协议内容。

与登记离婚相反,诉讼离婚是夫妻推诿或争夺抚养权的重灾区。一方面,有些离婚父母不愿意承担抚养义务,他们视孩子为负担,担心抚养孩子会对未来生活带来困难,因此拒绝承担抚养义务,导致在一些情况下,虽然孩子的抚养权被判定归属于夫妻的某一方,但实际上孩子会和祖父母或外祖父母生活。另外,诉讼离婚过程中的抚养问题会在一定程度上影

①《中华人民共和国民法典》第十八条、第十九条、第二十条之规定。

响抚养权的最终判决,导致一些离婚父母为了争抚养权,全然不考虑对子女的抚养能力以及以后孩子受教育的机会等因素,甚至做出对孩子进行仇恨对方的教育或藏匿子女等的行为。这些行为不仅加剧了夫妻离婚过程中未成年子女抚养问题,而且很容易对未成年子女脆弱的心理产生阴影。

(二)未成年子女的意见表达不畅

现行法律法规虽然对听取未成年子女意见有规定,但存在一定局限。第一,听取未成年子女意见仅是作出抚养权判决的考量因素,登记离婚和诉讼离婚过程中的抚养问题不在询问子女意见的范畴内。第二,出于表达能力、受教育程度等考虑,现行法律法规将抚养问题的表达权利限制在 8 周岁以上的未成年人,但是不满 8 周岁的未成年子女也有与年龄相应的表达生活和依赖心理的需要。第三,没有对如何听取未成年子女的意见的具体方式作出规定。在司法实践中,不同的法院对于这一法律条文的落实程度都各不相同,在听取方式上也出现水平参差不齐、听取程度各不相同的状况。尤其是对于听取未成年子女意见的时间地点、父母或其他监护人是否可以到场、由何人听取、以何种方式进行交流这些程序性问题没有强制规定。① 第四,需要建立起考察未成年子女意见的机制。一些家长为了争夺子女抚养权和获得更多的财产性利益,在离婚过程中会暂时表现出对子女的充分保护和关爱,让孩子误以为选择他们为监护人更适合。为了避免这种情况的发生,我们需要建立起侧面考察机制,在离婚过程中全面考察未成年子女的意见,避免让他们成为离婚中的牺牲品。

(三)传统抚养权归属原则的阻碍

未成年子女抚养权归属的纠纷解决原则很多,不仅有《民法典》新提出的最有利于未成年子女原则,还有以往的"由父母分担抚养责任""尊重孩子真实意愿"等原则。这些原则在我国法律语境中存在定位不明、含义不清的问题,存在的理解与适用误差,反映出传统抚养权归属原则虽在最有利于未成年子女原则提出后有所突破,但仍在一定程度上阻碍离婚过程中未成年子女抚养问题的解决。

四、夫妻离婚过程中未成年子女抚养问题的解决建议

(一)加大对抚养权的法律维护

首先,建议在申请离婚登记时,要求提供对协议签订后(包括离婚冷静期、离婚证请发期)的子女抚养问题有明确约定的离婚协议,由婚姻登记部门进行审核,并得到社会各界的监督。其次,建议法院应在决定受理离婚案件时,要求父母双方提供有关抚养能力的证明材料,并组织双方订立离婚过程中的子女抚养协议,以协调和解决抚养责任分配问题,并为未成年子女制定专门的抚养计划或方案。此外,如果一方拒绝承担抚养责任,可以在法律规定的范围内追究相关责任,以确保未成年子女的权益不受侵害。

(二)改进未成年子女意见的获取方式

总的来说,登记离婚和诉讼离婚都应当听取未成年子女意见,也不应将未成年子女的年

---

①金桐.家事诉讼中的未成年人权益保护制度研究[D].兰州大学,2020.

龄作为听取和了解其意见和想法的主要因素,即使是不满8周岁的孩子,如果没有智力或表达上的特殊情况,也是可以顺利与人交流并阐述自己意愿的,我们不必强求其必须陈述自己的真实意愿,而是应当尽量让其作出符合自己本意的表达。①

具体方式而言,应当在加强社会各界的密切配合的基础上,充分听取不同年龄段的未成年子女意见。首先,要加强同双方近亲属、当地社区和社会公益组织的联系,通过他们侧面分析了解未成年子女的心理活动和内心想法。其次,对于不满8周岁的,可以通过让他们与父母一方相处来观察,或让相关专家分析了解其心理活动和内心想法,综合判断子女由谁抚养才是最好的选择;对于8周岁以上的,可以让其当场发表意见或者私下询问,也可以采用灵活的家事调查方式。最后,建议法院构建专业、有针对性的关涉未成年子女的庭审模式,将专家、辅导员、心理医生引入庭审以进行听证、调查、辅导,切实保障未成年子女的权益。

(三)进一步明确最有利于未成年子女原则

建议对最有利于未成年子女、"由母亲直接抚养"和"尊重其真实意愿"等原则进行归纳和总结,建立联系和对接,并参考国际通行的"幼年推定""儿童最佳利益"等原则。同时,鼓励法律专家和相关机构加强交流,形成共识,进一步明确最有利于未成年子女原则,以便更好地保障未成年子女的权益。

(四)增设针对离婚过程中未成年子女的法援制度

建议增设针对离婚过程中未成年子女的法援制度,有助于进一步保障未成年子女的权益。一方面,为未成年子女专门提供法律援助,可以帮助他们有效表达自己的意见和诉求,加强对离婚过程中未成年子女抚养问题的发现。另一方面,给未成年子女提供法律援助,可以平衡父母和未成年子女在离婚过程中的地位关系,使他们在离婚过程中更好地保护自己的权益。

---

①闫珂.抚养纠纷案件听取子女意见制度的构建[D].河北大学,2021.

民法典视域下“共债共签”型夫妻共同债务的合意认定

陈静

黑龙江孟繁旭律师事务所

摘　要:《中华人民共和国民法典》第1064条基本沿用了《最高人民法院关于审理涉及夫妻债务纠纷案件适用法律有关问题的解释》确立的认定夫妻共同债务的三种途径,并肯定了“共债共签”规则对于认定夫妻共同债务的重要作用。但自2018年至今,司法实践中“共债共签”型夫妻共同债务的合意认定仍然存在法律适用标准不统一的问题。本文在相关学理分析的基础上,运用案例分析的方法,依据意思表示方式的不同对此问题进行类型化的探讨,对“共债共签”型夫妻共同债务的合意认定规则提出自己的思考和完善建议。

关键词:“共债共签”型夫妻共同债务;合意认定规则;案例分析

一、问题的提出

夫妻共同债务的认定问题本质上是债权人、举债人、举债人配偶三方的利益平衡问题,如何平衡好这三方利益蕴含着婚姻家庭和谐稳定、市场交易安全及第三人利益保护等的价值取舍。《中华人民共和国民法典》(以下简称《民法典》)第1064条在合意论、家事代理论、用途论的理论基础上创设了夫妻共同债务的认定标准。其中,以合意论为基础的“共债共签”型夫妻共同债务的认定标准不同于以用途论为基础的认定标准。“用途推定规则”以债务用于夫妻共同生活(经营)为共债认定原则,虽然夫妻共同生活具有伦理性与易变性,但通常法官以家庭利益作为抽象标准①。该规则在个案中的具体适用需要查证举债人的家庭经济状况与资金走向用途,适用标准相对客观明确。而“共债共签”型夫妻共同债务在司法实践中对夫妻真意的判断往往因具有主观性而较为困难。民事主体的内心意思具有高度抽象性,且容易产生“不断变化的、具有适应能力的、充满歧义”的表达②。况且夫妻合意表示还与家庭生活习惯息息相关,婚姻家庭生活具有亲密性和隐私性,诉讼当事人往往难以证明复杂形态的合意问题,这就需要法官探知或者推定夫妻内心的真实意思表示。因此司法实践中如何统一事实层面“共债共签”型夫妻共同债务合意的认定标准是亟待解决的难题。

二、“共债共签”型夫妻共同债务合意认定的案例考察

夫妻双方是否成立合意是“共债共签”规则裁判适用的核心,司法实践中夫妻合意的认

①冉克平.论夫妻共同债务的类型与清偿——兼析法释[2018]2号[J].法学,2018(06):67-79.

②[德]卡尔·拉伦茨.德国民法通论.王晓晔,等译.北京:法律出版社,2013:456.

定标准也是“共债共签”规则适用的关键点①。为准确把握司法实践中“共债共签”规则下的合意认定问题，笔者将“共债共签”分别与“事后追认”“双方合意”“知情”“保证人”组合为限定词进行检索。在筛选出的案例中重点关注对是否构成夫妻共同债务争议较大的案件，并对相关案例主要裁判要旨予以整理分析。

通过梳理，笔者发现在“共债共签”规则的个案适用中，不同法院对成立合意的判断标准不尽相同，甚至部分法院对相近的案件事实作出了相反的认定。笔者将存在争议的合意认定归纳为以下三种类型并对其形成的困境进行分析。

（一）举债人配偶签字意思不明确的意思表示认定争议

举债人配偶签字属于明示的意思表示方式，在司法实践中主要表现为举债人配偶并非以举债人身份签字，而是以证明人、担保人、保证人等其他身份签字。这样夫妻双方虽然实施了共签行为，但能否由此形成共债存在争议。对此，法院在个案裁判中也存在不同的观点。郑某与陆某某等民间借贷纠纷案②中法院所持观点认为，担保人的功能即是在被担保人没有能力还款时替被担保人履行还款义务。所以举债人配偶以担保人身份签字足以证明其愿意与举债人共同承担债务。但刘某与汪某等民间借贷纠纷案③中法院所持观点认为，举债人配偶以担保人身份签字，说明举债人及其配偶都对各自在借款事项中的身份及对应的责任有清晰明确的认知，债权人对此也予以认可，应当按照借款合同中载明的内容来认定各自的身份和对应的责任。刘某某与程某某等民间借贷纠纷案④中法院还指出，举债人配偶以保证人身份签字仅可推知其对借款事实是知情的，但是知情并不能推出共同举债的意思表示。

对法院的以上观点进行梳理，对举债方配偶以非举债人身份签字这一情形的认定争议主要来源于三个方面：(1)法院对签字身份与形成举债的合意的关联性没有进行充分的解释；(2)法院对知情与形成举债的合意能否等同没有形成统一的认识；(3)法院对于不同签字身份所暗含的举债合意的意愿强度没有作出细致的区分。

（二）举债人配偶以默示方式事后追认的意思表示认定争议

依照《民法典》第1064条的规定，夫妻举债合意的形成方式包含双方共同签名和一方事后追认两种方式，事后追认又可细分为明示和默示两种形式，默示是指民事主体通过间接的行为方式进行意思表示，而他人由此推测出行为人的内心真实意思。举债人配偶以默示方式事后追认在司法实践中主要表现为举债人配偶实施了还款行为、举债人配偶实施了帮助催款行为等。对此，法院在个案裁判中也存在不同的观点。高某与泰州市某有限公司、王某某等民间借贷纠纷案⑤中法院所持观点认为，案涉借款属于高某、王某某夫妻共同债务。案涉借款发生于高某、王某某夫妻关系存续期间，王某某虽未在借条上签字，但其之后向泰州

---

①夏吟兰.拒绝“被负债”，法律护航婚姻安全——双方合意是认定夫妻共同债务的重要条件之一[J].新华月报，2018(4):79-81.

②贵州省贵阳市中级人民法院，(2021)黔01民终6677号。

③安徽省芜湖市中级人民法院，(2021)皖02民终2182号。

④四川省仁寿县人民法院，(2021)川1421民初6790号。

⑤江苏省高级人民法院，(2018)苏民申6348号。

市某有限公司出具了利息计算方式的材料、利息清单和对账清单，且通过王某某的银行账户向泰州市某有限公司归还了部分借款，原审判决据此作出王某某与高某具有共同举债的合意，案涉借款用于夫妻共同生产经营，属于夫妻共同债务的认定，并无不当。李某某、胡某某民间借贷纠纷案①中法院所持观点认为，举债人配偶实施的帮助债权人催款的行为亦可认定为对举债合意的事后追认。夏某某、沈某某与周某某民间借贷纠纷案②中二审法院所持观点认为，举债人配偶虽多次替举债人偿还债务，但不能代表其认可涉案借款，债权人并未提供其他证据证明举债人配偶对涉案借款进行追认，由此认定还款行为不能构成有效的事后追认。

对法院的观点进行梳理，对举债人配偶以默示方式事后追认这一情形的认定争议主要来源于，能否将举债人配偶知晓借款事实并实施了替代还款等行为推定为共同举债的意思表示，尚未在司法实践中形成统一的认定标准。

（三）特定条件下举债人配偶沉默的意思表示认定争议

依照《民法典》第 140 条第 2 款规定：“沉默只有在有法律规定、当事人约定或者符合当事人之间的交易习惯时，才可以视为意思表示。”因为沉默是一种消极不作为的状态，外界难以了解和把握行为人的内心真实意思③。那么如果举债人配偶的沉默行为在现行立法无明确规定、当事人之间也无约定的情况下而被视为有举债合意的意思表示似乎是对我国《民法典》第 140 条第 2 款规定的突破。特定条件下举债人配偶沉默意思表示在司法实践中主要表现为举债人配偶对借款汇入其账户后知情但沉默等。对此，法院在个案裁判中也存在不同的观点。杨某、方某某民间借贷纠纷案④中法院所持观点认为，借款汇进举债人配偶所有的银行账户可直接推定举债人配偶有共同举债的意思表示。夫妻之间应视为举债人配偶对举债人作出了管理使用银行卡的授权。同时基于该授权行为以及利用账号收款等行为，应视为举债人配偶对借款知情。由此从保护债权人信赖利益的角度出发，法院认为此种情形下的债权人有理由相信存在夫妻共同举债的意思表示。石某某与李某某等民间借贷纠纷案⑤中法院所持观点认为，即使举债人配偶收到从债权人账户转入的款项，亦不足以证明举债人配偶共同举债的事实。

对法院的观点进行梳理，对特定条件下举债人配偶沉默的意思表示这一情形的认定争议主要来源于，对“知情且未提出异议”能否推定为共同举债的意思表示，尚未在司法实践中形成统一的认定标准。

三、对“共债共签”型夫妻共同债务合意认定标准的思考

通过分析以上案例，笔者发现，因合意具体认定规则的缺失，不论是哪种意思表示方式，都需要裁判者结合具体的案情进行自由心证，这便会导致差异化的裁判结果。因此细化具

①广西壮族自治区玉林市中级人民法院，(2020)桂 09 民终 2306 号。

②江苏省淮安市中级人民法院，(2018)苏 08 民终 315 号。

③郑一丹. 浅析“沉默”之意思表示——以《民法总则》第 140 条为基础[J]. 厦门广播电视大学学报，2020，23(04)：50-57.

④江西省景德镇市中级人民法院，(2021)赣 02 民终 114 号。

⑤北京市第二中级人民法院，(2021)京 02 民终 11352 号。

体情形下的具体认定规则是十分必要的，笔者对此仍依据意思表示方式的不同分别提出如下思考和建议。

（一）明示的"共债共签"型夫妻共同债务

对举债人配偶签字意思不明确的具体情形构成举债合意，应当要求债权人对该部分事实的证明达到较高的标准。原因如下：

（1）依照我国现行立法的规定，无论是证明人，还是担保人、保证人，其均与共同举债人在承担责任的方式上有显著的差异且当事人均知道或者应当知道这种差异。

（2）举债人配偶签字时的不同身份虽均能表明其对举债事实知情，但签字身份对应的法律责任都远未达到共同举债的程度且不同签字身份共同举债的意愿程度也有所不同。

（3）在债权债务关系成立之前，债权人处于相对强势的地位，如果债权人的内心真意是由夫妻二人共同举债，应当有能力要求夫妻二人均以举债人身份签字，而非其他身份。且"共债共签"型夫妻共同债务的相关规则已为立法所确立，债权人应当知道法律已经对其提出了更高的审慎义务。

（二）默示的"共债共签"型夫妻共同债务

举债人配偶做出的默示行为如能被认定为有效的事后追认，至少需要符合以下几个条件：

（1）该默示行为须是由举债人配偶本人实施的行为，即该默示行为应当是举债人配偶自愿、真实的意思表示。如果事后行为是由举债人擅自使用其配偶的银行卡等支付工具来实施的履行债务的行为，那么该行为不能构成举债人配偶的有效事后追认。

（2）举债人配偶在做出事后追认行为前需要明知该债务的存在且未对此债务提出异议。如果举债人配偶在做出该行为前，曾表示个人对承担该笔债务的反对意向，那么后续即使存在履行债务的行为，也仅能认定为第三人代为履行义务的行为。

（3）举债人配偶做出的行为应是合同约定的举债人承担的义务或者是有利于举债人承担合同约定义务的行为。

（三）特定条件下沉默的"共债共签"型夫妻共同债务

《浙江省高级人民法院关于妥善审理涉夫妻债务纠纷案件的通知》中规定，若债权人能够证明举债人的配偶知晓举债人存在举债行为，且配偶对该举债行为也没有提出任何异议，那么便可以推定举债人及其配偶之间存在着共同举债的意思表示。该规定仅以举债人配偶明知且未提出任何异议作为认定夫妻举债合意的标准是不够严格的。举债人配偶的沉默行为如被认定为存在举债合意，至少需要符合如下几个条件：

（1）举债人配偶知道举债事项的时间应限定在举债合同签订前。夫妻双方形成举债合意的前提之一是对举债事项享有平等的知情权。只有当举债人配偶在举债合同签订前对合同的内容已明知，举债人配偶作为一个完全民事行为能力人在基于理性判断后作出的沉默行为，才可以视为夫妻双方存在举债合意。

（2）举债人配偶明知的范围应该包含举债合同的主要内容（包括但不限于债权人的相关信息、合同成立时间、举债金额、举债用途、举债人义务及其履行义务的期限等合同约定事项），如果举债人配偶对举债合同约定的主要事项不完全了解，作为一般理性人是难以把握合同履行的风险的，就无法在评估风险后对是否共同举债作出判断。

(3)在婚姻关系存续期间的非正常婚姻状态下，判断举债人配偶的单纯沉默行为是否构成夫妻举债合意时应该结合具体案情更加审慎地判断。例如夫妻双方在离婚冷静期内且夫妻关系确已破裂，此时夫妻双方虽然尚处于婚姻关系存续期间，但夫妻之间往往缺少甚至没有交流，难以协商形成举债合意。此情形下，认定夫妻双方不存在举债合意更具有合理性。

四、结语

随着我国经济发展水平的提高，夫妻共同债务纠纷发生的频次也随之提高。由于立法尚未对“共债共签”型夫妻共同债务的合意认定规则作出明确细化的解释，不同裁判者对法律规则的理解也不尽相同，在司法实践中有时不能保证裁判结果的统一。这就给夫妻共同债务认定规则的司法适用带来了许多争议和难题。

基于上述情况，本文将“共债共签”型夫妻共同债务依据意思表示的方式进行分类，对比每种类型下有代表性的案例，梳理个案的裁判思路和基本案情的差异，探索同案不同判的原因并就具体的认定规则提出完善建议，以期能够对法律规则不尽详细之处稍作弥补，减少同案不同判的发生，促进裁判统一和司法公正。

大数据时代下网络虚拟财产的继承问题

张舒

吉林功承律师事务所

摘　要:在大数据时代,网络虚拟财产的继承问题变得日益重要。网络虚拟财产包括但不限于电子邮件、社交媒体账号、网络游戏中的虚拟物品以及加密货币等,这些财产具有一定的经济价值和情感价值,但其继承涉及法律、技术和伦理等多方面的复杂问题。因此,文章将对大数据时代下网络虚拟财产的继承问题进行深入分析,探讨网络虚拟财产的定义、属性以及有关网络虚拟财产的部分现行法律规定,然后阐述网络运营商的管理义务,分析网络虚拟财产继承面临的管理困境同时提出相应的解决路径。

关键词:大数据;网络虚拟财产;继承

随着大数据分析浪潮的到来,网络虚拟财产的产生和发展逐渐成为全球范围内的重要现象,并且随着网络的发展在人们的生活中扮演着越来越重要的角色。网络虚拟财产是指在网络环境下,模拟现实事物,以数字化形式存在的、既相对独立又具有排他性的信息资源。① 我国目前对网络虚拟财产的探讨可以分为两个阶段,第一阶段指以"李宏晨案""于静案"②为典型代表的网游道具丢失、买卖过程纠纷而引起的网络世界的虚拟物品是否可等同于现实世界的财物、涉及不同的法益侵害的讨论。在此阶段,网络虚拟财产的概念尚存在于网络游戏或者说因游戏而产生的虚拟空间之中,与主流现实世界相去甚远。第二阶段则是以舆论广泛关注的QQ号继承、淘宝网店继承等引发的关于网络虚拟财产继承问题的研究。随着支付手段、财产形态的数据化、网络化,网络虚拟财产的存在不只局限于纯粹的网络世界,网络虚拟财产与现实世界的交互正在逐渐加深,那么在此种情况下网络虚拟财产继承问题必然成为关注的焦点。而在其中,网络运营商作为网络世界的搭建者和运营者扮演着重要角色。

一、作为继承客体的网络虚拟财产

(一)网络虚拟财产的含义与性质

1. 虚拟与网络虚拟财产的含义

"网络虚拟财产"概念以"虚拟"作为其最基本的特点,而"虚拟"一词的含义并非我们生

---

①林旭霞.虚拟财产权性质论[J].中国法学,2009(01):88-98.

②北京市第二中级人民法院民事判决书(2004)二中民终字第02877号、北京市第二中级人民法院民事判决书(2009)二中民终字第18570号。

活中使用的一种与现实、具象的存在相对虚无的不存在，而是被限定在“存在于计算机网络数据系统内”这一层面的数字化的“虚拟”。

而随着虚实交互的深入，网络虚拟财产的外延也在不断地延展，从最初的仅指纯粹的网络游戏世界中的道具、货币，延展到了各种利用网络服务的电子账户，如电子邮箱账户、通信网络账户，进而概念化地延展到了一切以数字化形式存在的客体对象，例如包括了计算机文件、信息空间、网站等对象，甚至包括了虚拟网络本身。

2. 网络虚拟财产的财产属性

(1)虚拟互联性。虽然网络虚拟财产的实质是网络运营商利用科技手段而创制的二进制代码，把结果展示在可视界面上。但凭借着网络集聚效应提升了网络虚拟财产甚至是空间的价值。

(2)稀缺性。网络虚拟财产就其本身的可复制性来看，可被无限大量地复制，貌似不具有稀缺性。但维持网络虚拟财产的稀缺性正是网络运营商所追求的，也符合网络平台运营的商业逻辑。因此网络虚拟财产是指一种经济物品。

(3)用户可使其增值性。用户在使用网络运营商所允许的方式方法获取账户、使用资源的过程中，对账户或账户中的部分内容投入了时间、精力甚至金钱，使得账户所承载的价值提升。不管是用户从主观效用的视角来看，还是第三方从市场交易的角度来看，账户的价值都因用户的行为而增长了。

3. 网络虚拟财产权利的法律属性

关于网络虚拟财产权利的法律属性的问题由来已久，学术界一直存在着债权说、财产权说、专利说、无形财产权说、新型财产权说等不同观点。① 其比较主流的观点为物权说与债权说。“物权说”主张把网络虚拟财产权定义为所有权、用户的所有权。这一说法在解决第三人侵权纠纷上相当有力，因为在发生第三人侵权时，真正且直接受到损失的是用户本身。而其弊端则不便于阐明用户和网络运营商间的联系。“债权说”指通过用户和网络运营商之间存在的《用户服务合同》来认识网络虚拟财产，因而并不存在用户和网络运营商之间的权利划分问题。但该学说因受制于相对性原则，在说明用户向第三人主张权利救济请求权的基础上面临困难。法律属性的分歧或许是由网络虚拟财产的财产属性来源造成的，毕竟，数据创制是由虚拟物生产者完成，而财产属性则是由使用者完成。②

通过对比两种主流观点，虽有分歧，但也有一致的部分。首先在事实认识层面，对于网络虚拟财产实质上是二进制代码这一认识论层面的描述，二者无异议；其次从价值认知层面，对网络虚拟财产权利是否应该进行保障，以及应该从什么程度上进行保障，二者也有着基本共识。而二者的核心分歧就是，需要怎样对网络虚拟财产权利及其价值判断结果进行理解、说明和表现。这是解释选择方面的分歧。不管从理论上选用债权说或者物权说，其结果都不具有真假、对错之分，而有优劣之别。③

①林旭霞. 虚拟财产权性质论[J]. 中国法学，2009(01)：88-98.

②付琳. 虚拟财产的内生逻辑及其权属矛盾[J]. 社会科学家，2021(02)：103-110.

③沈健州. 从概念到规则：网络虚拟财产权利的解释选择[J]. 现代法学，2018，40(06)：43-53.

（二）关于网络虚拟财产的部分现行法律规定

1.《中华人民共和国民法典》首先在总则部分对数据和网络虚拟财产的保护作了原则性的规定

《中华人民共和国民法典》（以下简称为《民法典》）第一百二十七条规定，法律对数据、网络虚拟财产的保护有规定的，依照其规定。该规定自2017年《中华人民共和国民法总则》通过开始，把网络虚拟财产权利界定为民事权利，无疑为网络虚拟财产继承的法律解释途径提供了逻辑基础。

2.《民法典》继承编通过立法技术对网络虚拟财产从继承问题的层面进行了回应

《民法典》颁布之前适用的《中华人民共和国继承法》制定于1985年，彼时尚无网络虚拟财产概念，1985年《中华人民共和国继承法》第三条①对遗产范围进行正向列举自然未包括网络虚拟财产，只得寄希望于"公民的其他合法财产"这一兜底条款的理解。而《民法典》第一千一百二十二条②则是通过原则确定及反向排除的方式，将网络虚拟财产纳入可继承的财产范围。

3. 2021年11月生效的《中华人民共和国个人信息保护法》对于有关个人信息的继承的具体权利表现作了更为细致的表述

《中华人民共和国个人信息保护法》第四十九条规定，自然人死亡的，其近亲属为了自身的合法、正当利益，可以对死者的相关个人信息行使本章规定的查阅、复制、更正、删除等权利；死者生前另有安排的除外。该条款虽然没有直言继承，但在一定程度上对继承人及网络运营商解决个人信息继承与隐私权益的内在冲突提供了依据。

现行法律明确网络虚拟财产权利是一种民事权利，但对其权利属性尚未明确，物权说、债权说在网络虚拟财产权利的处理上各有利弊。在这种情况下，有学者提出直面网络虚拟财产产生、行使、消灭过程中的法律关系（如网络虚拟财产的交易、继承等）具有一定的可取之处。

而在网络虚拟财产产生时，存在用户与网络运营商两类主体，而在发生继承这种非因法律行为产生的权利变动的情况下，矛盾的双方变为网络运营商和继承人。也就是说，网络运营商在此问题的产生和发展中扮演着重要的角色。

二、网络运营商的管理义务

（一）网络运营商的管理义务来源

网络虚拟财产权利的实现，取决于并依赖于网络运营商连续不断的互联网经营活动。如果将网络空间当作一个虚拟公共场所，网络运营商就是这个空间的搭建者和管理者，则可参见《民法典》第一千一百九十八条对公共场所经营管理者责任的规定，理解网络运营商的

---

①《中华人民共和国继承法》第三条规定，遗产是公民死亡时遗留的个人合法财产，包括：（一）公民的收入；（二）公民的房屋、储蓄和生活用品；（三）公民的林木、牲畜和家禽；（四）公民的文物、图书资料；（五）法律允许公民所有的生产资料；（六）公民的著作权、专利权中的财产权利；（七）公民的其他合法财产。

②《民法典》第一千一百二十二条规定，遗产是自然人死亡时遗留的个人合法财产。依照法律规定或者根据其性质不得继承的遗产，不得继承。

管理义务。具体体现在：

维护网络及系统的正常运转，持续、稳定地提供互联网经营业务。如不能任意关闭服务器，定期对服务器和服务系统进行保护。

采取相应的保护措施，并在使用权遭受第三人侵犯后提供适当支持的服务，如在使用者被盗号后提供密码找回服务。

履行禁止侵犯用户权益的消极义务，如不得利用自身的技术优势随意删除用户的虚拟财物，如游戏装备等。

（二）网络运营商管理的客体

网络运营商的管理客体是网络虚拟财产，但是随着新型概念的不断涌现，以列举方式穷尽网络虚拟财产的种类是不可取的，因此有学者以进入网络世界的过程为依据将网络虚拟财产具体化为“虚拟入口”和“虚拟资产”两种。①

1. 虚拟入口

虚拟入口，可看作用户进入网络空间的通道的权限，用户通过注册一个账户，成为享受网络空间及其内部资源的使用者。按照业务信息的不同，可分成个人电子邮件账号（如网易邮箱账号）、社会化媒体账号（如新浪微博账号）、网络游戏账号、文档储存和共享账号（如网盘账号）、网上商城账号（如淘宝账号）及其软件许可等。

2. 虚拟资产

虚拟资产则指在“虚拟入口”背后存放在互联网空间内、处在网络运营商掌控下的各种网络数据实体，也是财产属性的主要载体。

三、网络虚拟财产继承的管理困境与解决路径

（一）网络运营商的管理困境

1. 继承人信息真实性的核实困难

无论是实名注册的网络虚拟账户还是没有进行实名认证的网络虚拟账户，对于网络运营商而言都存在一个困境，即无法核实继承人身份及其继承的份额的具体信息，只能仰赖当事人自己提供。

首先，对于实名注册的网络虚拟账户，即使是开通用户过世变更业务的网络运营商，也是通过继承人上传的各种身份信息资料进行审查，但此继承人是否为全部继承人，是否有其他的法定或遗嘱继承人，网络运营商无法进行核实。

其次，对于没有进行实名认证的网络虚拟账户，最主要的就是通过账号和密码的对应，以及密保问题的准确回答来确认网络用户。如果是在遗嘱继承的情况下，遗嘱继承人可以通过遗嘱中准确写明的登录其网络账户需要的具体信息和明确描述取得对账户的实际控制。这种方法最能简便快捷地将死亡的网络用户与被继承人的身份一一对应。但其也有不足之处，就是在网络用户的登录信息遭到泄露或者被篡改的时候，则需要依靠其他手段补正

---

①梅夏英，许可．虚拟财产继承的理论与立法问题［J］．法学家，2013(06)：81-92+175-176.

被继承人的身份。而此类信息的真伪,网络运营商无法进行核实。

而在非遗嘱继承或者在遗嘱中也没有透露其网络虚拟账户的信息,或者其亲朋好友无人知晓其网络虚拟账户的密码和密保问题的情况下,则需要通过提供互联网用户的相应的身份信息证明虚拟财产属于该被继承人,继承人有继承权。而此类信息的真伪,网络运营商无法进行核实。

2. 网络虚拟财产继承与隐私权保护的内在冲突

不同于传统财产,网络虚拟财产继承与隐私权保护的内在冲突的核心就在于:继承人通常并不掌握有关账号和密码,其对于网络虚拟财产的继承需要仰赖互联网服务提供者的帮助,但网络运营商为了执行隐私合同或者限制向非许可人发布个人信息的法律,也只能抗拒继承人的请求。

不难理解,除财产属性之外,网络虚拟财产还存在着特定的人身属性,与人格利益密切关联。网络虚拟财产中的某些图片、声音、聊天记录等关系着用户个人的隐私权,也体现了财产权与人格权的融合。《中华人民共和国个人信息保护法》颁布之后,法律赋予了近亲属对有关信息进行查阅、复制、更正、删除等操作的权利。但对于网络运营商而言,在个案中,近亲属与继承人的范围是否完全等同,以及死者生前是否另有安排,无法核实,因此难以确定对用户隐私权益保护的程度。

3. 网络虚拟财产的分割问题

只有一位继承人的情况,不在此问题的讨论范围之内。而在有多位继承人的情形下,则不可避免地面临这一问题。

(二)解决路径的探索

1. 明确网络运营商的法定义务

在发生用户死亡、继承人出现并要求继承的情况下,明确网络运营商的法定义务范围对于此问题的解决具有积极意义。要求网络运营商必须对继承人所提供的材料进行实质审核,明显超出了网络运营商这一商业主体的权限范围,而通过诉讼解决又极大加重了双方的时间成本。个别网络运营商的做法可以为解决此问题提供参考,即要求用户对继承进行公证,网络运营商根据公证机构出具的公证书确认继承人身份及份额并进行办理。

2. 加强技术手段和数据管理

网络虚拟财产的继承问题,离不开科技的发展支撑和数据的管理。技术手段可以确保网络虚拟财产的真实性、安全性和可追溯性,为继承过程提供可靠的证据和记录。同时,建立健全的数据管理机制,包括网络虚拟财产注册、身份验证和数据备份等,以确保继承人能够准确识别、访问和管理网络虚拟财产。

3. 关于网络虚拟财产的价值计算方法

对于此技术性问题,《刑事审判参考》第766号邓玮铭盗窃案总结了网络虚拟财产的价值计算方法,并有着一定的参考价值。方法一般包括:(1)以社会必要劳动时间为准核算价格;(2)按照用户实际货币或其他经济性投入价值核算价格;(3)按照当下市场交易价格来判断价格等。

债权人撤销离婚协议的可行性探讨

孙萌

广东广和(长春)律师事务所

摘　要：离婚协议是夫妻双方自愿离婚时协商一致而达成的对夫妻关系存续期间所产生的与双方人身、财产相关联的一系列关系的处理及清算协议。离婚协议中对于合意离婚的意思表示属于对身份关系的处分行为，不存在债权人撤销权的行使基础；离婚协议中男女双方对于离婚后子女抚养权、抚养费的给付约定既涉及人身法律关系，又涉及财产法律关系，在债权人撤销权的适用上存有一定的争议；对于离婚协议中纯粹的财产与债务处分约定，属于男女双方之间基于合意而对婚内共同财产进行清算的行为，在符合债权人撤销权要件时，自然应该赋予债权人合同法上的撤销权，为债务人履行债务提供责任保证，但此时尚需综合各种影响因素对撤销范围予以利益及价值衡量。

实践中对于债权人撤销债务人夫妻离婚协议中财产约定的法律适用，应该在综合合同编与婚姻家庭编的相关规定的基础上，力求做到协调与平衡，使债权权能行使与身份权保障的法律效果能够和谐统一。在突破合同相对性使债权人的权利依法得到保障的同时也应兼顾债务人基于曾经存续的特殊身份关系而在离婚协议中适当处分责任财产的行为自由，依法保障债务人相对人依特殊身份关系而取得的正当财产利益，对债权人撤销权在债务人离婚协议上的适用力求做到客观、谨慎、精微。

关键词：离婚协议；债权人撤销权；撤销权范围；考量因素

一、离婚协议中财产条款与债权人权利的冲突

《中华人民共和国民法典》(以下简称为《民法典》)第1076条规定，夫妻双方自愿离婚的，应当签订书面离婚协议。离婚协议应当载明双方自愿离婚的意思表示和对子女抚养、财产以及债务处理等事项协商一致的意见。

离婚协议是夫妻双方离婚时协商一致而达成的对人身关系、财产的分割及清算协议，其中既包含对于人身关系的安排，一是双方形成解除婚姻关系的意思表示，二是对离婚后子女的抚养、探望安排；也包含对于财产(包括消极财产即债务)的分割清算。

离婚协议一般情况下仅对男女双方具有法律约束力，不会对第三人的权益造成影响，但若离婚协议中有一方在离婚时对第三人负有个人债务，并通过离婚协议中的财产安排将积极财产全部或者大部分分配给另一方，自己仅保留消极财产或少部分积极财产的情况下，可能对债权人债权实现造成严重影响。此时债权人是否可以参照适用《民法典》第538条“债

务人以放弃其债权、放弃债权担保、无偿转让财产等方式无偿处分财产权益,或者恶意延长其到期债权的履行期限,影响债权人的债权实现的,债权人可以请求人民法院撤销债务人的行为”之规定,请求法院撤销债务人的整个离婚协议或者离婚协议中的部分条款就成了一个亟待解决的问题。

二、离婚协议的可撤销性探讨

《民法典》第538条所体现的是通过财产保全功能对债权人提供更为全面的债权保护,但其并不能对无财产属性的人身关系适用。夫妻之间的离婚协议是一个既包含了人身关系又包含了财产关系的混合型整体协议,《民法典》第538条所规定的债权人的撤销权对离婚协议能否及如何适用需要从离婚协议中具体的条款所蕴含的法律关系来分析:

(一)债权人撤销权对离婚协议中婚姻关系的适用分析

离婚协议中对于合意离婚的意思表示属于对身份关系的处分行为,离婚合意达成并经婚姻登记机关登记离婚或经法院判决解除婚姻关系生效后,男女双方之间的身份关系确定性的解除,不存在债权人撤销权的行使基础。

(二)债权人撤销权对离婚协议中男女双方对于离婚后子女抚养权、抚养费的给付约定的适用分析

离婚协议中男女双方对于离婚后子女抚养权、抚养费的给付约定既涉及人身法律关系,又涉及财产法律关系。对于子女抚养权的约定部分,因为涉及人身法律关系自然不能适用合同编债权人撤销权的规定。对于抚养费的约定给付条款是否可以撤销,有不同的看法,有观点认为:抚养费的相关约定依附于人身关系,关系到离婚后子女的生存权及受教育权等基本型权利,影响甚重,人身关系不能被撤销,抚养费的相关约定亦不能被撤销,否则对债权人的债权保护将置于人格权这一绝对权的更高位阶,有违民法的常理。

另有观点认为:离婚协议中对于子女抚养费的约定虽是依附于人身法律关系产生,但对于抚养费的给付金额进行一次性全额给付,或虽然分期给付,但异常高于法定的标准,可能影响债权人债权实现的,债权人可以向法院请求对抚养费的给付约定予以撤销。

笔者认为第二种观点更值得肯定,抚养费虽依附人身关系而产生,甚至起到了一定的情感补偿平衡器的作用,但究其根本为一方对离婚后子女的长期抚养给付负担,可以一次性全额给付,也可以高额或超额给付,但不能因此影响债权人的债权实现,一概否定债权人对超额抚养费的撤销,不但违背了债权平等性,同时会滋生出夫妻一方以此为手段将责任财产全部或大部分转移到另一方,逃避债务、侵害债权人利益,而债权人却无可救济的途径的现象,有违诚信原则。

(三)债权人撤销权对离婚协议中纯粹的财产与债务处分约定的适用分析

离婚协议中纯粹的财产与债务处分约定,属于男女双方之间基于合意而对婚内共同财产进行清算的行为,若夫妻对第三人负有共同债务,此时债权人无需适用撤销权即可请求夫妻双方共同承担;对于夫妻一方对第三人所负有的个人债务而言,离婚协议中的财产条款,除了按照公平原则进行平均分割或者按照法律照顾弱者、女方及无过错方等明确规定适当地进行倾斜性分割的情形,大多数情况下均会有意或无意地影响债权人债权的实现,此时应

该赋予债权人合同法上的撤销权，以恢复债务人的责任财产。而债权人撤销权行使后财产条款的残缺影响将停留在男女双方之间，其后续的修复处理视为另一法律问题，应通过其他途径进行救济，与债权人的撤销权行使无关。

基于上述分析，应允许债权人依据《民法典》第538条之规定行使撤销权，但撤销的并非整体性的离婚协议，其中人身关系条款不能被撤销，影响到债权人债权实现的财产相关条款应当属于撤销权的作用范围。

三、离婚协议财产条款撤销时的影响因素及撤销范围考量

（一）债权人对离婚协议财产条款行使撤销权应满足合同法上相应构成要件

《民法典》第538条的目的是保全债务人的一般财产，否定债务人不当减少一般财产的行为，债权人行使撤销权的具体构成要件如下：

债权人对债务人存在合法、有效的债权，不要求债权届期。

债务人存在无偿处分的行为。

债务人的诈害行为影响债权人债权的实现，即债务人的无偿处分行为与债权人的债权不能实现之间具有因果关系，此要件为债权人撤销权的实质要件，主要从债务人诈害行为是否成立及诈害行为的实施时点进行判断。通说将债务人财产状态“无资力”作为对债权人债权实现有影响的重要判定标准；将债务人诈害行为时及撤销权行使时的“无资力”作为双重时间判定标准。只有在相应时间因债务人无偿处分一般财产的诈害行为影响到了债权人债权的实现时，才能认定该无偿处分行为可以经撤销权撤销。①

（二）债权人对离婚协议财产条款行使撤销权时需对条款的人身属性进行特殊价值考量

离婚协议财产约定按照对财产归属的意思合意，一般分为两类，一类是夫妻双方基于公平原则及法律相关规定对共同财产进行平均分配或按照《民法典》第1087、1088条、1090条、1091条所规定之精神适当地向女方、无过错方等进行倾斜的有对价及法律依据的分割。另一类是将全部或大部分财产约定归属无负债的一方所有的无对价及法律依据的分割，实质上是负有个人债务的一方将本应分得的财产或份额无偿赠与另一方所有。正如有学者所言，离婚协议中的夫妻财产给与条款在解释上可以认为包含具有人身属性的法定义务与纯粹财产属性的约定义务两种样态。前者系夫妻对子女的法定抚养义务和配偶之间的离婚救济义务；后者系夫妻法定义务之外的部分，通常因不具有对价而属于无偿赠与条款。② 而这些财产分割条款在很大程度上依附于长时间存续的夫妻关系这一身份关系所产生，因此在适用债权人撤销权时除考虑合同法上的撤销权要件，还需要对这些条款中具有的人身属性进行特殊的价值考量。

---

①最高人民法院民法典贯彻实施工作领导小组．中华人民共和国民法典合同编理解与适用[M]．北京：人民法院出版社，2020：498-502.

②冉克平．《民法典》视域中离婚协议的夫妻财产给与条款[J]．当代法学，2021，35(06)：45-58.

对于平均分割的银行存款、房产等婚内共同财产,基于债权的平等性,无债权人撤销权适用的基础。

对于离婚协议财产约定将财产全部或者大部分分配给无负债一方的情况,无论协议双方出于何种考虑都会在客观上影响到债权人债权的实现。在此情况下笔者认为债权人可以采用《民法典》第538条的要件标准,即夫妻一方对所负债务以“无资力”为影响债权人债权实现的本质标准,同时再辅以协议签署时及债权人提起撤销权之诉时两个时点状态来考察。由于债权人无法对债务人所有财产状况进行全面而精确的掌握,因此笔者认为债权人仅需证明提起撤销权诉讼时负债的一方仍未能清偿债务即应认为债权人已经完成了举证责任,此时负债的一方可以具有清偿债务能力或证明未清偿债务与离婚协议中财产赠与约定没有因果关系来抗辩。如甲、乙在离婚协议中约定将价值为1000万元的房产归乙个人所有,甲欠丙的个人债务500万元在丙提起债权人撤销权诉讼时无法清偿,丙向法院请求撤销离婚协议中甲对乙的房屋赠与份额。甲通过举证证明,将价值为1000万元的房产约定归乙所有时,还持有800万元市值的股票,后因股债折损殆尽,房产赠与行为与不能清偿债务之间没有因果关系,此时丙的撤销权之诉不应被支持。

按照《民法典》第1087、1088条、1090条、1091条等规定之精神,适当地向女方、无过错方等进行倾斜的有对价及法律依据的财产分割是否可以被撤销应在深入分析各规定之法理精神后结合财产分割中的倾斜程度进行具体分析。《民法典》第1087条所规定的离婚时照顾子女、女方和无过错方权益的原则体现了法律对弱者、无过错方的保护;第1088条是关于将夫妻一方的家庭劳动付出在离婚时可转化为独立的补偿请求权规定;第1090条规定离婚时一方生活困难,有负担能力的另一方应当给予适当帮助,体现了法律对婚姻关系中弱势一方的保护;第1091条是对无过错方的离婚损害赔偿请求权的规定。以上条款均是夫妻离婚时财产分配方面的指引,也可以看作法院裁判时的赋权性规定,对于协商不成的由法院按照规定精神进行判决。如果男女双方在离婚协议中按照以上条款之精神进行了符合法律规定的适当的倾斜分割,应该认为对债权人的债权没有侵害,即使在一定程度上影响到了债权人债权的部分实现,也应该根据债权的平等性原则,确认法定应受倾斜保护一方在法律上按离婚财产分割协议取得分割财产,此时不能对该倾斜性的财产分割协议进行撤销。①

另一种情况是基于前述条款规定,男女双方在进行财产分割时倾斜性严重加大,如因无负债一方生活困难,在财产分割时约定将夫妻共同存款100万元中的90万元分割给女方,男方仅分割10万元,而此时男方对外负债为30万元。笔者认为此种情况应当准许债权人适用撤销权来维护自身债权不受侵害,按照《民法典》第1087、1088条、1090条、1091条等规定之精神向一方倾斜分割的幅度应该按照普通人的理解标准确定,将90%的共同存款分割与经济困难一方,极大程度上存在着诈害债权人债权的可能。但撤销权的行使范围是需要加以讨论的问题,如上例,债权人是可以在30万元的范围内行使撤销权,还是仅可以在10万元或者20万元的范围内行使撤销权?撤销范围是需要债权人按照一定的标准进行举证,

---

①韩世远.离婚协议财产处理与诈害债权[J].中国法律评论,2022(04):62-73.

还是由法官在审理时自由裁量均是应在实践中摸索与探讨的问题。

在考量双方对子女抚养费的约定是否可以撤销时,如果抚养费约定得过高,甚至将全部所得扣除基本生活保障后全部作为抚养费,或将应长期连续进行的抚养费给付义务变为一次性全额给付,笔者认为在此种情况下债务人主观缩短债务给付期限,恶意提高给付金额,严重损害了债权人利益,应赋予债权人提起撤销权之诉的权利,但对于撤销权行使的范围仍然需要在实践中进行探索与梳理。

论离婚协议中赠与子女财产条款的实现路径

任焕宇

辽宁宇嘉律师事务所

摘　要:随着经济的发展,夫妻双方在离婚分割财产时往往将夫妻共同财产处分给子女,进而双方在离婚协议中明确约定将夫妻共同财产归子女所有,但实践中对于子女取得财产的性质、子女如何实现权利,以及债权人起诉夫妻双方要求对赠与子女的房产予以查封并执行,子女如何主张权利的实现存在一定的争议,本文针对以上问题作出论述,为解决实践中的争议提供一定参考。

关键词:离婚财产分割;赠与;子女抚养

一、问题的提出

1. 基本案情:2016 年,杨先生与王女士经民政机关登记离婚并签订离婚协议,约定双方位于昌平区的某两居室,在离婚之后归儿子小杨所有,待该房屋取得房产证后,将其过户至儿子名下。双方离婚后,杨先生反悔,称自己生活困难、无处居住,以涉案房屋至今未过户登记到儿子名下为由诉至法院,要求撤销对儿子小杨的赠与。被告王女士和小杨辩称,王女士同意离婚的其中一个条件就是双方把房屋赠与儿子,该赠与是负有道德义务的赠与,杨先生不能任意行使撤销权。

2. 裁判结果:法院经审理后认为,综合双方离婚协议书的内容,将房屋赠与儿子系杨先生、王女士就双方婚姻关系解除后共同财产分割、子女抚养等问题做出的综合处理的一部分,与离婚协议书中的其他内容属于一个整体、不可分割,具有身份关系和道德义务的性质,不同于一般的赠与。杨先生在与王女士办理完离婚登记之后,又以赠与财产尚未发生转移为由要求行使任意撤销权,撤销对儿子的赠与,不符合双方签订的离婚协议书的本意,因此法院判决驳回杨先生要求撤销赠与的主张。①

二、“赠与子女财产”条款的法律定位分析

《中华人民共和国民法典》(以下简称为《民法典》)第 1076 条规定:“夫妻双方自愿离婚的,应当签订书面离婚协议,并亲自到婚姻登记机关申请离婚登记。离婚协议应当载明双方自愿离婚的意思表示和对子女抚养、财产以及债务处理等事项协商一致的意见。”《民法典》第 1078 条规定:“婚姻登记机关查明双方确实是自愿离婚,并已经对子女抚养、财产以及债

①7 月 20 日 15 时,昌平法院召开“涉离婚协议纠纷典型案例”新闻通报会[EB/OL]. 中国法院网,2021-07-20.

务处理等事项协商一致的，予以登记，发给离婚证。”第1087条第1款规定：“离婚时，夫妻的共同财产由双方协议处理；协议不成的，由人民法院根据财产的具体情况，按照照顾子女、女方和无过错方权益的原则判决。”根据上述规定，对于夫妻共同财产，离婚时以双方协议为前提，如果协商不成由人民法院依法作出判决。对于夫妻在签订离婚协议时，其子女虽然不知道父母将房产等财产处分给自己，但子女依据离婚协议自然取得财产利益，此种取得属于赠与还是基于为第三人利益取得，在实践中存在一定的争议。《民法典》第三编调整合同关系，《民法典》第463条规定：“本编调整因合同产生的民事关系。”第464条第2款规定：“婚姻、收养、监护等有关身份关系的协议，适用有关该身份关系的法律规定；没有规定的，可以根据其性质参照适用本编规定。”因此，关于婚姻及离婚时处理财产问题，首先应适用婚姻家庭编，而不应优先适用合同编。基于上述规定，可以得出，婚姻家庭编针对离婚协议可以对夫妻共同财产进行处分，因法律无禁止，故夫妻双方可以将夫妻共同财产或婚前财产等处分给子女，子女也不需经签字确认即可取得权利，但在处理此类案件时，又不能完全脱离合同编中的法律制度，只有合理地适用法律才能更好地维护合法权益。

三、夫妻对离婚财产分割协议能否行使撤销权

（一）夫妻协议离婚后可以通过诉讼方式请求撤销财产分割协议

《最高人民法院关于适用<中华人民共和国民法典>婚姻家庭编的解释（一）》第69条第2款规定：“当事人依照民法典第一千零七十六条签订的离婚协议中关于财产以及债务处理的条款，对男女双方具有法律约束力。登记离婚后当事人因履行上述协议发生纠纷提起诉讼的，人民法院应当受理。”第70条规定：“夫妻双方协议离婚后就财产分割问题反悔，请求撤销财产分割协议的，人民法院应当受理。人民法院受理后，未发现订立财产分割协议时存在欺诈、胁迫等情形的，应当依法驳回当事人的诉讼请求。”在实务中，婚姻登记机关对夫妻在办理离婚手续时提交的离婚协议只是进行形式审查，无法确保协议签订过程中是否存在欺诈、胁迫等情形以及协议内容的合法性，因此，当夫妻一方或者双方对协议内容发生争议时，可以通过诉讼方式寻求救济。法院在审理案件时，将“未发现订立财产分割协议时存在欺诈、胁迫等情形的”作为法院驳回当事人诉讼请求的条件，但不是唯一条件，即法院在审理中发现订立的财产分割协议内容存在《民法典》第151条规定的乘人之危、显失公平的情况下，仍然可以根据当事人的请求撤销该协议，但法院在审理时不宜轻易以协议“显失公平”为由而支持撤销协议的主张。笔者认为，登记离婚需要双方亲自到婚姻登记机关申请办理，作为完全民事行为能力人应当对签订离婚协议的行为和内容具备清晰的认知，在双方意思表示一致的前提下，不能认定双方离婚时签订的协议系基于欺诈、胁迫而签订，故夫妻一方或双方主张撤销离婚协议不应得到支持。

（二）夫妻能否撤销在离婚协议中对其子女的财产赠与

针对离婚协议中夫妻双方约定将共有房产赠与子女的情形，在离婚协议签订后，父母一方或双方不配合子女办理所有权登记，并主张撤销离婚协议中对其子女的财产赠与，当事人是否有权申请法院撤销？依据《民法典》第658条第1款规定：“赠与人在赠与财产的权利转移之前可以撤销赠与。”该规定是否适用于夫妻在离婚协议中对其子女的财产赠与，笔者认

为,因子女是基于婚姻家庭编中的夫妻签订的离婚协议从而取得的权利,并不是基于合同编赠与取得的权利,离婚协议中赠与子女房产是夫妻对共同财产分割达成的协议,对其双方不仅具有法律约束力,也具有保护、照顾子女利益的目的,具有强烈的人身关系以及道德性质,赠与人不能任意撤销,①不应当然适用《民法典》合同编中关于赠与合同的规定,故不能适用《民法典》第 658 条第 1 款主张撤销,因此子女有权要求父母办理房屋过户登记。

四、子女如何实现权利

(一)父母一方或双方不履行离婚协议中的赠与义务时,子女如何实现权利

子女知道父母一方或双方在离婚协议中对自己的赠与后,若父母不配合办理过户登记,子女是否有权利提起诉讼,对于未成年子女,要如何提起诉讼实现权利?根据《民法典》规定,父母作为未成年子女的监护人,在离婚后对子女仍有抚养、教育、保护的权利和义务。因此,作为监护人的父或母应当代理子女向法院提起诉讼。依据《民法典》第 7 条、第 8 条的规定,民事主体从事民事活动,应当遵循诚信原则,秉持诚实,恪守承诺;②民事主体从事民事活动,不得违反法律,不得违背公序良俗。子女虽然不是基于合同编的赠与取得权利,《民法典》第 7 条、第 8 条属于总则编的基本规定,但在处理此类案件时,可以适用总则编确定的原则处理案件,且前文提到的司法解释已经明确,如果不存在欺诈、胁迫等情形,子女有权利通过法院判决或调解确定其权利,③此种情况处理起来也相对简单。

(二)父或母将离婚协议中赠与子女的财产转移给他人时,子女的权利如何保护

根据离婚协议的约定,父母应根据诚信原则及其承诺履行协议约定的义务,但实践中存在父母一方或双方将离婚协议中赠与子女的财产另行转让给他人的情况,比如在房屋过户登记前,子女或其监护人知道权利被侵犯,则要考虑善意取得制度,因子女根据离婚协议事实上已经取得所有权,但因未办理过户登记,买受人不可能知道出卖人无权处分。根据《民法典》第 311 条的规定,如果受让人在受让该不动产或动产时是善意、以合理的价格转让、受让人根据买卖协议向出卖人支付了全部价款,且不动产已经办理过户登记、动产已经交付给受让人,则子女只能向出卖人主张赔偿损失。类似于双方签订了合同,一方没有履行合同义务且不能继续履行,另一方可以主张违约责任,并请求赔偿损失。如只是签订了买卖协议,但没有支付房款且未办理过户登记,则应依法保护子女的权利,子女有权要求强制履行。此种情况下,受让人可以根据合同约定向出卖人主张违约责任,赔偿实际损失。

(三)债权人与子女之间的权利冲突如何解决

如果债权人与夫妻双方或一方之间的债权发生在夫妻双方离婚前,因此债务系夫或妻的个人债务或共同债务,此权利依法受法律保护,债权人主张用赠与的财产偿还债务,若不动产登记在夫或妻一方或双方,从物权公示的角度看,债权人有理由、有依据查封该房产,并对此房产申请强制执行。此种情况下,债权人的权利优先于子女基于离婚协议的赠与取得

①雷春红.离婚当事人约定的“赠与子女财产”条款研究[J].法治研究,2022(06):80-91.

②房平木.离婚协议约定将房产赠与子女的法律效力分析[EB/OL].南知茶舍公众号,2021-12-14.

③范春忠.离婚约定将共有房产赠与子女的法律问题[N].江苏法治报,2023-05-12.

的权利，子女如认为权利被侵犯，则有权向父或母主张赔偿责任。

如果债权人与夫妻双方或一方之间的债权发生在夫妻双方离婚后，债权人主张查封或拍卖子女基于离婚协议被赠与的房产，因夫或妻离婚后与他人之间的债权发生在离婚后，故夫或妻不存在转移财产的恶意，如果已经将房屋所有权人登记为子女，则债权人无权主张撤销。如房屋所有权人未变更为子女，债权人是否有权主张查封并拍卖房产，对此，实践中存在不同观点，有主张债权人有权撤销赠与的，也有主张债权人不能撤销赠与的。笔者认为，因债权债务发生在赠与行为发生之后，不能认定父母存在转移财产、逃避债务的恶意，故不应支持债权人撤销赠与的主张。①

四、结语

夫妻离婚协议中将夫妻共同财产或个人财产处分给子女，尤其是房产，涉及债权人、夫妻双方、子女的权益，作为子女特别是未成年子女，其监护人应及时行使权利，根据诚信原则，克服偿还贷款等困难及时为子女办理过户登记，从而真正让子女实现权利。如涉及未成年子女与债权人之间的冲突，监护人应依法收集证据，以保护未成年子女的权利。望相关司法部门针对此类案件形成相关会议纪要精神，准确适用法律，依法维护各方的合法权益。

①陈双雄. 离婚协议中赠与条款的性质及效力研究[J]. 理论观察，2019(05)：126-128.

以法律服务社会安全稳定,助力内蒙古经济高质量发展

王雪沣

内蒙古鑫隆律师事务所

摘　要:利用法律服务与社会安全稳定高质量发展的关系,充分发挥律师在社会安全稳定高质量发展布局中的作用,把内蒙古建设成为我国北方重要生态安全屏障、祖国北疆安全稳定屏障,建设国家重要能源和战略资源基地、农畜产品生产基地,打造我国向北开放重要桥头堡,助力内蒙古经济高质量发展见行见效,从而真正实现"做党和人民满意的好律师"的总目标。

关键词:法律服务;经济高质量发展;桥头堡;好律师

把内蒙古建设成为我国北方重要生态安全屏障、祖国北疆安全稳定屏障,建设国家重要能源和战略资源基地、农畜产品生产基地,打造我国向北开放重要桥头堡,是习近平总书记和党中央为内蒙古确立的战略定位。律师以其法律服务的根本属性,必将为内蒙古自治区安全稳定高质量发展发挥更大的作用。

一、法律服务与社会安全稳定高质量发展的关系

(一)律师的政治属性注定在社会安全稳定高质量发展中发挥重要作用

律师队伍是依法治国的一支重要力量。律师的从业基本要求是拥护中国共产党领导、拥护我国社会主义法治,坚持正确政治方向,依法规范诚信执业,认真履行社会责任,以满腔热忱投入社会主义法治国家建设。因为律师的这些政治和社会属性,所以其在法律服务实践中,必然以参与立法、公益诉讼服务、律师调解、"万名律师进乡村"、刑事辩护的专业化发展、知识产权保护等方面促进国家生态安全、能源安全、粮食安全、产业安全、边疆安全。律师的政治属性、社会定位注定在安全稳定高质量发展的社会治理实践中发挥更大的作用。

(二)社会安全稳定高质量发展离不开法律服务

社会安全稳定高质量发展归根结底是社会治理的实践活动和追求结果,法律是治国之重器,法治体系是国家治理体系的骨干工程。我国改革发展稳定形势总体是好的,但发展中不平衡、不协调、不可持续问题依然突出,人民内部矛盾和其他社会矛盾凸显,其中大量矛盾和问题与有法不依、执法不严、违法不究等现象相关,各级政府、市场主体、人民群众对法律服务的要求越来越高,所有的民事、市场经营行为都必须在法律的框架下加以规范。所以说,社会安全稳定高质量发展离不开法律服务。

(三)社会安全稳定是经济高质量发展的前提

习近平总书记在党的二十大报告中指出:"国家安全是民族复兴的根基,社会稳定是国

家强盛的前提。”高质量发展以安全为前提，在经济、社会、环境等各个方面的发展中，必须始终将安全作为首要考虑因素。高质量发展本身就是指在保障人民安全、增进人民福祉的前提下，以科技创新和转型升级为主要手段，推进经济持续健康发展、社会全面进步的新发展理念。安全是人民的天赋权利，也是政府的首要职责。在经济社会发展中，只有实现了国家层面的国家生态安全、能源安全、粮食安全、产业安全、边疆安全，才能实现社会层面的食品药品安全、网络安全、生产安全、环境安全，才有可能实现公民个人的生命安全、财产安全、家庭安全。高质量发展必须以安全为前提。只有在充分考虑和保障各种安全需求的前提下，才能够推进经济社会发展，推动高质量发展，实现更好的可持续性。

二、律师在社会安全稳定高质量发展布局中的具体服务形式

（一）积极以立法、公益诉讼的形式参与筑牢我国北方重要生态安全屏障

1. 参与生态环境保护立法工作。内蒙古自治区正在通过地方立法的手段加大对生态环境保护的力度，统筹山水林田湖草沙系统治理，加强黄河、嫩江、西辽河等流域林草植被保护，持续加强“一湖两海”、察汗淖尔等重要湖泊、湿地生态修复。在这个过程中，应当以政府、人大购买法律服务、聘请律师事务所完成立法专项法律服务等形式，发挥律师的智力优势、实践经验和广泛联系性从而为立法工作献计出力。

2. 积极化解生态环境民事纠纷。以律师调解方式参与解决人民群众身边发生的生态环境问题。依法调解或代理因大气、水、土壤、固体废物和新污染物引发的环境污染民事案件，以法律的思维和逻辑为环境污染违法违规行为引发的民事纠纷提供多元化的解决方式；依法调解、代理城市黑臭水体整治及向河道、湖泊排污等行为导致的民事赔偿。

3. 提高环境资源犯罪刑辩水平。适应社会和工作发展需要，加强在环境保护等方面刑事犯罪理论和实践研究，准确把握各类环境资源刑事犯罪构成要件，充分发挥审查的杠杆作用，全面贯彻修复性司法理念，以司法实践推动生态环境恢复。

（二）以“万名律师进乡村”的实践来筑牢祖国北疆安全稳定屏障

1. “万名律师进乡村”活动常态化。经过“万名律师进乡村”专项工作的不断努力，律师事务所已经主动与服务对象建立工作联系，规范服务流程，保障服务质量；建立律师事务所与嘎查（村）委会、律师事务所党支部与嘎查（村）党支部“双结对”机制，以党建联建共建的形式开展法律服务活动。

2. “万名律师进乡村”活动网络化。律师事务所将充分利用信息化手段，建立线上服务平台，采取网络、电话等多维度服务方式，方便快捷地满足农牧民的法律需求。通过全领域覆盖、全过程规范、全流程督导的服务形式，以“万名律师进乡村”活动解决实际纠纷、化解基层农村牧区的“人民内部矛盾”并及时发现社会不稳定因素。

3. 将铸牢中华民族共同体意识贯穿于法律服务始终。依法妥善调解、化解、代理涉民族因素案件事件，保障民族团结和边疆稳固。在普法宣传中，引导各族群众遵守公序良俗，铸牢国家意识、公民意识、法治意识。筑牢祖国北疆安全稳定屏障，以内蒙古之稳定守卫边疆安全、拱卫首都安全。

4. 为基层社会治理提供坚强有力的法律服务。优先选派党员律师和政治过硬、业务素

质高的专业律师在农村牧区的“两委选举”过程中提供法律咨询、法律讲座，开展必要的法律宣传，普及法律知识，常态化服务基层社会治理，从源头上减少矛盾纠纷产生，维护社会安全稳定。

（三）以多元化法律服务方式助力国家重要能源和战略资源基地建设

1. 在法律服务实践中促进经济社会绿色低碳转型。在律师各项工作中，包括大中型企业的常年法律顾问、企业重大项目的专项法律服务和出具相关法律意见书的过程中，要提高政治站位，灌输全局生态观念，促进自治区碳达峰、碳中和目标的按时完成，打造全域生态安全格局。

2. 以法律服务促进产业结构绿色优化升级。积极稳妥地处理能源领域及新能源项目实施中的纠纷案件，全面重视涉及高耗能、高排放企业规划、建设、生产引发的行政纠纷，积极倡导推进充分利用破产、并购重组等法律手段对高耗能、高排放企业的绿色优化升级，推动新能源全产业链发展，加强能源产供储销体系建设，增强战略资源供应保障能力。

（四）加大涉农涉牧无形资产、核心技术保护建设农畜产品生产基地

1. 助力地方政府、重点企业建立土特产品的地方优势品牌。聚焦乳、肉、奶、玉米、马铃薯等重点领域的无形资产保护，将特色产品品牌化、将地域优势转化为品牌优势；依法为政府、企业面临的品牌侵权事件提供专业法律服务。

2. 处理好涉农知识产权纠纷，保障国家粮食安全。在法律服务过程中，提高政府、企业对种源“卡脖子”农业关键核心技术等知识产权司法保护意识，通过法律手段推动育种创新、科技创新，为依法维权和打击假种子、假化肥、假农药等伪劣农资行为提供法律服务，在种好“塞外粮”、丰盛“中国碗”领域发挥律师力量。

3. 服务“科技兴蒙”创新驱动发展。以法律服务加大政府和企业的知识产权保护力度，依法代理科技创新领域出现的各类纠纷，保障各类生产要素畅通流动，促进建立高质量现代农牧业发展体系和农牧业强区建设。

（五）发挥地域法律服务优势以内引外联打造我国向北开放重要桥头堡

1. 打造内联外通、辐射俄蒙的法律服务平台。要充分重视国内大循环的重要节点和国内国际双循环的战略支点，利用好满洲里、二连浩特及其他陆路口岸城市，发展泛口岸经济，为内蒙古涉外律师树立起内联外通、辐射俄蒙的国际律师形象，全力打造人才、资源聚集融汇融通且面向全国的向北开放法律服务大平台。

2. 以法律服务保障大通道建设。针对涉中欧班列等客货运输、仓储物流及多式联运、出入境管理、海关监管等方面的法律服务需求，在各律师协会设立相关法律专业委员会，加大相关法律服务的研究力度，推出一批法律服务产品，以提供专项法律服务、代理相关案件为抓手，确保口岸人货两通畅。

3. 服务保障进出口贸易活动。提高专业化程度，培养专业化人才，依法代理国际货物买卖、涉外融资担保、跨境投资并购、跨境金融纠纷等案件，维护国际贸易的安全稳定。

4. 鼓励律所在境外设立法律服务机构。放眼世界的发展振兴，以实际行动，加大鼓励扶持力度，培养、吸引人才，使更多的内蒙古优秀律师事务所在蒙古国、俄罗斯设立办事处，为我国企业的海外投资提供持续稳定、高效多元的法律服务。

内蒙古自治区已经将习近平总书记和党中央的“五大任务”摆到了至关重要的位置，各部门各地区纷纷出台相关实施方案全力推动，律师行业要站在助力依法治国的高度，以法律服务社会安全稳定，助力内蒙古经济高质量发展见行见效，在这个过程中真正实现“做党和人民满意的好律师”的总目标。

论离婚协议赠与子女财产的法律关系

——离婚协议中对子女的保护

佟钊

黑龙江远东律师集团事务所

摘　要:夫妻双方自愿达成离婚协议,并约定将婚姻关系存续期间的财产赠与子女,是目前夫妻双方处分婚姻关系存续期间财产的常见方式。夫妻之间达成的赠与子女财产的协议,不仅对夫妻双方具有法律约束力,而且从保护子女利益的角度出发,夫妻双方不得反悔且不得任意撤销。即离婚协议自双方在婚姻登记机关登记离婚后生效,双方将财产处分给子女的行为一并生效。离婚协议中夫妻双方约定将财产给予子女,等同于向第三人给付利益。子女作为享有利益的第三人,可以要求父母就离婚协议约定财产赠与条款履行义务,那么子女作为第三人有权就离婚协议约定的财产项向夫妻双方主张权利,即子女可就离婚协议中约定的财产赠与部分对夫妻双方提起诉讼。

关键词:离婚协议;赠与子女;子女直接起诉权

一、离婚协议中赠与子女财产的性质系利益第三人合同

1. 离婚协议赠与子女财产行为自离婚时生效

离婚协议是夫妻双方在自愿的基础上经过协商达成的意思表示。根据《中华人民共和国民法典》(以下简称《民法典》)第1076条规定,夫妻之间自愿申请离婚的,必须订立书面离婚协议,并到婚姻登记机关办理离婚登记。

离婚协议中,夫妻双方对于财产的处置,并非仅限于彼此之间分割财产,也应当包含赠与子女财产这一行为。基于这一点,对离婚协议中赠与子女财产这一条款予以界定时,不能将这一条款割裂开来同离婚协议相互区别,而是要从离婚协议的整体性出发予以剖析。

离婚协议是以协议离婚为条件的民事法律行为。《民法典》第158条规定,附生效条件的民事法律行为,自条件成就时生效。离婚协议旨在确保当事人之间的权利义务,并就其中涉及的身份、财产等问题达成一致,从而达成解除婚姻的目的。离婚协议自双方在婚姻登记机关登记离婚后生效,双方将财产处分给子女的行为当然一并生效。

2. 离婚协议赠与子女财产并非赠与合同

《民法典》第657条规定,赠与合同是赠与人将自己的财产无偿给予受赠人,受赠人表示接受赠与的合同。

父母离婚时,如果子女为无民事行为能力人,父母签署离婚协议的行为,可以视作父母代为接受赠与;如果子女为限制民事行为能力人或完全民事行为能力人,应当由子女独立实

施接受赠与的行为。但是,让子女成为离婚协议的主体,或者对离婚协议中赠与条款进行同意或追认,根本不符合实际。

赠与合同是一种双方法律行为,需要双方合意。离婚协议的当事人是夫妻双方,子女并非合同主体。根据离婚协议,当事人应当向其配偶支付一部分财物,配偶之间没有形式上的赠与。所以,夫妻双方约定将财产赠与子女并不能按照民法上的赠与合同处理。

3. 离婚协议赠与子女财产是对第三方权益的保障

基于上述分析,离婚协议是夫妻双方针对离婚作出的整体性财产解决方案,不应将其中夫妻双方赠与子女财产的行为割裂开来进行分析,也不宜界定为赠与合同关系。

笔者认为,根据《民法典》第522条的规定,离婚协议应当作为基础合同,将给予子女财产的条款视为利益第三人合同。

第一,依据《民法典》第522条的规定,在离婚协议中,夫妻可以就双方共有的财产约定向第三人履行特定义务,从而形成一种《民法典》第522条所述的利益关系。在实际情况中,最重要的利益相关者通常会签订一份基础协议并获得第三方的支持。离婚协议作为利益第三人合同结构中的基础合同,给予子女财产的条款作为利益第三人约定条款,符合利益第三人合同结构。

第二,利益第三人合同实现合同相对性原则的突破,加强对第三人利益的保护。根据《民法典》第522条规定,通过签订协议,第三人有义务按照协议的约定履行,这不仅符合协议的规范,也充分表达出当事人的共识。利益第三人合同的价值在于保护第三人利益,实现合同当事人意思自治。

第三,《民法典》第1087条规定了照顾子女权益的财产分割原则,旨在保护未成年子女利益。联合国《儿童权利公约》确立了儿童利益最大化原则,我国亦加入该公约,并承认该原则。将父母赠与子女财产的条款进一步细化定性为真正利益第三人合同,赋予子女履行请求权,不仅是对夫妻双方真实意愿的尊重,更是对实现子女利益最大化的保障。

二、离婚协议中赠与子女财产的行为具有法律效力

夫妻双方在离婚协议中约定将财产赠与子女,为利益第三人合同,此条款对子女应当具有法律效力。

1. 离婚协议具有合同性质

离婚协议是夫妻双方通过协商达成的一种合意,具有合同的性质。根据《民法典》第1076条之规定,夫妻双方自愿离婚的,应当签订书面离婚协议,并亲自到婚姻登记机关申请离婚登记。离婚协议应当载明双方自愿离婚的意思表示和对子女抚养、财产以及债务处理等事项协商一致的意见。即离婚协议应当符合法律规定的形式和内容要求,必须具备形式要件,才具有法律效力。

2. 夫妻双方应当依据离婚协议履行

离婚协议是离婚双方自愿达成的协议,具有合同的性质。从法律上,离婚协议有约束作用,双方应根据协议约定依约履行义务。在离婚协议中赠与子女财产的安排,一般需要满足以下条件以确保其法律效力:

自愿性:赠与子女财产的安排应当是离婚双方自愿达成的协议,不存在任何强迫或欺骗行为。

公平性:赠与子女财产的安排应当符合公平原则,不能损害任何一方的合法权益。

合法性:赠与子女财产的安排应当符合相关法律法规的规定,不得违反法律的强制性规定。

离婚协议是对夫妻之间婚姻关系的解除而设定的,但是允许在离婚协议中对子女抚养、夫妻共同财产、夫妻共同债务进行约定并分割。即离婚协议具有法律效力,夫妻必须严格遵守。

三、子女依据离婚协议约定享有直接请求权

离婚协议对夫妻双方具有约束力,离婚协议中约定了将夫妻财产赠与子女,子女就应当具有主张权利的资格。

根据《民法典》第 522 条第 2 款规定,法律规定或者当事人约定第三人可以直接请求债务人向其履行债务。可见,第三人是否享有履行请求权,要看是否存在相关法律规定或者当事人约定。目前《民法典》婚姻家庭编中并无对离婚协议中约定赠与子女财产,子女是否可以直接提起诉讼的法律规定。

离婚纠纷中夫妻双方约定将财产给予子女,等同于利益第三人合同关系,应当赋予子女直接的起诉权。一方面,子女享有债权请求权的基础系夫妻双方赠与财产的合意,即子女有权通过诉讼程序保护其权利。另一方面,子女作为夫妻离婚协议约定利益的直接关系人,赋予其原告资格可以体现法律保护的一贯原则,有效保护其作为弱势群体的利益,也体现了婚姻家庭关系中保护、照顾子女的立法精神。

四、赠与子女财产应当保障其权益

离婚协议中赠与子女财产的安排涉及子女的权益保障。根据相关法律规定,子女在离婚后享有合法权益,离婚协议中赠与子女财产的安排应当保障子女的权益,具体包括以下方面:

第一,财产保障:离婚协议中赠与子女财产的安排应当确保子女能够获得合法的财产权益,保障其生活和发展的需要。

第二,教育保障:离婚协议中赠与子女财产的安排应当包括子女的教育费用,确保子女接受良好的教育。

第三,健康保障:离婚协议中赠与子女财产的安排应当涵盖子女的健康保障,包括医疗费用和保险等。

通过在离婚协议中赠与子女财产的安排,可以有效保障子女的权益,为他们的成长和发展提供有力支持。

五、离婚协议中赠与子女财产可能涉及的问题和挑战

离婚协议中赠与子女财产的安排可能涉及一些问题和挑战,需要引起注意。

第一，财产评估：在赠与子女财产时，需要对财产进行评估，确保赠与的财产价值合理、公正。

第二，财产保管：赠与的财产应当有明确的保管和管理方式，以保证子女能够正常使用和享受财产权益。

第三，财产变动：在离婚协议生效后，赠与的财产可能会发生变动，如增值、减值或损坏等，需要在协议中明确对于这些变动的处理方式。

第四，子女意愿：赠与子女财产的安排应当尊重子女的意愿，不能侵犯其合法权益。

在处理这些问题和挑战时，离婚双方应当充分沟通和协商，确保赠与子女财产的安排能够有效实施，并保障子女的权益。

六、结语

离婚协议中，夫妻双方约定赠与子女财产的行为具有法律效力，双方应当按照协议履行义务。但是，一旦夫妻一方不按离婚协议约定履行义务，子女应当获得直接提起诉讼的权利。通过赋予子女诉讼权利，可以保障子女的权益，为他们的成长和发展提供保护。

参考文献

[1]宋军，唐楠栋. 离婚协议中将房产赠与子女约定的效力及子女的诉权分析[J]. 中国审判，2015(11)：74-75.

[2]陆青. 离婚协议中的“赠与子女财产”条款研究[J]. 法学研究，2018，40(01)：87-105.

[3]龙翼飞，姚邢. 婚姻家庭编之难点：在细化中聚焦离婚制度[J]. 民主与法制，2020(21)：29-33.

[4]吴星宁. 论赠与合同的有偿性[J]. 时代人物，2021(16)：77.

离婚诉讼中夫妻共有股权分割研究

王艳梅

吉林功承律师事务所

摘　要：夫妻共同持有的公司股权作为一种重要的财产形式，因其复杂性和特殊性，在离婚诉讼中的分割显得尤为棘手。股权不仅具有经济价值，同时还会涉及公司管理权、投票权等多重权利，如何公平合理地分割这些权利成了司法实践中的一个重大难题。文章将深入探讨有限责任公司夫妻共有股权的分割规则与问题呈现，然后分析夫妻共有股权分割的解释路径及理论，并提出有限责任公司夫妻共有股权分割的原则与制度构建，旨在为这一复杂问题的解决提供一定的理论和实践参考。

关键词：离婚诉讼；夫妻共有股权；分割

夫妻在离婚诉讼中经常会请求法院对双方共同共有的财产进行分割，近年来关于夫妻共有股权分割成为实务中常见争议之一。本文所探讨的夫妻共有股权，指在夫妻关系存续期间，以夫妻共同财产出资或婚后受让取得的股权。① 一方面，夫妻一方婚后取得的财产原则上均属于共同财产，登记在一方名下的股权的法律问题关乎夫妻双方的切身利益；另一方面，我国市场监督部门不允许对股权进行共有财产的登记，股权只能登记在夫妻一方的名下，在权利外观上属于个人财产，更加加剧了相关问题的争议性。本文在梳理立法并分析夫妻共有股权所涉及各主体之间利益关系的基础上，尝试从夫妻共有股权的客体视角切入，探求在夫妻婚姻关系破裂且针对夫妻共有股权分割无法达成一致意思的情况下，人民法院强制裁判分割夫妻共有股权的路径。

一、有限责任公司夫妻共有股权的分割规则与问题呈现

针对夫妻共有股权分割问题，主要适用的法律规范是婚姻法以及相关司法解释。我国《中华人民共和国婚姻法》（以下简称《婚姻法》，该法已经废止）第 17 条通过列举的方式明确了何种类型的财产属于婚后夫妻共同财产。2003 年发布的《最高人民法院关于适用<中华人民共和国婚姻法>若干问题的解释（二）》（以下简称《婚姻法司法解释二》，该司法解释

①本文讨论范围限定在：有限责任公司中，夫妻在婚姻关系存续期间以夫妻共同财产出资或在婚后受让取得的夫妻共同共有的股权。夫妻共有股权在离婚时只登记在夫妻一方名下，并以其单方名义享受各项股东权利。

已经废止)第16条①首次对夫妻共有股权分割问题作出回应:其内容与《中华人民共和国公司法》(以下简称《公司法》)中"股权对外转让"部分的规定大体相同,即作为非持股配偶若要获得股权,需同时满足"夫妻双方协商一致"与"过半数股东同意"两个要件;有限责任公司其他股东可以主张优先购买权。

2020年《中华人民共和国民法典》(以下简称《民法典》)婚姻家庭编第1062条、第1063条采用列举式和概括式相结合的立法技术,更为完整地呈现了我国法定夫妻财产制下夫妻共同财产的具体范围与核心内容。《民法典》第1062条第1款第2项在《婚姻法》第17条第1款第2项夫妻共同财产包括"生产、经营的收益"的基础上补充为"生产、经营、投资的收益"。② 这一补充使得夫妻共有股权被纳入夫妻共同财产成为可能。随后,《最高人民法院关于适用<中华人民共和国民法典>婚姻家庭编的解释(一)》(以下简称《婚姻家庭编解释一》)第73条③进一步对如何分割夫妻共同财产中以一方名义在有限责任公司的出资额作出了回应:对夫妻共有股权的处理仍然以夫妻双方协商一致为原则;非持股配偶并非当然享有股东资格,其成为股东需要其他股东过半数同意;同时明确有限责任公司内其他股东享有优先购买权。

《婚姻家庭编解释一》第73条在厘清夫妻内部财产关系以及其外部和公司之间的关系等方面具有一定的积极意义。然而,相关法条仍未能解决《婚姻法司法解释二》留下的种种问题。第一,"出资额"的前后含义存在不同。《婚姻家庭编解释一》第73条将夫妻共有股权的分割对象表述为"出资额"而非股权。若此时进行文义解释,"出资额"可视作出资人认缴或实缴的财产数额,仅体现出资人相应财产"物"的纯粹财产上的初始价值。④ 但是在后续规定中又直接将"出资额转让"与股东过半数同意、其他股东未主张优先购买权等股权对外转让条件挂钩。⑤ 此时,"出资额"应指股权,并非出资数额。第二,法条中设置的非持股方配偶获得有限责任公司股东身份的相关条件实际上操作性不强。按照常理推断:公司内

---

①《最高人民法院关于适用<中华人民共和国婚姻法>若干问题的解释(二)》第16条第1款规定,人民法院审理离婚案件,涉及分割夫妻共同财产中以一方名义在有限责任公司的出资额,另一方不是该公司股东的,按以下情形分别处理:(一)夫妻双方协商一致将出资额部分或者全部转让给该股东的配偶,过半数股东同意、其他股东明确表示放弃优先购买权的,该股东的配偶可以成为该公司股东;(二)夫妻双方就出资额转让份额和转让价格等事项协商一致后,过半数股东不同意转让,但愿意以同等价格购买该出资额的,人民法院可以对转让出资所得财产进行分割。过半数股东不同意转让,也不愿意以同等价格购买该出资额的,视为其同意转让,该股东的配偶可以成为该公司股东。

②《民法典》第1062条规定,夫妻在婚姻关系存续期间所得的下列财产,为夫妻的共同财产,归夫妻共同所有:(一)工资、奖金、劳务报酬;(二)生产、经营、投资的收益;(三)知识产权的收益;(四)继承或者受赠的财产,但是本法第1063条第3项规定的除外;(五)其他应当归共同所有的财产。夫妻对共同财产,有平等的处理权。

③《婚姻家庭编解释一》第73条规定,人民法院审理离婚案件,涉及分割夫妻共同财产中以一方名义在有限责任公司的出资额,另一方不是该公司股东的,按以下情形分别处理:(一)夫妻双方协商一致将出资额部分或者全部转让给该股东的配偶,其他股东过半数同意,并且其他股东均明确表示放弃优先购买权的,该股东的配偶可以成为该公司股东;(二)夫妻双方就出资额转让份额和转让价格等事项协商一致后,其他股东半数以上不同意转让,但愿意以同等条件购买该出资额的,人民法院可以对转让出资所得财产进行分割。其他股东半数以上不同意转让,也不愿意以同等条件购买该出资额的,视为其同意转让,该股东的配偶可以成为该公司股东。用于证明前款规定的股东同意的证据,可以是股东会议材料,也可以是当事人通过其他合法途径取得的股东的书面声明材料。

④王琦.离婚时夫妻共有股权的处分规则——以夫妻共有股权的价值评估为中心[J].河南财经政法大学学报,2020,35(03):34-42.

⑤《婚姻法司法解释二》第16条规定的"出资额"与1993年《公司法》中的表述类似。2005年修订《公司法》将"出资转让"改为"股权转让",导致《婚姻法司法解释二》第16条与2005年修订的《公司法》存在衔接不畅问题。

的股东具有人合性，股东之间已彼此建立牢固的信任关系，出于稳定公司内部经营管理规范性和便利性的需要，其他股东往往对非持股配偶进入公司持消极态度。同时，在分割夫妻共有股权的过程中，非持股方配偶若想获得股东身份，法条设置了前提条件，为夫妻双方对共有股权全部或部分转让达成合意。然而在司法实践中，大多数夫妻对共有股权分割往往很难达成一致意见；且无论有无合意，股权作为重要的夫妻共同财产仍需处理，此时人民法院是否可以径行裁判仍无明确规定。

无论是《婚姻法司法解释二》还是《婚姻家庭编解释一》，在针对有限责任公司夫妻共有股权分割这一问题的规则设置上始终沿用了《公司法》中有关股权转让的相关规则，导致对非持股一方配偶权利保护的不周延，与婚姻法的立法目的相背离。首先，夫妻自缔结婚姻关系后形成紧密的生活共同体。然而我们要关注的是，夫妻各自依旧是独立的个体，可以独立进行意思表示，此时夫妻共同享有股权可以视作共同投资获益。① 夫妻共有股权背后往往体现的是夫妻二人的意志，依托的是夫妻二人分别贡献的财产，将夫妻之间的共有股权分割视作公司股东之间股权的内部转让是不合理的。② 夫妻共有股权分割本质上是因婚姻破裂而处理夫妻共同财产，并非持股一方要全部或部分获得股权，成为股东从而参与到公司经营管理中去，将夫妻之间的共有股权分割视作公司股东之间股权的对外转让同样不合理。其次，在夫妻共有股权分割中若完全参照股权转让规定，“协商同意”的前提设置和“过半数同意”等条款的设置将会导致持股配偶享有绝对优势地位，持股配偶可能以此损害非持股配偶的合法利益，破坏婚姻关系稳定性。

二、夫妻共有股权分割的解释路径及理论辨析

当前研究大多立足婚后夫妻共同所有制，仿照婚姻法司法解释中处理普通财产分割“共同享有，平均分配”的方式，无法从根本上解决该问题。因为股权并非纯粹的财产性权利，其更兼具人身权属性，③直接关涉公司的日常生产经营。

（一）路径一：仅分割夫妻共有股权中的财产权

关于夫妻共有股权的分割，有的学者基于股权为一种社员权理论，④提出在分割夫妻共有股权时，可以仅将股权中的财产权部分作为共同财产分割；而其股东身份是否享有，即股权中的人身权的分割还需要取决于公司其他股东意志。持有该理论的学者大多将股权视为一个“一体两面”的利益关系整体：只有纯粹的财产利益才能够划分进入夫妻共同财产的范围，具有分割的可行性。但是这种分割方式具有一定的局限性：即未能认识到股权权能的综合性。⑤ 股权内部的人身权的行使并非完全为了实现财产性利益，还有其自身存在的独立价值，如自由意志表达、信息知悉、获得个人价值与社会价值等。而股权中的各项人身性权利又将对公司治理产生影响，表现在公司治理之中则体现为对于当事人意思自治的尊重。

①史尚宽老师提出，婚姻关系之成立，虽为创设一生活共同团体，然非成立一人格。参见史尚宽：《亲属法论》，中国政法大学出版社2000年版，第110页。

②李洪祥.《民法典》夫妻共同债务构成法理基础论[J].政法论丛，2021(01)：58-69.

③张伟，叶名怡.离婚时夫妻所持公司股权分割问题研究[J].法商研究，2009，26(03)：88-93.

④史尚宽.民法总论[M].北京：中国政法大学出版社，2000：226-229.

⑤梁开银.论公司股权之共有权[J].法律科学(西北政法大学学报)，2010，28(02)：140-148.

在离婚诉讼中，非持股一方希望能够分割股权、获得股东资格，而不是主张投资公司为持股一方无权处分行为，协议要求持股一方直接返还财产、补足损失，本质上是希望自己能够参与到公司经营管理行为之中，表达自身意见，同时获得财产上的持续性收益和心理上的情感满足。① 同时，股权中的财产权的实现需依托于股东资格。非持股配偶虽然表面分得了股权中的财产权，但是因其无股东资格，使得财产权的行使，如主张利润分配请求权等过程中存在障碍。因此，此种分割方式过分重视公司的人合性保护，从而严重忽视了对非持股配偶一方的尊重和保护。将股权中的财产权单独作为分割客体似有不妥，此种分割方式有待斟酌。

（二）路径二：实现夫妻股权共有

部分学者提出股权"准共有"理念，即将夫妻共有股权法定化，登记在股东名册。股东名册和登记应当允许载明股权为夫妻双方共有，将二人名称并列记载，同时指明其中一方为行使股东权利的执行人。② 甚至出于更好地行使权利的目的，夫妻双方可以共同委托专业第三人代为行使权利，并一并注明。③ 此种股权分割方式更多是参考域外法律实践的成果。如日本《商法典》第203条规定，股权可以多人共同认购，共有人协议选择代表行使股东权利。④ 而关于股权共有，我国并未明确规定股权共有制度。我国《民法典》第310条虽然规定了准共有制度，但是将客体限定在用益物权和担保物权范围内。若遵循"物权法定"的基本原则，便不能将股权纳入参照适用共有制度的范围内。

有学者以"实现夫妻股权共有"为基本方向给出了替代性方案：夫妻共有股权可类比股权代持，非持股一方作出了明确意思表示并为公司作出了财产贡献，应当享有股权，但是因其未进行股东登记，并将其权利委托于持股一方配偶行使，应将其视为隐名股东。⑤ 非持股方配偶获得股权的过程不再是持股一方股权对外转让，而是类似隐名股东的显名化。然而该制度本身就存在一定逻辑问题：首先，股权代持制度中，显名股东受到隐名股东的支配和控制，不能独立进行出资行为或意思表示行为，本质上就是"上传下达的工具"。而夫妻共有股权的产生源于夫妻适用共同财产出资，只是一方被记载于有限责任公司股东名册，另一方未记载，实际上并不存在非持股方配偶操纵控制持股配偶的行为。其次，隐名股东显名化参照股权对外转让规则设立了过半数同意的要求，实际上要有一个前提条件是：股东们合理信赖名义股东，并对存在隐名股东的情况不知情。⑥ 而在夫妻共有股权这一问题中，要求股东

---

①周游.股权的利益结构及其分离实现机理[J]北方法学，2018，12(03)：30-43.

②田韶华，莫春阳.论夫妻共有股权的认定与分割[J].河北科技大学学报(社会科学版)，2017，17(03)：35-40+72.

③王涌，旷涵潇.夫妻共有股权行使的困境及其应对——兼论商法与婚姻法的关系[J].法学评论，2020，38(01)：81-93.

④日本《商法典》第203条规定：一，共同认购股份者，负连带缴纳股款的义务；二，股份属数人共有时，共有人要确定一人行使股东权利；三，无行使股东权利的人时，公司对共有人的通知或催告，向其中一人发出即可。参见卞耀武：《日本国商法》，付黎旭，吴民译，法律出版社2000年版，第49页。

⑤冉克平，侯曼曼.《民法典》视域下夫妻共有股权的单方处分与强制执行[J].北方法学，2020，14(05)：58-69.

⑥《最高人民法院关于适用<中华人民共和国公司法>若干问题的规定(三)》第24条第1款、第2款规定：有限责任公司的实际出资人与名义出资人订立合同，约定由实际出资人出资并享有投资权益，以名义出资人为名义股东，实际出资人与名义股东对该合同效力发生争议的，如无法律规定的无效情形，人民法院应当认定该合同有效。前款规定的实际出资人与名义股东因投资权益的归属发生争议，实际出资人以其实际履行了出资义务为由向名义股东主张权利的，人民法院应予支持。名义股东以公司股东名册记载、公司登记机关登记为由否认实际出资人权利的，人民法院不予支持。

们在出资之时充分了解每位股东夫妻内部婚姻状况和财产情况本质上是不合理的,因此非持股一方本身不能被直接认定为隐名股东,而使其自由“显名化”势必会破坏有限责任公司的人合性。

然而,设立股权共有制度的劣势同样显而易见。股权共有制度将必然导致股东人数的变动,实际上打破有限责任公司的封闭性,导致股东在经营管理方面出现分歧,甚至导致公司僵局的出现。同时,具体制度的建立往往具备宣示性效果。建立夫妻股权共有的制度将会引发持股人配偶的“加名”热潮,从而引起短时间内非持股配偶向公司主张权利的情况激增,股东们疲于处理相关请求,甚至允许非持股一方寻求股东个人书面请求的行为会干扰其日常生活;同时也会增加公司召开股东会进行审查表决的压力,严重干扰公司日常经营管理秩序。

根据现有理论,无论哪种分割路径均无法做到二者利益的平衡。我国当下股权财产价值处理规则缺失,在实际分割中往往会因为将股权财产价值与股东资格混同,即不能主张股东资格就不能分得财产而可能会伤害到非持股方配偶的合法权益。

表 1　现有分割夫妻共有股权路径存在的问题

	两种解释体系	
	转让股权中财产价值	实现股权共有(财产价值+股东资格)——替代性方法:类比股权代持
公司及公司其他股东利益保护	√	×
夫妻双方财产利益平衡	×	√

三、有限责任公司夫妻共有股权分割的原则与制度构建

现有研究与裁判路径在利益保护层面所存在的问题,主要体现于夫妻内部财产利益与外部股东利益无法同时进行保障。本质上是二者背后的婚姻家事法规范与公司法规范在立法观念上的冲突。① 我国婚姻法立足于婚姻当事人的权益保护,着力维护婚姻家庭的和谐稳定,相关价值理念辐射至夫妻共有股权的分割这一问题,则体现为对非持股配偶的保护,尊重其真实意思表示;②公司法本身更加注重市场秩序与交易效率,立法价值取向要求在构建商事规范体系的过程中应当采取以外观主义为中心的基本模式,具体在有限责任公司夫妻共有股权分割问题上,不应允许非持股配偶随意介入公司,未经其他股东同意直接获得股东身份或者干预公司内部管理,否则将引起公司内部的不稳定。

(一)价值选择:优先适用婚姻法夫妻共同财产制的法律规范

从民事权益保护位阶的相关理论来考虑,相较于《公司法》对股权的规定,《民法典》婚姻家庭编对夫妻财产制的规定始终建立在夫妻身份关系的基础之上,具有身份法的属性;在夫妻共有股权分割问题中同时体现了保护弱势当事人的伦理属性,此时在民法保护利益的

①冉克平,侯曼曼.《民法典》视域下夫妻共有股权的单方处分与强制执行[J].北方法学,2020,14(05):58-69.
②马俊驹,童列春.身份制度的私法构造[J].法学研究,2010,32(02):59-71.

位阶选择上，应当将夫妻双方利益均衡、弱势的非持股一方利益保护优先考虑。① 同时，应当对夫妻共有股权进行利益分离：涉及夫妻财产关系的部分，调整婚姻及其财产关系的法律规范在处理这一问题时也应当被优先适用，按照《民法典》婚姻家庭编及相关司法解释进行处理。而针对涉及股东资格认定，实际仅涉及夫妻与公司之间的外部关系，与夫妻内部法律关系无关，应当按照《公司法》或公司章程约定进行处理。

关于夫妻共有股权分割问题，在实践处理中完全可以将其纳入我国《民法典》婚姻家庭编第 1062 条第 1 款第 2 项明确规定的“投资的收益”范畴，作为共同财产分割，适用夫妻内部财产关系调整规则。但是在夫妻共有股权的变动过程中，又涉及独立于夫妻关系之外第三人的财产性利益。具体规范的设计可以优先参照《婚姻家庭编解释一》中处理涉及夫妻外部主体利益的共同财产分割的相关规则。在夫妻共有股权分割问题上，可以通过立法方式引导当事人对股权的归属进行事前约定，明确股权中人身权部分如何行使、财产权如何进行处置，充分体现夫妻双方的利益要求。同时，夫妻共同作出向公司出资的意思表示以获得股权，后续与公司约定具体股权行使方式，或是经公司同意将夫妻共有关系可以作为备注事项记载于股东名册中等行为具有一定的合理性。引导当事人自行沟通，有约定从约定，既充分尊重了各方当事人的真实意愿，又保证该问题平稳解决。当事人或是约定折价补偿，或是约定一方收买未持股一方份额以获得完整财产权益，极大简化分割过程中对夫妻共有股权价值的评估过程。

（二）准确认定夫妻共有股权的客体

夫妻共有股权分割的矛盾点就在于股权具有涉他性。这一矛盾点集中爆发在夫妻离婚纠纷中为争取较大利益无法就夫妻共有股权分割问题达成有效协议，或是直接绕过公司这一利益相关主体，在未征得同意的情形下，自行约定导致意思表示无效。此时，必然需要引入司法进行裁判，而客体性质如何认定、夫妻共有股权作为夫妻共同财产价值如何确定等问题便直接影响到夫妻共有股权分割行为本身的公正与否，②决定着是否会破坏有限责任公司的人合性抑或是伤害到夫妻双方的合法权益。

出资人通过合法出资行为，让渡其财产所有权获得股权。在公司成立后，出资人获得了股东资格，同时可以基于该身份和其具体出资所占公司总资产的比例，主张行使股权并获得财产性收益。③ 应当注意的是，股东对于出资财产的“所有”与公司法人制度并不冲突，公司法人制度只是隔离了股东与公司财产，使公司有权以全部财产独立承担法律责任，使股东免受连带责任。但并不意味着股东丧失对于出资财产的“所有”，此时出资财产仅是因行为人的出资行为转化为公司财产。股东获得了出资财产投资后的对价，该对价以价值份额方式表现出来。因此，应当将夫妻共有股权分割的客体限制为财产价值份额。股权价值份额具有“物”的属性，更加类似于纯粹的、价值明确的财产。财产价值份额实际按照出资占公司资本的比例确定，因此这一比率相对稳定，便于后续以公司净资产为基础确定股权具体财产价值。

---

①王利明．论民事权益位阶：以《民法典》为中心[J]．中国法学，2022(01)：32-54.

②周游．股权的利益结构及其分离实现机理[J]．北方法学，2018，12(03)：30-43.

③胡晓静．股权转让中的股东资格确认——基于股权权属与股东资格的区分[J]．当代法学，2016，30(02)：36-44.

而基于出资所交换获得的股东资格不是夫妻共有股权分割的对象。若非持股配偶确实有能力参与公司经营管理各项事务，为保障有限责任公司人合性与封闭性，仍交由其他股东进行判断，要求获得其明确的意思表示。

（三）明确人民法院可以强制裁判分割夫妻共有股权

夫妻在婚姻关系破裂并分割夫妻共有股权时往往难以达成一致合意，我国现行法律没有明确人民法院是否可以强制裁判分割夫妻共有股权。根据上文分析，分割夫妻共有股权本质上仍为处理夫妻共同财产，夫妻共有股权分割的客体限制为财产价值份额，为保护有限责任公司人合性和经营管理效率，要求不应包含股东身份。

从司法裁判的角度同样如此，因股权涉及公司内部的经营管理与股东身份，法院的“裁判之手”不应干预公司内部正常运作，而是应该“就财产论财产”，即在司法中应当明确人民法院可以强制裁判分割夫妻共有股权，但是司法裁判具有不告不理的特点——夫妻一方起诉分割共同财产，则应当默认其将股权中的财产价值部分视为需要分割的产物，法院可以进行处理；其他的类似人身权的部分需要交给公司，依靠内部章程和之前与股东的约定进行管理。因此为了便利审判，有学者提出，人民法院可以在夫妻双方无法达成分割合意时，由持股配偶方所有，非持股方可以取得基于股权价值确定的财产补偿。① 夫妻共有股权的分割客体在实然法上为出资额，在应然法上的共有对象应当为股权价值。也有学者认为由持股配偶作价购买属于非股东配偶所享有的出资额存在种种问题，当事人意见不一致时，法院可以而且只能判决分割股权。② 具体夫妻共有股权价值几何，仍需要专业机构进行评估。在实际司法裁判中，不同人民法院的裁判各不相同，具体财产利益同样还包含股权之上的小部分人身权利和期待性权利，大多数人民法院结合《婚姻家庭编解释一》第 73 条规定，以股权价值补偿作为裁判分割夫妻共有股权的主要实现方式，保证非持股配偶能够在夫妻共有股权分割过程中有基础保障。

四、结语

本文通过梳理立法与背后的原理，指出夫妻共有股权分割问题背后存在的利益关系失衡状况，着重呈现了不同认定标准的价值冲突，并立足于股权利益结构，明确夫妻共有股权分割客体，尝试从立法和司法两方面提出进一步优化的路径，希望能够对夫妻共有股权分割的研究有所助益。

---

①胡康生．中华人民共和国婚姻法释义[M]．北京：法律出版社，2001：60-66.

②王琦．离婚时夫妻共有股权的处分规则——以夫妻共有股权的价值评估为中心[J]．河南财经政法大学学报，2020，35(03)：34-42.

婚姻关系存续期间财产约定协议与夫妻赠与协议的界分

赵青

北京天驰君泰(长春)律师事务所

摘　要:婚姻家庭方面的法律制度非常特殊,不同于其他民事法律关系。因为婚姻家庭方面的法律关系是以情感和人身关系为基础的,虽然涉及财产但又不能等同于其他民事财产关系。在法律规定不是十分完善的情形下,在理论和实践方面均有不同的见解和结论,导致最终结果出现极大的偏差。基于此,将夫妻财产约定协议与夫妻赠与协议合理地区分,促进夫妻财产约定协议的规范化,有利于解决夫妻财产的分配矛盾,进一步提高人们对婚姻关系的重视程度,推动社会文明的进一步发展。

关键词:夫妻财产约定协议;夫妻赠与协议;法律效力

随着经济社会的不断发展,家庭财富总量和种类也逐渐丰富,夫妻财产结构更为多元化。从法理和概念方面来看,"夫妻财产约定协议"与"夫妻赠与协议"的意义与内容应是截然不同的;但在司法实践中,如果夫妻双方约定的内容较为含混不清,就会使二者变得难以区分,就会导致夫妻财产关系的复杂化及不确定性,甚至导致法官对相关的法律适用产生疑虑,同一类案件存在两种迥然不同的判决结果的现象时有发生。"夫妻财产约定协议"与"夫妻赠与协议"的区分和适用在理论界和实务中引起了巨大的争议。

一、研究背景与意义

(一)研究背景

近年来,中国经济社会已从高速增长阶段转入高质量发展阶段。与此同时,人们的经济生活水平显著提高,对爱情、婚姻家庭生活都有了更加深刻的认知和思想变革。与此同时,无法规避的一个重要问题是我国近几年来离婚率呈上升趋势。在解除婚姻关系的同时,除了子女的抚养权和抚养费的问题以外,夫妻共同财产的划分也是十分关键的问题。很多夫妻为了避免后续因解除婚姻关系而导致财产的分配成为纠纷,会选择签订《婚姻关系存续期间财产分配协议》(或其他类似名称)的方式来尽量避免之后可能会发生的矛盾,但在现实中因约定不清或一方事后反悔等情形,又因为法律没有明确的规定,实践中"夫妻财产约定协议"与"夫妻赠与协议"经常混淆。那么,在实践中如何将二者有效区分势在必行。

(二)研究意义

婚姻家庭方面的法律制度非常特殊,不同于其他民事法律关系。因为婚姻家庭方面的法律关系是以情感和人身关系为基础的，虽然涉及财产但又不能等同于其他民事财产关系。在法律规定不是十分完善的情形下，在理论和实践方面均有不同的见解和结论，导致最终结果出现极大的偏差。基于此，将夫妻财产约定协议与夫妻赠与协议合理区分，促进夫妻财产约定协议的规范化，有利于解决夫妻财产的分配矛盾，进一步地提高人们对婚姻关系的重视程度，推动社会文明的进一步发展。

（三）研究现状

《中华人民共和国民法典》（以下简称为《民法典》）第1065条规定并未能十分明确婚姻关系存续期间财产约定的全部形式及后续实行的程序。因此，理论界各学者以及实践中的审判工作者各持己见。对现状表现出的不同的冲突及困惑归纳如下：

1. 夫妻约定财产制包括夫妻共有、夫妻双方个人所有以及夫妻双方部分共有三种类型，那么是否也含有一方财产归对方所有的情况？

2. 夫妻关于财产的约定有夫妻财产约定协议和夫妻赠与协议两种形式。二者的区别和边界是什么？

3. 夫妻双方采用书面形式签订协议后，一方反悔的，是否享有《民法典》合同编规定的任意撤销权？

4. 如夫妻双方对不动产所有权进行约定的，但未对不动产进行更名过户的，一方反悔时是否可以适用《民法典》第658条的规定？

5. 夫妻财产约定协议与夫妻赠与协议是何种关系（包含关系或是并列关系）？

二、夫妻财产约定协议与夫妻赠与协议的概念

（一）夫妻财产约定协议的概念

夫妻财产权属是夫妻双方婚姻关系存续期间较为关键的权益，由于它涉及夫妻双方单独的、共有的以及第三方的利益，因此夫妻财产制在大部分国家法律中受到普遍重视。夫妻财产约定是夫妻财产制的一种具体形式。① 夫妻财产约定协议是约定夫妻财产制的一种形式。夫妻财产约定协议规定在《民法典》第1065条。夫妻财产约定协议的现有规定是对2001年《中华人民共和国婚姻法》第19条的进一步完善。夫妻财产约定协议是指具有夫妻身份的人签订的有关财产关系的协议，是夫妻双方协商而达成的对财产的使用、分配、获利、归属和处分的约定。夫妻之间也可通过履行夫妻财产约定协议而避免国家法律规定夫妻财产制的适用，从而获得了规避法定财产制规定的权利。所以，约定财产制优于法定财产制适用。

（二）夫妻赠与协议的概念

夫妻赠与协议是指夫妻双方以感情为枢纽，以存在婚姻关系为基础，一方将个人所有的财产无偿给予对方，对方表示接受的协议。在司法实践中，作为赠与方的当事人在主观上对婚姻关系存在美好的期待和祝福。其具体规定在《最高人民法院关于适用<中华人民共和国

①熊伟. 论夫妻财产约定[D]. 华东政法大学，2010：30.

民法典>婚姻家庭编的解释(一)》第 32 条：婚前或者婚姻关系存续期间，当事人约定将一方所有的房产赠与另一方或者共有，赠与方在赠与房产变更登记之前撤销赠与，另一方请求判令继续履行的，人民法院可以按照《民法典》第 658 条的规定处理。

三、夫妻财产约定协议与夫妻赠与协议的区别

(一)形式不同

《民法典》第 1065 条明确规定，夫妻财产约定协议应当采用书面形式；而在《最高人民法院关于适用<中华人民共和国民法典>婚姻家庭编的解释(一)》第 32 条中，对于夫妻赠与协议的方式并没有进行具体规范，即既可以采用书面形式，也可以采用口头方式。

(二)目的不同

夫妻财产约定协议的目的是排除法定夫妻财产制，统筹地分配财产所有权；而夫妻赠与协议的目的是转移财产所有权，间接的效果是导致对方财产增值。

(三)涉及的财产范围不同

夫妻财产约定协议可以对概括性、不确定性财产及现在所有和将来可能会有的财产进行约定；而夫妻赠与协议仅可以对特定物、可确定性及现有财产进行赠与。

(四)是否享有撤销权不同

夫妻财产约定协议采用书面形式，对双方均具有约束力，即夫妻双方在签订时已达成一致的真实意思表示。在此情形下，任何一方均无权任意撤销。夫妻赠与协议根据法律规定可以在特定情形下撤销。

四、如何更准确地认定夫妻财产约定协议的法律效力

(一)完善立法

完善立法，使夫妻财产约定协议的法律渊源及形式更加明确、具体，避免与夫妻赠与协议相混淆，夫妻双方可以根据所面临的不同情形而选择适用。另外，也需要明确后续与物权、债权交叉时适用的具体规范。

(二)丰富协议内容

夫妻财产约定协议与夫妻赠与协议在实务上的区分，应当对其形式与内容进行进一步规定。例如，将夫妻财产约定协议和夫妻赠与协议都明确规定为书面形式，倡议人们在订立相关协议时应当规范用语，在措辞时清晰区分“约定”或“赠与”，以便法官在区分二者时更加方便。

另外，也应当关注“以离婚为目的的财产约定”“债务处置”等其他类似的生效要件的表述。如果存在上述条款，一方在离婚的过程中反悔的，该协议实际上对双方并没有约束力。因为夫妻财产约定协议的目的是保障婚姻的持久和稳定，而不是提前约定离婚后的财产分割情况。

（三）可以将婚姻关系存续时间长短作为参考依据

由于夫妻财产约定协议与夫妻赠与协议差异的难以确定性，在审判实务上，应当把婚姻关系存续期限的长短视为二者之间区别的依据，同时也考虑各地的经济条件与生活习惯、认知的不同，因此更需要人民法院在处理相关问题时综合当地实际情况而进行全方位的裁量。

（四）夫妻双方过错的考量

在实践中，存在部分夫妻在婚姻关系存续期间产生矛盾后，为了能继续维系婚姻关系而签订的夫妻财产约定协议，其本质是过错方给予无过错方的一种保障和赔偿。后续在离婚处理财产分配的问题时，应当充分考虑无过错方的利益，尽量还原夫妻双方签订协议时的真实意思表示。

（五）对于相关规定应进行限缩解释

明确《最高人民法院关于适用<中华人民共和国民法典>婚姻家庭编的解释（一）》第32条中的“房产赠与”是一种纯粹的赠与协议，指引当事人适用。

五、结语

要解决好《民法典》婚姻家庭编与物权编、合同编的冲突，实现更准确良好的对接，未来还应在《民法典》的架构下将家庭内部劳动价值、离婚后夫妻共同财产的处理、离婚的补偿、离婚的经济救助、离婚损害赔偿等基本条款有机衔接起来，从而达到引起夫妻双方重视婚姻家庭的效果，使其充分认识：婚姻家庭并不仅仅是一个人、一个家庭的幸福存在，更是人类经济发展和社会进步的重要基石。

夫妻共同债务的分析与认定

刘国胜

辽宁华夏律师事务所

摘　要:认定夫妻之间因特殊的身份关系而产生的债务是否属于夫妻共同债务,不但是离婚案件中经常涉及的问题,也是其他经济纠纷案件中经常遇到的问题。本文结合我国夫妻共同债务制度的沿革及司法实践对该问题进行剖析。

关键词:夫妻共同债务;日常生活;共同生产经营

夫妻之间因身份关系在生活或生产经营中不但会产生共同财产,同时还可能会产生共同债务,而共同财产和共同债务都有可能在夫妻一方完全不知情的情况下形成。司法实践中,不但会出现债权人起诉要求债务人夫妻双方共同承担由一方产生的债务,也可能会出现在离婚案件中夫妻一方主张其名下的债务属于夫妻共同债务的情况。因此,夫妻共同债务问题也是司法实践中经常碰到的比较复杂多样的问题。本文将以婚姻关系中出现的债务问题为基础,就夫妻共同债务的认定进行剖析。

一、我国夫妻共同债务制度的沿革及认定规则

我国的夫妻共同债务制度最早是1950年的《中华人民共和国婚姻法》第24条确定的,其规定:"离婚时,原为夫妻共同生活所负担的债务,以共同生活时所得财产偿还;如无共同生活时所得财产或共同生活时所得财产不足清偿时,由男方清偿。男女一方单独所负的债务,由本人偿还。"当时确立了夫妻共同债务的认定标准、清偿的财产责任范围,以及无共同生活时所得财产或共同财产不足清偿时由男方清偿的特殊规则。现在看来这明显有违男女平等原则,也有违公平原则,该法律规定也是当时的社会经济发展水平以及法律完善度的直接反映。但该法对于夫妻共同债务的基本认定标准,在此后的多次立法中得以沿用至今。1980年修改后的《中华人民共和国婚姻法》第32条规定:"离婚时,原为夫妻共同生活所负的债务,以共同财产偿还。如该项财产不足清偿时,由双方协议清偿;协议不成时,由人民法院判决。男女一方单独所负债务,由本人偿还。"该条依然沿用了对夫妻共同债务的认定标准,但取消了共同财产不足清偿时男方的清偿责任规定,改为由双方协议、协议不成时由法院判决。1993年,最高人民法院在《关于人民法院审理离婚案件处理财产分割问题的若干具体意见》第17条第1款规定:"夫妻为共同生活或为履行抚养、赡养义务等所负债务,应认定为夫妻共同债务,离婚时应当以夫妻共同财产清偿。"从债务用途的角度更加细化了夫妻共同债务的认定情形,并在第2款反向排除了属于个人债务的4种情况。2001年修正后的《中华人民共和国婚姻法》第41条依然沿用了1980年《中华人民共和国婚姻法》对夫妻共同

债务的认定标准,但将清偿方式由"以共同财产偿还"改成了"应当共同偿还",改变了责任财产范围。由于第41条依然沿用1980年甚至是1950年婚姻法对于夫妻共同债务的认定标准,很难适应当时的社会经济的发展,在司法实践中引起了很多争议。2003年,为了防止夫妻双方串通,恶意逃债,损害债权人的利益,《最高人民法院关于适用<中华人民共和国婚姻法>若干问题的解释(二)》(以下简称为《婚姻法司法解释二》)第24条出台,但在实践中该条又存在矫枉过正的情况,导致夫妻一方与债权人串通、损害配偶利益的情况频发。2017年,最高人民法院特意出台补充规定,在《婚姻法司法解释二》第24条的基础上增加两款,补充对虚构债务以及非法债务的排除规定。2018年,在吸取了前述的经验教训下,最高人民法院为夫妻共同债务的认定专门下发《最高人民法院关于审理涉及夫妻债务纠纷案件适用法律有关问题的解释》,也即《中华人民共和国民法典》第1064条的前身。该解释最大的改变就是举证责任的分配原则,在此之前需要由债务人一方举证证明排除夫妻未举债一方承担共同责任的事实是否存在。新的举证责任变更为由债权人举证证明债务用于债务人夫妻共同生活或共同生产经营,或者债务的负担系基于夫妻双方共同的意思表示,否则不能认定为夫妻共同债务。这一举证责任的变动直接导致很多判决结果发生反转,也因此有效地保护了夫妻未举债一方的合法权益,同时还减少了夫妻一方为了让另一方在离婚时少分或不分财产而故意串通第三方虚构共同债务进行虚假诉讼的情况。

二、婚姻关系成立前形成的个人债务有没有可能在婚后转化为夫妻共同债务

婚姻关系成立前形成的个人债务是可能会在婚后转化为夫妻共同债务的。如男方在婚前向亲友借款准备用于结婚后的日常家庭生活或者偿还房贷,债务的形成是在婚前,理应属于男方的婚前个人债务。但如果债权人或者男方有证据能够证明该借款实际用于婚后夫妻双方的日常家庭生活或者偿还房贷,显然因为该借款用于夫妻的共同生活中,女方也实际获取了相应的利益。因此,该债务就应当转化为夫妻共同债务。法律依据是《最高人民法院关于适用<中华人民共和国民法典>婚姻家庭编的解释(一)》第33条规定"债权人就一方婚前所负个人债务向债务人的配偶主张权利的,人民法院不予支持。但债权人能够证明所负债务用于婚后家庭共同生活的除外",该解释沿用了《婚姻法司法解释二》第23条之规定,债权人举证证明在债务人婚姻关系存续期间,债务人婚前所负债务用于其婚后家庭共同生活,即转化为夫妻共同债务,则由债务人及其配偶共同承担清偿责任。

其中用于日常家庭生活的判断标准,可根据最高人民法院的有关解读,参考国家统计局列举的城镇居民家庭消费八大种类:食品烟酒,衣着,居住,生活用品及服务,交通和通信,教育、文化和娱乐,医疗保健,其他用品和服务等。总之,举债人借款金额和目的应符合"日常性"和"合理性",是家庭日常的必要消费,符合夫妻双方的身份、职业、资产、收入等共同生活的状态和当地一般社会生活习惯。

债权人如果主张债务人所负债务用于夫妻共同生活,那就要由债权人举证该债务形成的时间、债务人婚后家庭生活状况、款项的实际用途或去向等诸多因素,根据证据规则和日常生活经验综合判断该债务是否为夫妻共同债务。但是,也要考虑债权人的举证难度和合

理性，只要能够达到高度盖然性的证明标准，就可以认定为夫妻共同债务。否则，债权人的合法权益也会无法得到有效的保护，造成债权人与债务人的利益严重失衡。

三、婚姻关系存续期间，哪些债务可以认定为夫妻共同债务

根据《中华人民共和国民法典》第1064条规定，“夫妻双方共同签名或者夫妻一方事后追认等共同意思表示所负的债务，以及夫妻一方在婚姻关系存续期间以个人名义为家庭日常生活需要所负的债务，属于夫妻共同债务。夫妻一方在婚姻关系存续期间以个人名义超出家庭日常生活需要所负的债务，不属于夫妻共同债务；但是，债权人能够证明该债务用于夫妻共同生活、共同生产经营或者基于夫妻双方共同意思表示的除外。”因此，构成夫妻共同债务，可能会出现如下几种不同情形：(1)夫妻双方在债权凭证上共同签名，这种情况毋庸置疑属于夫妻共同债务；(2)只有夫妻一方签名，但事后夫妻另一方对该债务表示认可并追认的共同意思表示，这种情况也基本没有争议，该债务应当属于夫妻共同债务；(3)夫妻一方以个人名义为了家庭日常生活需要所负的债务，属于夫妻共同债务。这种情况在司法实践中还是会出现比较多的争议。首先，家庭日常生活需要的范围非常广，具体范围如前所述，只有靠律师和法官根据日常生活经验和常识来作基本判断，而且举证起来还是有一定难度。不能只看债权凭证上写的款项用途为家庭日常生活需要，还要看款项是否真正用于家庭日常生活，如果款项的实际用途并非家庭日常生活需要，就不能认定为夫妻共同债务。(4)夫妻一方以个人名义超出家庭日常生活需要所负的债务，如果债权人能够提供证据证明该债务用于夫妻共同生活、共同生产经营或者基于夫妻双方共同意思表示的，仍应当认定为夫妻共同债务。这种情况就比较复杂多样了，也是很多民间借贷纠纷或离婚案件中的争议焦点问题。法律明确规定该种情况的举证责任在债权人，司法实践中债权人的举证难度还是比较大的。债权人在收集证据时往往只考虑到了该钱款是否用于夫妻共同生活，经常会出现忽视或不够重视收集该钱款是否用于共同生产经营的情况。如何取证证明款项是否用于夫妻共同生产经营，还是有一定的方法和措施的。如通过调查债务人的银行流水可以证明款项实际用于债务人的公司经营，可以利用企查查或国家企业信用信息公示系统查询该公司的股东和管理人员的身份信息，如果债务人的配偶同样是该公司的股东或者管理人员，该公司应当属于夫妻共同经营的情况。债务人的配偶可能会以其只是在公司挂名，并不参与公司实际经营，甚至有的还有其他固定工作为由，主张排除自己的共同责任。但是，企业工商登记信息对外具有公示效力，只要夫妻双方都是该公司的股东，哪怕该公司还有其他股东，都应当认定属于夫妻共同生产经营的情形，这也是比较合情合理的。还有另外一种比较特殊的情况，如债务人的配偶并不是该公司的股东，也不是管理人员，但通过中国裁判文书网或者其他方式查询得知，其配偶曾为该公司向银行或个人借款承担担保责任的。这种情况可以认为该公司的经营与债务人的配偶有直接的利益关系，且该公司的经营与债务人夫妻存在关联性，夫妻双方也是该公司利益的共同体，属于款项用于夫妻共同生产经营的情况，因此被认定为属于夫妻共同债务，也是比较公平合理的。

在司法实践中，可以认定为夫妻共同债务的特殊情形还有：为夫妻共同生产经营和生活

所负侵权之债，如夫妻一方驾驶机动车系为营运谋利，或是驾驶车辆用于上下班通勤，因家庭劳动、经营等家事活动产生或其收益归家庭使用的，则相应交通事故所产生的侵权之债一般被认定为夫妻共同债务。

同时，还要注意夫妻共同债务认定的前提是合法债务。如夫妻一方因赌博、吸毒而形成的债务，无论出借人是否明知借款人的借款用途，只要举债是用于非法活动，就不能认定为夫妻共同债务。随着社会经济不断发展进步，现在离婚案件中出现越来越多的大额财产分割的问题，这也往往是离婚案件中双方的主要争议焦点，因此，还要考虑债务是否为夫妻一方为了离婚时让另一方少分或不分财产而与第三方串通虚构的。

综上所述，夫妻共同债务的认定是比较复杂而综合的问题，既需要按照法律规定和证据规则依法进行认定和处理，同时还要结合日常生活经验和常理综合判断认定。随着社会经济的不断发展和法律的不断健全完善，相信对夫妻共同债务的认定会越来越公平，越来越合理。

以个案角度分析债务加入

段普复

内蒙古京蒙律师事务所

摘　要:在经济纠纷频发的当下,债务加入、第三人代位清偿、代位权诉讼的情形在诉讼过程中日益增多。但对债务加入、第三人代位清偿、代位权诉讼的司法规制相对较少。在司法实践过程中由于合同约定的不完整,上述三种法律关系更是经常被混淆,再加上地方法院的裁判尺度不一,上述三种法律关系一直处于混乱状态。现通过个案来分析上述三种法律关系的区别与联系。

关键词:债务加入;第三人代位清偿;代位权诉讼;区别与联系

一、案例基本情况

案情:2010 年原告周某诉内蒙古某公司以及该公司股东张某、高某、黄某,案外人孟某合同纠纷一案,经包头市中级人民法院调解结案[案号:(2010)包民一初字第 4 号],调解结果为:孟某以××亿元总价收购张某等三人持有的内蒙古某公司 100%的股权,支付方式为:(1)孟某代内蒙古某公司偿还公司现有债务×亿元;(2)孟某向张某等三人支付剩余股权转让价款×亿元。

2010 年张某等三人欠付王某投资款×万元。2015 年王某将张某等三人列为被告、孟某为第三人向东胜区人民法院提起诉讼[案号:(2015)东民初字第 6141 号],要求张某等三人共同偿还欠付本金及利息。东胜区人民法院判决由张某等三人承担偿还责任,孟某不属于债务加入,不承担偿还责任。张某、黄某对一审判决不服提起上诉。上诉后张某申请撤回上诉,王某申请撤回一审起诉,但全程均未征得孟某同意,亦未向孟某送达任何法律文书。

2020 年王某以代位权诉讼再次将孟某诉至东胜区人民法院[案号:(2020)内 0602 民初 2496 号],要求孟某在下欠张某等三人的股权转让价款范围内承担张某等三人下欠王某的款项。在庭审中东胜区人民法院依职权将张某、黄某追加为第三人。一审庭审时王某当庭将代位权诉讼以变更诉讼请求的理由变更为债务加入之诉,要求孟某作为债务加入的第三人一人承担还款义务。最终一审法院判决孟某偿还王某本金及利息,张某、黄某不承担责任。孟某不服一审判决,上诉至鄂尔多斯市中级人民法院[案号:(2021)内 06 民终 257 号],二审法院以一审遗漏高某为案件当事人且案件事实未查清为由裁定撤销一审判决,发回重审。

二、关于债务加入的法律识别

债务加入也可以称为并存的债务承担。① 并存的债务承担，学理上又称为债务加入，是指债务人并不脱离原合同关系，第三人加入债的关系后，与债务人共同向债权人履行债务。根据现行《中华人民共和国民法典》（以下简称为《民法典》）第552条规定，第三人与债务人约定加入债务并通知债权人，或者第三人向债权人表示愿意加入债务，债权人未在合理期限内明确拒绝的，债权人可以请求第三人在其愿意承担的债务范围内和债务人承担连带债务。

（一）债务加入的构成要件

通过《民法典》第552条我们可以看出，债务加入主要包含以下几个构成要件：第一，债务加入需要第三人与债务人进行约定，由双方进行明确的意思表示，由第三人明确表示同意债的加入或者第三人向债务人进行明确的意思表示，即第三人愿意加入债务人的债务。第二，第三人与债务人需要通知债权人，即该意思表示需要送达债权人。第三，债权人需要以意思表示的方式表明是否同意第三人的债务加入。由于对于债权人来说债务加入在一般情况下有利于债权的实现，所以《民法典》规定，第三人没有明确拒绝的视为同意债务加入。第三人的增加一般是增加了实现债权的可能性，所以一般情况下，第三人加入债务不需要债权人明确表示同意，只要债权人不表示反对就可以实现债务加入的法律后果。第四，第三人在债务加入以后与债务人承担连带责任。所以在债务加入过程中，需要意思表示一致，方能发生债务加入的法律后果。特别说明的一点是，债务加入中债权人未作明确表示，视为同意债务加入。笔者认为，债务加入一般有利于债权人债权的实现，所以对于债权人来说，在收到债务加入的通知或者意思表示以后，如果没有明确表示反对，视为同意债务加入。但是债务加入也可能会不利于债权人债权的实现，例如，债务人下欠债权人一笔债务，债权人下欠第三人一笔债务，此时如果第三人申请加入债务人下欠债权人债务，如果债权人同意债务加入，此时第三人可能会主张抵销权，此时对于债权人来说，对债务人下欠的债务直接实现债权的可能性较小，此时债权人可以明确表示不同意债务加入，以保障自己对债务人债权的实现。

（二）债务加入的法律特点

对于债务加入来说，原债权债务并未消失，第三人的债务加入并不免除债务人的责任，债务人对债权人仍然需要承担偿还义务，只是在此基础上增加了第三人，需要第三人对债务承担偿还义务。对于债务加入，在《中华人民共和国合同法》中并没有明确的法律规定，所以在司法实践中缺乏相关法律来规制该类纠纷。现《民法典》实施以后，对此有了明确规定，在以后实施过程中相关规定会更加明确、具体，便于司法操作。

债务加入一般包括如下特点：第一，原来的债权债务关系继续有效。债务加入就是一种债务的并存，第三人与债务人连带对债权人承担债务。既然是连带承担，充分说明原债务并没有消灭，如果原债务消灭只需要第三人承担偿还义务，这就不是债务加入，成了债务的转

---

①最高人民法院民法典贯彻实施工作领导小组．中华人民共和国民法典合同编理解与适用（一）[M]．北京：人民法院出版社，2020：552.

移。原债务人的债务也并未因第三人的加入而减免,原债务人仍然需要在原债务承担范围内承担支付义务。第二,第三人依据其与债务人的约定,向债权人承担偿还义务。债务加入需要第三人与债务人共同明确,以明确的意思表示同意债务加入,并且需要明确债务加入的范围。只有意思表示明确才能产生债务加入的法律后果,如果债务人与第三人意思表示不明确,则不能产生债务加入的法律后果。从《民法典》第 133 条规定的民事法律行为的定义也可以看出,民事法律行为是民事主体通过意思表示设立、变更、终止民事法律关系的行为。对于有效的民事法律行为的构成要件,根据《民法典》第 143 条规定,需要行为人具有相应的民事行为能力,同时需要行为人意思表示真实,不违反法律、行政法规的强制性规定,不违背公序良俗。债务加入也属于民事法律行为,应当根据《民法典》的规定,由行为人清晰准确地进行意思表示,否则不能设立债务加入的民事法律关系。第三,需要将债务加入的情形通知债权人,或者第三人向债权人明确表示愿意加入债务。只有完成通知后,在债权人没有明确表示反对的情形下,债的并存或者说第三人加入债务的民事法律行为才能生效。所以只有满足以上三个特点,才能产生债的并存法律后果。

(三)从债务加入的原因分析债务加入后第三人的抗辩权

从现行《民法典》的内容看,债务加入并不考虑第三人加入并存债务的原因。也就是说对于债权人来说,不需要考虑第三人加入债务的原因是什么。这从侧面反映,第三人对债权人主张债权时的抗辩权不能以第三人加入债务的基础事实关系进行抗辩,第三人只能在债务人的抗辩权范围内行使抗辩权。从第三人承担责任的范围也能看出,第三人无权以基础事实关系进行抗辩。通过《民法典》第 552 条之规定可以看出,债务加入的第三人所承担责任方式为连带责任,既然是连带责任,则说明第三人承担责任是依附于债务人的主债务,第三人承担责任是债务人的债务范围,那么第三人也只能行使债务人对债权人享有的抗辩权,不能以其加入债务的基础原因对债权人行使抗辩权。

三、债务加入与第三人代位清偿的区别与联系

(一)债务加入与第三人代位清偿的区别

与债务加入最容易混淆的法律关系为第三人代位清偿。根据《民法典》第 522 条第 1 款规定,当事人约定由债务人向第三人履行债务,债务人未向第三人履行债务或者履行债务不符合约定的,应当向债权人承担违约责任。第 523 条规定,当事人约定由第三人向债权人履行债务,第三人不履行债务或者履行债务不符合约定的,债务人应当向债权人承担违约责任。《民法典》第 522 条第 1 款规定的为“向第三人履行的合同”,《民法典》第 523 条规定的为“由第三人履行的合同”。事实上第三人代位清偿与债务加入有本质区别。第一,承担责任的主体不同。对于第三人代位清偿,承担责任的主体仍然是债务人,第三人是代债务人履行债务,并不是真正的履行债务的义务人。债务加入中第三人在债务加入以后,第三人是履行债务的主体,是履行债务的义务人。第二,不履行债务的法律后果不同。在第三人代位清偿中,如果第三人不履行债务或者履行债务不符合约定,则仍然由债务人向债权人承担违约

责任,第三人不需要向债权人承担违约责任。① 若债务人不履行债务或者履行债务不符合约定,债务人应当向债权人承担违约责任。而债务加入中如果第三人不履行债务或者履行债务不符合双方约定,第三人须与债务人共同向债权人承担违约责任。第三,发生法律效果的前提不同。第三人代位清偿不需要考虑债权人是否同意就可以发生代为履行的法律后果。债务加入需要通知债权人,债权人可以提出不同意的意思表示。如果债权人提出不同意债务加入的意思表示,则第三人不能加入原债务。第四,第三人不履行债务时债权人权利主张的主体不同。在第三人代位清偿中,如果第三人不履行债务,债权人只能向原债务人主张债权。在债务加入中,如果第三人不履行债务或者履行债务不符合约定,债权人可以向原债务人主张权利,也可以向第三人主张连带责任。第五,第三人不履行债务时承担违约责任的主体不同。第三人代位清偿中如果第三人不履行债务或者履行债务不符合约定,第三人向债务人承担违约责任,无需向债权人承担违约责任。在债务加入中,如果第三人不履行债务或者履行债务不符合约定,需要向债权人承担违约责任。② 易言之,在债务加入的情形下,第三人不履行或者不完全履行债务,由第三人与原债务人共同向债权人承担违约责任;而在第三人代位清偿法律关系中,债权人无权要求第三人承担违约责任。所以,第三人代位清偿中债务人的债务是独立的债务,不像保证人的债务一样具有附从性。③

(二)债务加入与第三人代位清偿的联系

通过法条及立法理论可以看出,债务加入与第三人代位清偿主要有以下共同点:第一,第三人承担履行义务的前提是均与债务人有意思表示;第二,第三人承担了偿还义务,第三人与债务人之间的基础法律关系的抗辩权不能向债权人行使;第三,第三人对债权人行使抗辩权的范围不能超过债务人对债权人的抗辩范围。

四、债务加入与代位权诉讼的区别与联系

债权人代位权,是指当债务人怠于行使其对相对人享有的权利而影响债权人到期债权的实现时,债权人为保全和实现自身的债权,以自己名义向人民法院请求相对人将其对债务人的义务向债权人履行的行为。④《民法典》第 535 条对此作出了明确规定。通过《民法典》第 535 条,我们可以直观地看到代位权诉讼与债务加入是非常容易识别的。第一,代位权诉讼中债权人行使的为债务人对相对人的债权,并不是相对人对债权人负有履行义务。而在债务加入成功以后,债权人对第三人行使的是自己的债权。第二,代位权诉讼中权利行使的前提是债务人对相对人的债权已经到期,且债务人怠于行使其债权,在此情形下债权人可以代位行使该债权,以便实现债权人的债权。债务加入中债权人对第三人直接实现的是自己对债务人的债权。第三人同意债务加入后,债权人自己的债权到期就可以向第三人行使。第三,代位权诉讼如果最终实现受偿,可能会直接消灭两笔债权债务,即债权人对债务人的

①薛军."不真正利他合同"研究——以《合同法》第 64 条为中心而展开[J].政治与法律,2008(05):93-99.

②王利明.合同法研究(第二卷)[M].北京:中国人民大学出版社,2003:227.

③韩世远.合同法总论(第三版)[M].北京:法律出版社,2011:276-277.

④最高人民法院民法典贯彻实施工作领导小组.中华人民共和国民法典合同编理解与适用(一)[M].北京:人民法院出版社,2020:498.

债权债务和债务人对相对人的债权债务。而在债务加入中,如果实现债权只能消灭一笔债权,即债权人对债务人的债权。第四,行使的抗辩权不同。代位权诉讼中相对人向债权人行使的抗辩权为相对人对债务人的抗辩权。债务加入中第三人行使的抗辩权为债务人对债权人的抗辩权。第五,权利范围不同。代位权诉讼中债权人只能向相对人行使债务人对相对人的债权,权利不及于所有权。最高人民法院于 2005 年 9 月 16 日发布的[2005]民四他字第 31 号《关于深圳发展银行与赛格(香港)有限公司、深圳赛格集团财务公司代位权纠纷一案的请示的复函》明确所有权不能成为代位权的客体。① 债务加入并未有类似的规定或者判例。所以,在同一起案件中,如果债权人对相对人以代位权提起诉讼主张权利,债权人与相对人之间不能再通过诉讼请求的变更,使之成为债务加入之诉。这是截然不同的两种法律关系,从法律事实上看,两者发生的基础事实也完全不同。

由于两种法律关系存在根本事实上的不同,所以债务加入与代位权诉讼的联系较少。真正的共同点为这两种方式都增加了债权人实现债权的可能性,有利于债权人实现债权。

五、债务加入在司法个案中的分析

对于开篇的案件:原告王某在庭审过程中,将代位权之诉变更为债务加入之诉。笔者认为这没有任何事实根据。代位权诉讼与债务加入存在根本上的区别,既然原告王某在(2020)内 0602 民初 2496 号案件中以代位权之诉要求被告孟某承担还款义务,充分说明原告王某认可孟某没有加入债务,这是王某自认的事实。根据禁反言原则,王某不能再变更请求要求孟某以债务加入承担还款义务。

由于在(2015)东民初字第 6141 号案件中,人民法院已经驳回了王某要求孟某以债务加入承担还款义务的诉讼请求,那么该事实已经被生效判决所确认。在王某的第二次诉讼中,如果王某将代位权诉讼变更为债务加入的诉讼,就属于重复诉讼,违反了"一事不再理"原则。

债务加入诉讼与代位权诉讼中原告主张权利的举证责任的证明标准与方法也是不一样的。在债务加入的诉讼中,原告要求第三人承担还款义务需要证明原告对债务人的债务合法有效并且已经到期,第三人与债务人协商一致,自愿加入该债务,债权人没有明确拒绝,只有达到这三个标准,才能实现要求第三人承担连带还款义务的诉讼目的。在代位权诉讼中,原告需要证明相对人(第三人)下欠债务人债务,相对人(第三人)下欠债务人的债务已经到期且债务人怠于行使到期债权,债权人对债务人享有的债务合法有效且已经到期。只有证明上述事实,才能实现债权人代位权诉讼的目的。所以不论是基础事实还是法律构成要件或者诉讼过程中的证明标准,二者都是不同的。

综上,通过对债务加入、第三人代位清偿、代位权诉讼三种法律关系的分析,三种法律关系有着截然不同的法律特点和构成要件。在司法实践过程中要充分考虑第三人在债务中的地位,准确识别三种法律关系。

---

①最高人民法院民法典贯彻实施工作领导小组. 中华人民共和国民法典合同编理解与适用(一)[M]. 北京:人民法院出版社,2020:508.

论学校食品卫生安全管理体系的建立

信凤阁　范佳宇

内蒙古松川律师事务所

摘　要:校园食品卫生安全管理极其重要,在日常管理中存在诸多问题,如何构建科学高效的学校食品卫生安全管理体系对社会稳定繁荣、国家的发展都至关重要。为此,努力构建学校食品卫生安全管理体系,旨在从制度上入手建立健全管理体系,从而形成一种联动机制与模式,杜绝或化解学校食品卫生安全管理中存在的隐患,以完备的体系制度建立,遏制住学校食品卫生安全事故的发生,最大限度地减少事故发生的频率。因此,建立学校食品卫生安全管理体系是经济社会发展的需要,也是落实习近平总书记提出的加强食品领域法治建设的时代要求的体现。

关键词:学校食品卫生;安全;管理体系

近十年,我国关于校园食品安全领域的法律制定、监管和执行都达到了历史最佳水平,相关立法日臻完善。随着社会的不断发展,人们越来越重视健康饮食,也越来越强调食品安全,为此,有关部门更应积极参与,抓住机遇,实现食品安全的可持续发展。校园食品卫生安全更成为公共领域食品安全的重中之重,如何建立学校食品卫生安全管理体系,切实保障好学校食品领域不出食品安全事故是本文论述的重点。

一、建立学校食品卫生安全管理体系的必要性

近年来,尽管经过有关部门连续出台学校食品卫生安全制度,加强了对校园食品安全相关事项的管理,较之以前重大特大校园食品卫生安全事故有所减少,但仅靠教育部门或食品监督部门某一二个单位的常规检查监督,很难从根本上实现预防及防范校园食品卫生重特大事故的发生。一旦发生校园食品安全事故将会危害公共安全,从而引发严重的社会事件。

二、学校食品卫生安全管理中存在的主要问题

(一)对食源性疾病引发的问题重视不够,防范措施不严谨

据最新的调查,食品卫生中毒占中毒案件的比率较高,而且中毒案件中,食物源性污染导致的中毒是主要的食物中毒类型,因此,中国的食物安全状况正面临着严峻的挑战,需要采取更加严格的措施,以确保公众的健康。由于食源性疾病的普遍存在,学校的食品安全面临着极大的挑战。

（二）对化学污染带来的食品安全问题缺少应有的重视且防范措施匮乏

化学污染是一种严重的环境问题，其中包括有害的化学物质，如二噁英、农药残留等，这些都会对人类健康造成危害。

1. 环境污染对食品安全的威胁

经过多年的努力，我们已经成功地控制了 850 条河流、1300 多个湖泊以及近海地带的环境，从而减少了对环境的影响，特别是 51 个湖泊的藻类污染以及富营养化的情况已经得到显著的改善。2021 年，由于长期受到污染，14 个经济发达地区的 2110 个样本中，存在大批的有毒有害化学物质，当中含有多种有害重金属，其浓度高于正常限度，导致果蔬中多种重金属浓度高于正常限度，给人们身体健康带来了极大的危害。有人大量违规使用剧毒农药，导致蔬菜、果品上的农药残留严重超标；有人为了提高产量，违规使用违禁激素；有人为了增加猪的瘦肉率，在饲料中大量掺加“瘦肉精”等添加剂；有人为了给面粉和粉丝增白，把有毒化学品“吊白块”掺和其中；为了骗钱，有人用稻草沤水兑上色素和盐当酱油卖；为了赚取巨额利润，有人把含有黄曲霉素的霉变陈大米抛光上蜡重新出售。这些均极大地危害了人们的身体健康。

2. 种植业与养殖业造成的源头污染

随着农业技术的进步，人们对于各种农业化学材料的滥用，如化肥、杀虫剂、兽药、生长调节剂，已经严重威胁到了食物的健康。据估计，中国的氮肥施用总量已经突破 2500 万吨，而农药施用总量也已经突破 20 万吨，两者的比例都远远高于世界平均水准。如果我们过度地使用化学肥料，就可能在蔬菜中积聚硝酸盐，这些硝酸盐可能会转变为有毒的亚硝胺，从而给我们的身心带来极其严重的伤害。此外，由于缺乏合理的饲料配方，如兽药、激素、生长调节剂等，再加上养殖场的污染，鱼类等动物的肉类在被消费者摄入之前就已经存在着潜在的威胁，甚至可能引发更严重的人畜共患疾病。

3. 生物毒素的污染

生物毒素污染是一种危害健康的现象，其中包括细菌毒素、霉菌毒素。细菌毒素可以引发食物中毒，其中金黄色葡萄球菌所致的毒性较为显著，细菌毒素不仅会导致严重的呕吐，还会引发神经系统的毒性反应，从而危及人类的健康。

（三）食品在生产加工过程中的问题尚未引起足够重视且防范措施乏力

生产加工过程可能会引起三种类型的食品安全风险：一是滥加添加剂以及其他违规配料，从而引起的食品质量问题。二是由于加工企业没有遵循正确的加工技术，从而导致的食品污染，如残留的细菌、霉菌等，也会影响到消费者的健康。三是随着科学技术的不断改善，传统的生物制剂无法满足人们的需求，从而导致食物的安全性受到威胁。

中国科学院微生物研究所最近开展的一项研究揭示出多种可以生成黄曲霉毒素的微生物。根据最新的调查结果，在食物生产加工过程中，使用的黑曲霉和米曲霉可能会释放出有毒的霉菌，严重威胁着公众的健康。

（四）对于食品外包存在的食品安全隐患未能构建有效监督管控措施

大多数校园存在食材的成品及半成品外包情况，有的学校为学生、教职员工提供饮食的窗口完全对外承包，学校仅按照合同收取租金，该部分餐饮经营者有的连基本的卫生健康合格证书都没有,更有甚者经营者属于家庭或家族经营,男女老少齐上阵,这些经营者本人就存在公共食品安全的潜在隐患,外购食材更是缺乏食品卫生安全的有效监管,一旦出现食品安全问题,将会酿成公共安全事故,学校餐饮环境又属于人群密集型场所,发生食品安全事故将会引发严重的社会事件。近年来有关校园食品引发的公共安全事件层出不穷,尽管因采取的救济措施得力,尚未因食品安全事故引发重大人员伤亡后果,但细思极恐,社会各界更应警钟长鸣,以校园事故无小事、食品安全抓防范的思想意识真正做到防患未然。

三、构建科学的学校食品卫生安全管理体系

(一)针对食源性疾病及化学污染引发的潜在校园食品公共安全隐患,应有效建立健全针对性防范措施

对进入校园餐饮场所的各种食材,建立登记准入制度。对上述食品的采购在准入校园之前要进行摸底排查,对供货商的供货来源要进行必要的考察了解,对供货商提供的各种原始食材要认真检查食材基础供应商、环节供应商的供货清单及食药监部门的食材检验合格证书,支持学校建立食材类产品检验室,加强技术防范措施,坚决杜绝存在食源性疾病隐患的食材流入校园食堂或校园其他场所。要求学校按照教育部门和卫生健康监督管理部门的要求建立校园食材采购使用管理制度及档案,从制度上入手坚决防范包括食物中毒在内的食源性疾病的发生。学校要配备有分管后勤工作的副校长、后勤主任、食堂管理人员、值周教师在内的食材检查领导小组,每天按制度进行检查登记,发现潜在隐患立即整改上报。

(二)针对食品生产加工过程中存在的问题,应坚持加强对食品生产加工过程的监督与管控

对校园内食堂自行加工的食品要严格遵守食材类管理要求,严格遵守食品类添加剂的使用规则与标准,严格按照食品加工类的规则进行加工操作;严格执行微生物杀灭措施,坚决防范食品残留病原微生物或在生产、储藏过程中发生微生物腐败而造成的食品安全问题;食材检查领导小组要对全部食堂窗口经营后厨食材存放过程进行全过程的管理与控制;建立健全食品加工管理控制制度;日常加强对校园内食堂自行加工的食品的操作人员的食品卫生管理知识与制度的常态化培训与教育,并进行阶段性培训考试与考核,坚持培训合格后再上岗的考核制度化管理;逐步开展并推广校园食品安全的"ISO9000 质量管理体系标准",形成国内校园食品安全管理规范体系标准;建议学校属地管理的党委、政府要认真组织教育部门、卫生健康管理部门采取定期检查考核、不定期抽查的方式加强对属地学校食堂及餐饮经营部门的检查考核评比,并将检查考核评比结果对外公布,对检查考核中存在问题的,要求限期整改,存在隐患的,立即纠正并勒令负责人限期整改,存在违法行为的,及时依法处置,对符合《中华人民共和国刑法》第 143 条,涉嫌构成犯罪的,依法将犯罪嫌疑人及线索移送公安机关处理,用法治的手段加强过程的有效监督与管控。

(三)对食品外包问题的处理管控措施

加强食品外包的制度管理,对在校园内经营的任何餐饮经营者发生的食品外包制定严格规范可管控的食品外包管理制度实施细则,从采购的原始食材入手,对每一种类食材的不同供应商开始即对食材一级供应者建立初始食材采购档案;对环节供应商加强环节过程管

控，对关键的食源性食品的食源地、产地、原始加工厂应加强采购前的校方事先考察，严把进货渠道及进货环节的食品安全管控。坚决杜绝问题性食源性产成品、半成品或原始性食材流入校园食堂或校园。建立食源性产品登记档案永久性备查制度，坚持食源性产品取样化验保存制度，真正做到发现任何问题都能查出根源，才能实现食品安全管理防患于未然。

（四）建立校园食品经营人员的准入制度，加强对校园餐饮经营人员及学校食品安全管理人员的日常培训教育工作

任何一所提供校园餐饮的学校都必须建立健全严格规范、合法统一的校园食品经营人员的准入制度，从经营者的健康、法律法规意识、以前从业经历、社会表现等诸多方面严格制定校园餐饮经营者的准入条件，确保入驻并从事校园餐饮的经营者身体健康、法律法规意识浓厚、热爱教育事业、道德品行规范良好，要求经营者以前无餐饮方面经营的不良记录，必要时应当提供校方要求的符合担保人条件的担保人担保。

学校应当加强对学校食品安全管理人员及餐饮经营者的定期培训与考核，确保上述人员必须持证上岗，培训师资及内容应当有教育部门、卫健部门、应急管理部门、律师的参与，内容包括但不限于公共食品卫生安全法律法规、食品安全法等内容，并在培训结束后进行考试与考核，合格后颁发培训合格证书，要求持证上岗的证件中包括此类考试合格的证书。

（五）学校常年法律顾问及与学校结对子的律师志愿者应当担负起对校园食品安全防范的职责与使命

学校属地的政府教育管理部门应当鼓励并支持学校聘任法治校长、常年法律顾问，司法行政机关应当对不具备聘请常年法律顾问或聘任法治校长的学校积极帮助介绍律师志愿者，加强对学校法治人才的培养，对学校校园餐饮制度、食品安全制度、预防重特大包括食品安全事故在内的校园公共安全事故，借助法律专业人士的力量从制度上入手整章建制，强化制度与规章建设。

上述法律专业人士应当为学校建立安全法律法规、安全制度建设的培训方案，从日常的法治培训入手，加强校园有关食品安全的专题培训、警示教育培训，为校园的食品安全提供法律专业培训与辅导。

上述法律专业人士应当积极主动地为校园进行包括校园食品安全在内的“校园法治安全体检”，对体检中暴露的食品安全隐患应当提出整改意见或建议，对隐患可能带来的不确定风险因素应当予以排查，无法在短时间内解决的，负责校园法治安全体检的人员有责任有义务向政府有关部门报告。

四、结语

为了保障学校的食品安全，食药监部门必须遵循党中央、国务院的指示及有关部门规定，加大对食品供应的监管，并建立健全相应的责任机构。加大对校园的检查，确保供应商遵循相应的规定，并保证流程的合法性。建立健全数字化食品监督系统，完善科学技术流程，继续加大对食品供应的监管，确保学校的食品供应是安全的。积极推进学校食品卫生安全的法治监管、信用监管、智慧监管，强化法律法规、技术标准、检验检测等基础及技术支撑，持续提升校园食品安全治理能力水平。健全学校与社会共治格局，努力推动形成学校与全社会共同参与治理校园食品安全的良好氛围。坚决遏制住校园食品安全事故的发生，积极落实习近平总书记的有关校园食品安全的指示精神,以积极主动的作为践行社会主义核心价值观。

参考文献

[1]市场监管总局等四部门关于印发《校园食品安全守护行动方案(2020—2022年)》的通知[EB/OL].中华人民共和国中央人民政府网,2020-06-15.

[2]市场监管总局办公厅　教育部办公厅　国家卫生健康委办公厅　公安部办公厅关于落实主体责任强化校园食品安全管理的指导意见[EB/OL].中华人民共和国教育部网,2019-12-02.

[3]赫剑梅.风险社会与和谐校园:大学生社会安全感的量化分析——一项关于兰州高校大学生的抽样调查[J].社科纵横(新理论版),2007(02):269-270+288.

探望权的“履行”

周小玲

内蒙古鄂尔多斯律师事务所

摘　要:《中华人民共和国民法典》关于探望权的立法初衷,就是在以未成年子女利益为最大化的基础上,通过探望来弥补父母离婚后给未成年子女造成的缺失的父母之爱。其立法目的在于在以未成年子女利益为最大化的前提下,不直接抚养子女的一方具有亲权的同时对于子女的健康成长负有必须履行的义务。从这个意义上讲,探望权不仅是一项权利,更是一项必须履行的义务。探望权的设立意义,不仅在于满足父母对子女的情感需要,更是为了让不直接抚养子女的一方履行关怀、教育子女的家庭责任,最大化保障未成年子女的利益,促进未成年子女健康成长。

关键词:探望权;未成年;权利行使;义务履行

幸福的家庭都是相似的,不幸的家庭各有各的不幸。家庭是孩子人生的第一个起点,父母是孩子的“天”,父母一旦离婚,对孩子的影响是巨大的。父母如何在离婚后依然保障孩子的健康成长,探望权的恰当履行是重要方式。探望权是指父母离婚后,不直接抚养子女的一方依法享有对未与之共同生活的子女进行探视、看望、交往的权利。①《中华人民共和国民法典》(以下简称《民法典》)第1086条规定离婚后不直接抚养子女的父母一方探望子女的权利。其立法目的在于在以未成年子女利益为最大化的前提下,不直接抚养子女的一方具有亲权的同时对于子女的健康成长负有必须履行的义务。从这个意义上讲,探望权不仅是一项权利,更是一项必须履行的义务。

一、父母离婚对未成年子女的影响

父母离婚对未成年子女的影响最重要的是心理方面,经济生活水平的下降也多有发生。未成年人在心智未成熟的前提下,父母离婚对未成年人的价值判断和言行举止有直接的影响,他们会变得极度敏感、焦虑不安、情绪不稳定,学习成绩下降,有些未成年人甚至会出现做噩梦、失眠、孤僻等症状,有的会做出离家出走、偷盗,甚至自杀等极端行为。父母需要源源不断地倾注对孩子的爱,帮助未成年人顺利度过成长期。如果不直接抚养子女的一方缺失了这种积极的探望、沟通、关爱,势必会加重未成年人的消极心理状态。

---

①马俊驹,余延满.民法原论[M].北京:法律出版社,2010:849.

二、未成年子女利益最大化的探索

（一）探望权的行使现状

探望权作为离婚后落实未成年子女抚养的重要内容，落点往往背离了未成年子女利益最大化原则。司法实践中对离婚案件中子女抚养权归属问题，法官在审理离婚案件时通常忽略将未成年子女最佳利益原则作为抚养权归属认定的首要任务，而是为了平衡离婚双方的利益、经济负担、案结事了等因素，离婚案件中一般以父母为本位，未成年子女的抚养属于离婚复合之诉中附带调整的对象。

争夺抚养权和放弃抚养权的案件中大多以父母为本位，未成年子女的真实意愿难以实现。虽然《民法典》对于离婚后子女抚养问题规定子女已满八周岁的，应当尊重其真实意愿。但在司法实践中父母一般不会将未成年子女带到法庭，而且法官也考虑到案件的进程以及法庭对未成年人的影响，不愿意组织安排听取未成年人意见的程序。即便父母将未成年人带到法庭，在法院庄严的环境下，在未成年人的心智模式尚未成熟的状况下，法官无论在庭前还是庭后与未成年人沟通，得到的信息未必是未成年人真实的意愿。

探望权的不当行使致使未成年子女的利益受损甚至雪上加霜。《民法典》第1086条的规定均基于最大化保护未成年子女利益考量，明确了行使探望权另一方的协助义务，行使探望权的方式、时间以及明确了探望权中止的情形。现实中，有些父母离婚后为了发泄情绪，故意刁难另一方，不允许未直接抚养子女的一方探望子女，甚至在行使探望权时将孩子当作砝码来报复对方，严重损害孩子的心理健康。有的父母利用探望权将孩子隐藏，向孩子灌输消极思想。还有的父母基于对对方的怨恨，利用探望子女的权利故意扰乱对方生活。以上情形，父母均未站到孩子的角度去考量问题，而是借保护未成年人之名行一己之私，不仅未起到探望子女的应有效果，反而对未成年人的身心造成严重伤害。

（二）探望权只作为权利行使的危害

权利是法律赋予人实现利益的许可、认定和保障，对于当事人来讲权利可以放弃。基于此，如果将探望权只作为一种权利看待进而放弃或不当行使，极有可能造成未成年人成长"畸形"，首先缺失的是父母一方的关爱和教育，其结果就是未成年子女亲情上的缺失，长此以往，对未成年人的身心发展将产生严重的不利影响。其次衍生出来的问题则是心智发展的不健全、经济生活水平的下降，甚至出现违法犯罪等极端情况。

三、司法实践中探望权行使的关键要素

探望权的行使尽量由父母双方进行协商。父母双方要以未成年子女利益最大化为基准进行协商，综合考量不改变未成年子女的成长环境、未成年子女对父母的依赖程度、保障未成年子女的经济生活水平以及各方对未成年子女的陪伴时间等各个因素。

探望权的行使主体、时间、地点和方式要充分考量未成年人的实际情况和最有利于未成年子女利益的原则。主体要素要考量未成年子女、直接抚养子女的父或母及其他对未成年子女负有抚养、教育义务的法定监护人等。其中隔代探望权应当依法予以保护。2016年最

高人民法院印发的《第八次全国法院民事商事审判工作会议(民事部分)纪要》规定,祖父母、外祖父母对父母已经死亡或者父母无力抚养的未成年孙子女、外孙子女尽了抚养义务,其定期探望孙子女、外孙子女的权利应当得到尊重,并有权通过诉讼方式获得司法保护。《民法典》虽然未对隔代探望直接进行规定,但是,将未成年人的利益作为最重要的考量因素,未成年人应当享有完整和正常的亲属权利。时间、地点要素为具体行使探望权所涉及的时间、地点的内容,应当尽量不改变未成年人的生活习惯和生活环境。方式要素为行使探望权的具体方式,在实践中结合自身情况,着眼未成年子女利益最大化的原则,可以在以下三种类型中进行选择①:第一种是直接探望型,即探望权人直接前往子女居住场所进行探望。第二种是共同生活型,即探望权人将子女直接带到自身居住场所一起共同生活一段时间,并由探望权人对子女进行照料。第三种是陪伴交流型,即探望权人在第三方地点与子女进行见面、交流。

探望权行使过程中一旦出现影响未成年人身心健康的情形,要果断向法院申请中止探望。现实中,有一些父或母在探望未成年子女时,对其灌输消极思想,甚至出现诋毁另一方父或母的行为,以及利用探望机会将未成年子女隐藏或者将未成年子女置于危险之中等,基于未成年子女的利益考虑,应当及时中止探望,待中止事由消失后,应当恢复探望。

四、探望权应当被视为一项重要义务,父母双方均应积极履行

探望作为一项"义务",是在道德和伦理上的强制责任,是情愿、应该且具有法律强制性的一种责任,应当同时在符合法律规定、符合社会道德、符合未成年子女利益最大化的情形下进行,不得放弃,也不可随意处置。只有认识到这一点,离婚后的父母才能有效促进孩子的健康成长,才能保障探望权的正确行使,才能变"父母为本位"为"孩子为本位",进而实现探望权中以未成年子女利益为最大化的目的。

"不探望"与"不让探望"实际是一个问题的两个方面,都是将探望权视为一种权利,不直接抚养子女的一方要行使权利,直接抚养子女的一方阻碍另一方的权利行使,实际就是未站到未成年子女的利益角度,以父母为本位。离婚后探望权作为履行抚养义务的重要途径,父母双方都应以未成年子女的利益最大化为基准,将探望权利与义务对等,积极履行抚养、教育未成年人的义务,仔细呵护未成年人的身心发展,共同陪伴未成年人健康成长。从此种意义来讲,探望权既是一种权利,也是一种义务。

被探望对于未成年子女来说也是一种权利,即未成年人有权要求不直接抚养的父或母履行探望自己的义务。站到未成年人的角度,探望权应当被视为一种义务。父母任何一方的关爱和教育在未成年人成长的道路上都不能缺失,而且相互不能替代。《民法典》关于探望权的立法初衷,就是在未成年子女利益最大化的基础上,通过探望来弥补父母离婚后给未成年子女造成的缺失的父母之爱。探望权的设立意义,不仅在于满足父母对子女的情感需要,更是为了让不直接抚养子女的一方履行关怀、教育子女的家庭责任,最大化保障未成年

①陈志博,郑娟.探望权的变更应以"最大化保护子女利益"原则为重要依据[EB/OL].北京民商诉讼律师网,2023-11-29.

子女的利益,促进未成年子女健康成长。

父爱如山,母爱似海,每个孩子都应在父母的关爱和温暖中健康成长,但不幸的婚姻不仅让父母身心疲惫,给孩子亦造成巨大的伤害,父母离婚后,探望权作为履行抚养义务的重要途径,应体现最大化保护未成年人身心健康的价值取向。探望权不仅应当作为一项权利,保护亲权,更要作为一项义务,保障未成年人的健康成长。

父母为已婚子女购房的归属认定

王松林

北京市盈科(哈尔滨)律师事务所

摘　要:鉴于中国当前的房价偏高,父母部分出资甚至全款出资为子女购房已成为普遍现象。但在子女婚姻关系破裂时,因出资行为性质评价的不同所引发的问题层出不穷,此类案件争议的焦点多数集中在出资行为的性质是赠与还是借款的问题。本文对现行的“赠与说”与“借款说”两种观点进行论述,认为应着重考虑出资时达成的合意系赠与还是借款,继而确定房产归属。

关键词:离婚纠纷;赠与;借款

中国人向来有着安土重迁的思想,“安家置业”的观念更是深深地根植于国人心中。如今中国房价高居不下,刚刚走进婚姻殿堂的新婚夫妇经济能力有限,很难支付得起高额购房款。同时,受中国传统文化及血缘亲情的影响,中国父母往往会出资以助其子女购房。这一方面承载了父母对子女的挚爱亲情和对子女家庭和睦幸福的美好祝愿,另一方面也成为家庭或者家族财产得以传承延续的重要手段。

但伴随着社会经济的飞速发展,追求个性张扬和生活方式自由的年轻人对婚姻的忍耐度也在下降,年轻夫妻因感情破裂而离婚变得更加常见。据不完全统计,自 2013 年起,我国公民的结婚数量和结婚率就开启了持续下降趋势,与之相比,离婚率却一直保持增长状态。据统计,从 1987 年到 2020 年这三十多年里,我国离婚总数从每年 58.1 万对攀升到每年 433.9 万对。虽然《中华人民共和国民法典》(以下简称为《民法典》)婚姻家庭编创设了“离婚冷静期”制度,对冲动离婚的夫妻给予一定时间的思考与自我审视,但仍有夫妻会选择分道扬镳。

此时对他们父母而言,夫妻各方的财产无疑成了双方家庭关注的核心。房产及财产的分配表面上看是对夫妻婚姻关系存续期间共同财产的分配,但其实也暗含着对长辈财产的瓜分,此举将导致夫妻及各自家庭财富大幅缩水、财产代际继承目的流产。而这些夫妻婚内财产常有父母资助的现象,如何分割就成了此类纠纷的争议焦点。而解决问题的关键就在于对父母出资行为性质的界定。在司法实践中,其性质难以界定的主要原因则在于父母为子女出资购房的行为不仅仅是市场交易行为,还蕴含了鲜明的家庭身份属性。换言之,父母出资购房的行为不仅涉及法律,还关系对中国传统文化及家庭伦理等方面的审视。

一、出资行为性质界定——“赠与”与“借款”

对于子女购房时父母的出资,司法实务和理论界中有“赠与说”和“借款说”两种主流观点。在《民法典》实施以前的司法审判中,有大量案例将父母的出资认定为借款。但在《民法典》时代，在父母的出资在性质上未作约定的情况下，将被认定为赠与。① 如何分辨，需采用比较研究法详细阐述如下：

1. 借款说

该观点认为，在父母为子女购置房屋出资时，若没有明确表示出资系赠与，依法应认定父母的出资系父母为帮助子女购买房屋对子女的临时性资金出借行为。父母主张民间借贷关系的，应当适用民间借贷相关法律和司法解释的规定，特别是《最高人民法院关于审理民间借贷案件适用法律若干问题的规定》第16条规定："原告仅依据金融机构的转账凭证提起民间借贷诉讼，被告抗辩转账系偿还双方之前借款或者其他债务的，被告应当对其主张提供证据证明。被告提供相应证据证明其主张后，原告仍应就借贷关系的成立承担举证责任。"父母提交转账凭证的，可认定为存在借款关系，已尽到了初步的举证责任，如果相对方认为构成赠与，则必须进行举证确认；如不能确认为赠与，其法律关系在性质上应评价为借款。②

笔者通过检索判例，发现司法实践中也有对于借款说这一观点的运用。例如（2022）湘02民终149号案件中，父母出资行为的性质未明确约定时，不能径直认定为赠与，应依据《民法典》合同编的相关规定，结合出资人与接受人的意思表示、付款用途及其他证据进行综合评判。在该案中，原告董某某1提交了案涉款项的转账凭证，被告张某某和董某某2未提交充分证据证明该款项系其他性质，故认定案涉款项系借款正确。

2. 赠与说

该观点认为，《最高人民法院关于审理民间借贷案件适用法律若干问题的规定》第16条之规定不能简单地适用于父母与子女之间。上述规定是针对普通民事主体之间的钱款往来，而父母与子女之间的关系不同于普通民事主体关系，其更具亲密性和伦理性，故不能在仅有转账凭证时，即初步推定借款关系的存在。关于借款合意，父母一方需要充分举证。同时根据《最高人民法院关于适用〈中华人民共和国民法典〉婚姻家庭编的解释（一）》（以下简称为《婚姻家庭编解释一》）第29条第2款的规定，"当事人结婚后，父母为双方购置房屋出资的，依照约定处理；没有约定或者约定不明确的，按照民法典第一千零六十二条第一款第四项规定的原则处理。"而《民法典》第1062条第1款第4项是关于夫妻受赠财产的规定，即应视不同情况认定为对夫妻一方或者双方的赠与。此外，从现实国情看，难以独自负担买房费用的子女在结婚时，父母基于对子女的亲情，往往自愿出资为子女购置房屋。而且大多数父母出资的目的是要解决或改善子女的居住条件，希望子女的生活更加幸福，而不是为了日后要回这笔出资，这也更符合父母出资时的真实意思表示。③

实践中，关于赠与说亦有阐述，例如在（2021）浙07民终4228号案件中，即使原告林某为被告胡某、李某购房出资，基于当事人之间特殊的身份关系，在当时各方对案涉款项的性质无明确约定的情况下，该出资行为应评价为对夫妻双方的赠与。

①钟艳，赵莹莹.《民法典》视阈下父母为子女购房出资问题初探[J].法制博览，2022(25)：96-98.
②赵志浩.婚后父母为子女出资购房问题研究[D].黑龙江大学，2022.
③郭文东，李玉兰，秦海伦.父母为子女购房的性质认定[J].人民司法，2022(05)：12-14.

二、针对不同出资性质的房屋归属处理

在确定父母出资行为的性质后，应根据购房时父母系全额出资还是部分出资，以及购房时登记情况来进行具体分析，从而确定房屋的归属。

1. 婚后一方父母全额出资，且登记在出资方子女一方名下

在《民法典》生效后，该房产性质应属于夫妻共同财产，父母只有特别明确约定了仅赠与某个具体的子女，才属于该子女个人财产。在实践中，针对该问题其实形成两种裁判观点，一种支持个人财产，一种支持共同财产。笔者认为，不能将原司法解释的规定视为《民法典》的例外，实际上《婚姻家庭编解释一》第29条第2款中的"出资"包含"全资"，已经取代原司法解释的规定，认定为共同财产才符合《民法典》自上而下对夫妻财产制度的立法精神。这点在登记的推定效力上也可以体现，《民法典》生效前，因为法律的"拟制"，"登记"可解释为赠与的意思表示要件，但《民法典》生效后，在没有明确约定的情况下，此时"登记"不再具有法律拟制的效力，仅具有默示推定的效力，此种情形下亦不能与法定的夫妻财产制度相违背，因此婚后一方父母全款出资所购房屋，与登记无关，都应视为夫妻共同财产。

2. 婚后一方父母部分出资支付首付款，登记在出资方子女名下

该不动产属于夫妻共同财产，一方父母出资属于对夫妻双方的赠与，婚后以该出资作为首付款购买的不动产，其买卖合同以子女一方或双方名义签订，无论登记在子女一方或双方名下，均应认定为夫妻共同财产。①

三、涉及父母请求返还出资的实践观点

关于涉及父母请求返还出资的问题，应着重把握以下几个方面：第一，应考虑双方真实意思表示。父母出资时的真实意思表示是否为赠与，出资当时或出资后的客观行为应表现为赠与行为而非借款行为，这是为了防止父母违反诚信原则改变当时出资的初衷。第二，要严格遵循"谁主张谁举证"的原则。如果父母就成立借款关系进行举证，此时应综合评判借条形成时间、转账时是否备注借款、是否在诉前催讨债务，双方是否具有共同借款的合意，离婚协议中是否约定、提及债务情况，子女是否为投资性购房以及出借人与借款人关于事实的陈述等因素认定行为性质，以此追求相对公平的判决结果，实现各方利益的平衡。②

司法实践中，对于父母为子女购房出资的性质，认定为赠与或借款均有大量案例。但这种司法裁判现象却并不能简单地评判为"同案不同判"。一方面，法律很难在家事领域对具体情况有差异的事实问题作出特别明确、具体的规定，而且随着经济社会的快速发展，情势难免发生变更，司法裁判不可能做到完全统一。另一方面，法院在个案审理中对父母出资款性质的判断，需在考虑法律规定和当事人本意的同时，兼顾当事人之间的利益平衡，参考本地婚姻家庭方面的传统文化和习俗，努力追求情、理、法三者的有机统一。

---

①陈婕，李文沁. 子女婚后购房父母出资的定性与处理[J]. 中国律师，2022(10)：81-83.

②房绍坤，寇枫阳. 民法典体系下父母为已婚子女购房的返还进路[J]. 吉林大学社会科学学报，2022，62(04)：105-121+236-237.

但这种努力并不容易,父母为子女出资时一般没有明确的约定,当事人在诉讼中通常举证不充分,法院无论认定为借款或赠与均未必符合他们的初衷。在爱情消弭、婚姻破裂、家庭解体、财富切割的传导链条上,每个人都试图抓住一丝机会以维护自身利益最大化。司法裁判对款项性质的判断可能不同,但对价值利益的平衡、对社会秩序的维护、对公平公正的追求却是相同的。

四、结语

为人父母者,爱之深,虑之远。房产作为家庭的重要资产,不仅涉及家庭亲情关系,更涉及几代人的财产利益,由此产生的问题也成了大家一直关注的焦点。

本文针对父母为子女出资购房中出现的两个焦点学说"赠与说"与"借款说",通过采用比较研究法,论证这两个学说在实践中的异同,以期对各位读者有所裨益。

通过梳理现有规定及相关判例,不难发现我国对父母为子女出资购房的问题在立法层面确有涉及,但仍然不够完善,许多司法实践中的问题无法从立法中找到明确答案,对此应加以完善,从根源处解决问题。

此外,实践中,父母在为子女购房时应保持审慎态度,提前与子女沟通好这部分出资是借款还是赠与,在有条件的情况下,最好以书面方式进行固定,并保留相应的证据以维护合法权益,更有利于维持家庭和谐,保障交易安全,进而促进整个社会秩序的有序安定。

《民法典》时代下年满八周岁未成年子女的抚养权归属探析

——如何真正实现“尊重其真实意愿”

马宪君

黑龙江天扩律师事务所

摘　要：《中华人民共和国民法典》(以下简称《民法典》)第1084条第2、3款规定：“离婚后，父母对于子女仍有抚养、教育、保护的权利和义务。离婚后……父母双方对抚养问题协议不成的，由人民法院根据双方的具体情况，按照最有利于未成年子女的原则判决。子女已满八周岁的，应当尊重其真实意愿。”该规定，对于限制民事行为能力的未成年子女在父母离婚时自主决定抚养权归属是具有突破性和划时代意义的。

笔者在办案过程中遇到过这样一起案件：甲(男)乙(女)有一婚生子女丙，现年十周岁。甲乙协议离婚时确定丙随甲共同生活，乙按月给付抚养费。但甲性格乖张暴戾，平时对丙非打即骂，甚至有时不让丙上学。丙通过电话跟乙沟通，请求母亲通过诉讼变更抚养权，使丙可以跟母亲共同生活。其母亲接到丙的求助后便向法院起诉要求变更抚养权。

在诉讼过程中，主审法官在办公室询问丙对抚养权归属的意见，丙却一改此前给母亲打电话时的说法，表示自己还是要跟父亲共同生活，原因是父亲能保证自己的人身安全。就这样，法庭恰恰按照《民法典》第1084条第3款的规定，驳回了乙的诉讼请求。乙因为已经有再婚家庭，对于抚养权变更的态度也不是很坚决，所以也没提起上诉。

2023年2月3日，北京日报客户端发表了我国著名民法学家王利明教授名为《民法也应当尊重人、关爱人、保护人》的文章。文章阐述了传统大陆法系民法典中存在着重“财法”轻“人法”的现象。在我国《民法典》条文中，关于财产法的规则也是几乎占据了三分之二的内容，从而呼吁民事法律更加注重对人的保护、关爱和尊重。读到王利明教授这篇文章，笔者感触颇深，结合上面这起案件，笔者围绕如何更好地适用《民法典》的这项具有突破性的实体法律规定，更好地保护年满八周岁的未成年子女在父母离婚时抚养权归属中的合法权益谈一谈自己的想法。

关键词：民法典；抚养权归属；真实意愿

一、进一步细化完善程序规则确保实体正义的实现

程序规则的主要功能在于及时、恰当地为实现权利和行使职权提供必要的规则、方式和秩序，如果说实体权利是“蛋糕”，而程序就是“切蛋糕”的规则。从功能的角度看，实体法是国家法律体系的价值判断，而程序法是确保实体法中价值判断实现的运行规则。我国的《民法典》从实体法律层面赋予了年满八周岁未成年子女按照自己真实意愿选择抚养权归属的权利，然而在司法实践中如何切实保障未成年子女的这项权利，如何通过程序正义保障未成年子女能够切实表达真实意愿，是程序法层面应当思考的问题。

《民法典》以对未成年子女权利的保护为出发点，这个突破本身是难能可贵的。因为是突破性的实体规范，所以就产生了对应程序规则的设计与实体规定不尽平衡的现状。为了确保实体正义的实现，程序制度设计的跟进势在必行。

在具体案件中涉及的程序问题，实际上亟待在诉讼法层面进行完善，至少先从民事诉讼法的相关司法解释的层面予以细化，这样才能确保程序方面的制度设计与实体方面的制度设计相匹配。

建议通过出台相关司法解释等方式对于此项实体规定在诉讼程序中的落实进一步细化规定，待条件成熟再通过立法的形式进一步完善及增强程序规则的效力等级，这也是符合客观情况和我国国情的做法。

具体操作层面不应当局限于给案涉的未成年子女做询问笔录，并据此作为定案依据，而应当充分考虑能够考察其真实意愿表达的规则和方式，比如：除依法询问其本人意见外，还应当通过学校、社区等与孩子日常生活密切联系的单位以及老师、社区工作人员等比较了解孩子日常状况的人员客观准确地了解实际情况。同时，对于离婚双方矛盾较激化、孩子情绪和表达能力不佳的情况，也可以适时引入心理评估机制，保障孩子能够表达真实的意愿。

二、一般法和特别法的横向联动可以使保护网更严密

《民法典》的这项规定旨在为父母离异的未成年子女争取相对更好的成长环境，既然基于这一目的，那么考察这一问题就不应当局限于《民法典》的条文，更应当结合其他与保护未成年人合法权益有关的特别法如《中华人民共和国未成年人保护法》《中华人民共和国义务教育法》《中华人民共和国预防未成年人犯罪法》等来完善相应的制度设计，让一般法和特别法能够更严密地为未成年人编织保护网。

值得一提的是，在《民法典》生效当年6月1日生效的修订后的《中华人民共和国未成年人保护法》（以下简称《未成年人保护法》）对于离婚后子女由谁抚养、如何探望等实际问题，新增了“听取未成年人的意见”“充分考虑其真实意愿”的内容，在多项规定中都明确提出，如第4条将“听取未成年人的意见”确定为处理涉及未成年人事项的基本原则，这是未成年人权益保护进程中的重要进步，使得“未成年人权益最大化”不再是一个口号，而是得到进一步的贯彻落实。再如第19条规定，未成年人的父母或者其他监护人应当根据未成年人的年龄和智力发展状况，在作出与未成年人权益有关的决定前，听取未成年人的意见，充分考虑其真实意愿。这是在离婚时未成年子女抚养权归属问题方面，作为特别法的《未成年人保护

法》与作为一般法的《民法典》横向联动的一个典范。

这个典范给我们进行制度设计和解决实际问题都提供了很好的方向和借鉴。把所有问题的解决都寄希望于一般法法典条款的完备是不现实的，因为再完美的法律条文也不可能涵盖到现实生活中的每一个细节，而更重要的是坚持问题导向，从解决实际问题的角度出发。因此，在制度设计过程中，在一般法的条款中规定较为概括的内容，一方面可以在司法实践中通过司法解释的形式来细化具体操作规则，另一方面也可以通过相关的特别法的制度设计进一步完善运行规则，这样纵向和横向都从实际出发，才能够使制度设计原始的出发点找到更好的落脚点，让法律精神真正落实到具体的案件中，也让父母离异的未成年子女最大限度地享有和行使自己的权利。

三、良好的运行是制度设计和落实的源头活水

以上围绕《民法典》相关规定对制度设计的讨论，归根结底还是要运转良好才能实现其真正价值，也能通过实践来检验和完善相应制度的内容。下面从具体案件办理流程和方式的角度来探讨怎样能够尽可能实现尊重年满八周岁未成年子女对抚养权归属的真实意愿。

（一）法院考察“真实意愿”的方式和认定标准

目前司法实践中，获取孩子“真实意愿”的方式主要是通过询问笔录来进行，这种方式显然最直观，也与民事诉讼的程序相契合。然而，仅仅靠一份询问笔录能不能确定孩子表达的是真实意愿，其实是不确定的。因为这种处理方式把父母对孩子的影响力，尤其是非正常的影响力给忽略了。未成年人的心智发育情况各不相同，而且在成长过程中父母对其影响是很大的。孩子很有可能因为夹在父母中间对抚养权归属难以抉择，又或是受父亲或者母亲一方的压力或者影响而作出与自己真实意愿相违背的意思表示。因此，为避免上述影响，法院在询问方式、询问地点、在场人员等方面都应当进行合理的安排，如法院在询问孩子意见时明确表示希望听到他自己内心真实想法，而不是父母告诉他的观点；如询问地点的选择，如果是在法官的办公室或者法庭，可能会给孩子造成一定的心理压力，相对来说，环境方面更为熟悉的学校、社区等更有利于孩子在相对放松的情况下做出思考和回答；再如询问时为了避免父母一方或双方对孩子意见的干扰，应当要求父母回避，但鉴于询问的对象是未成年人，应当安排孩子的班主任老师或者社区的工作人员在场见证。同时，对询问后的内容要通过法官的内心确信来审查是不是家长灌输的观点，从而确保考察到孩子的真实意愿。

（二）家长在行使自己权利的同时也要保护孩子的权益

婚姻是维系家庭的纽带，但是一旦夫妻感情破裂、无法调和时，双方可能就会选择解除婚姻关系。婚姻关系的解除对于不幸婚姻的当事方可能是一种解脱，但是对于未成年子女来说就面临着家庭破裂，无法像正常家庭一样和父母共同生活在一起，从而对其身心成长都会造成一定的不良影响。随着婚姻关系的解除，家庭关系也随之发生改变。《民法典》第1084条第1、2款规定，父母与子女之间的关系，不因父母离婚而消除。离婚后，子女无论由父或者母直接抚养，仍是父母双方的子女。离婚后，父母对于子女仍有抚养、教育、保护的权利和义务。由此可见，虽然绝大多数的父母对自己子女的爱都是无私的，但是家庭作为社会的重要组成，家庭关系的和谐稳定以及未成年人的成长是关系到国家和社会良性发展的重

要因素,所以法律作出了上述规定。法律毕竟是基础层面的约束,笔者更加呼吁从道德层面去提升对这一问题的认识,即使婚姻关系不能维系了,也尽可能从有利于子女成长和受教育的角度去考虑问题。

四、结语

未成年子女按照自己真实意愿明确抚养权归属对其未来的成长具有深远影响,甚至会影响其一生,而未成年人的健康成长,关乎国家和社会的发展和未来。所以既然《民法典》赋予了这项权利,无论是立法者还是在办案一线的法官、律师以及社会的其他力量,都有责任让这项制度真正实现它的价值和意义。

完善遗嘱信托制度的意义和路径

张文雯　张献一

北京大成(哈尔滨)律师事务所

摘　要:在现代社会,个人财富的积累与传承成为越来越多人关注的问题。随着财富的积累和人口老龄化趋势的加剧,相关的法律制度和财富传承方式也不断发展和完善。2021年1月1日,《中华人民共和国民法典》(以下简称《民法典》)正式生效,其中第1133条第4款新增"自然人可以依法设立遗嘱信托",遗嘱信托不仅是一种有力的财富传承与管理手段,而且成为当今社会的一个热门话题,它的出现,不仅满足了当今社会的多样化需求,也给当今的社会带来了更多的福祉。随着社会中对遗嘱信托制度需求的增加,我国相关配套法律规定显然还存在着不足。本文通过对遗嘱信托制度背景、制度意义的分析,思考遗嘱信托与其他制度的衔接及自身的完善问题。

关键词:遗嘱信托;信托法;家族财富传承

一、遗嘱信托制度的制定和实施

(一)遗嘱信托制度制定的背景

其一,传统的遗嘱执行机制存在一系列不足。例如,传统的遗嘱执行存在复杂低效的问题,因为遗嘱的执行需要经过遗嘱认证和遗产分割两个环节,而这两个环节都需要花费较长的时间。

其二,财富传承面临多重挑战。财富传承需要应对财产规模不断扩大、家族成员众多、法律规定错综复杂等情况,这给传统的个人遗嘱方式带来了很大的困扰。在现代社会,人们对财富传承有更高的要求,不仅需要简化程序、提高效率,还需要实现财富的有效管理和保值增值。

其三,遗嘱信托在国内的研究和应用仍然较为有限。虽然国外一些发达国家在遗嘱信托研究和应用方面已经取得了优秀的成果,但是我国对于遗嘱信托的研究和应用还存在很大的进步空间。

(二)遗嘱信托制度实施现状

截至2023年6月28日,笔者使用"Alpha"法律专业查询软件,以"遗嘱信托"为关键词进行全文检索,共查询到317件裁判案例,其中2021年182件,占比约57%(详见图1)。从以上数据分析,遗嘱信托在我国应用并不广泛,但在《民法典》施行之后呈现大幅增长,在《民法典》的制度设计下,遗嘱信托未来将是律师的一项重点业务。

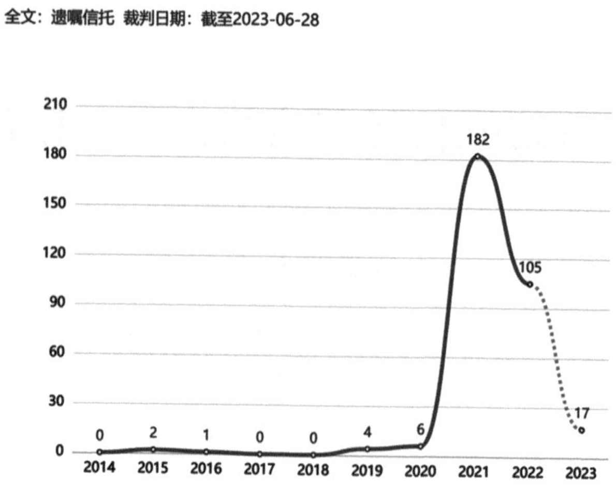

图1 “遗嘱信托”相关案例年份分布情况

二、遗嘱信托制度完善的意义

(一)利于对遗产的保护

“信托”的核心价值在于它的独立性,这种价值主要体现在信托财产与委托人的其他财产相区别,同时由受托人对其信托财产进行管理,并依据《中华人民共和国信托法》(以下简称《信托法》)的规定进行决策。因此,受托方在遵守相关法律的前提下,充分利用其经营技巧,以便防止继承人滥用受托财产。

而在遗嘱继承中,虽然《民法典》此次规定了遗产管理人具有采取必要措施防止遗产毁损、灭失的职责,但遗产的所有权并未转移至遗产管理人,致使在对遗产的处置方式发生争议时,司法裁决并无统一观点。其与信托制度相比,抵御继承者滥用财富的风险显得尤为薄弱。

(二)利于对遗产的管理

《信托法》明确指出,受托人应当严格遵守信托文件的条款,尽职尽责地管理信托财产,确保其最大限度地保护受益人的利益。此外,受托人还应当恪守诚实、信用、谨慎、有效管理的原则,以确保信托财产的安全和有效运作。这些规定都为受托人管理信托财产提供了明确指引和高标准的约束。如果受托人违反相应职责,《信托法》也赋予了委托人对受托人的追责和解任的权利。

在遗嘱继承中,立遗嘱人可以指定遗产执行人,继承开始后,遗嘱执行人为遗产管理人。《民法典》此次新增了有关遗产管理人选定、职责要求等规定,指出遗产管理人在“因故意或者重大过失造成继承人、受遗赠人、债权人损害的,应当承担民事责任”,相较于之前的《中华人民共和国继承法》,上述规定填补了之前关于遗产管理人制度的空白。但遗产管理人管理遗产的尽责程度是否应达到信托制度中受托人对受益人的忠实和谨慎注意(即“信义义务”)的高度、遗产管理人是否应具有一定的管理能力等问题还有待探究。

此外,在立遗嘱人死亡后,若遗嘱执行人无能力担任遗产管理人时,继承人是否有权自行更换遗嘱执行人,我国法律尚未具体规定。《民法典》仅规定“对遗产管理人的确定有争议的,利害关系人可以向人民法院申请指定遗产管理人”。而《信托法》第 13 条第 2 款赋予了在这种情况下受益人另行选任受托人的权利:“遗嘱指定的人拒绝或者无能力担任受托人的,由受益人另行选任受托人;受益人为无民事行为能力人或者限制民事行为能力人的,依法由其监护人代行选任。遗嘱对选任受托人另有规定的,从其规定。”

(三)利于对遗产的灵活分配

在信托制度下,立遗嘱人可通过信托架构实现对遗产的灵活分配,例如,信托委托人(立遗嘱人)可要求受托人每月定期给受益人 A 发放 5000 元的现金收益,而不是将现金财产一次性全部支付给受益人 A;信托委托人也可以对受益人进行优先劣后的分类,即优先向受益人 A 分配信托财产,在分配完毕受益人 A 应付的信托利益后,再向受益人 B 进行分配。目前仅通过立遗嘱的方式很难实现上述复杂的分配。

三、遗嘱信托制度衔接的几点思考

(一)信托终止后遗产的处理

《民法典》中虽然明确规定了遗嘱信托,但其只是作为制度衔接的桥梁,遗嘱信托的本质为信托,具体操作需要依据《信托法》的相关规定。《信托法》第 54 条明确指出,当信托终止,其信托财产将归属于信托文件所确认的人,而信托文件未作出规定,则按照以下顺序确认财产归属:(1)受益人或者其继承人;(2)委托人或者其继承人。该规定对于遗嘱信托存在着较大的漏洞。在遗嘱信托中,委托人已经死亡,若受益人或继承人放弃信托受益权或继承权,那么遗嘱信托的相关设计就将落空。随着社会发展,我国信托制度在不断完善,实践应用也在增长,但对于遗嘱信托,尚需要法律或司法解释进行进一步的明确和细化,为实践操作指引方向。

(二)遗嘱信托中的遗产涉及被继承人生前债务的处理

按照《信托法》第 16 条第 1 款的要求,信托财产与受托人的固有财产有着明显的区分。2019 年 11 月 8 日,最高人民法院发布《全国法院民商事审判工作会议纪要》,第 95 条明确指出,信托财产在信托存续期间独立于委托人、受托人、受益人各自的固有财产,不得混入固有财产当中。受托人因承诺信托而取得的信托财产,以及通过对信托财产的管理、运用、处分等方式取得的财产,均独立于受托人的固有财产。因此,当事人因其与委托人、受托人或者受益人之间的纠纷申请对存管银行或者信托公司专门账户中的信托资金采取保全措施的,除符合《信托法》第 17 条规定的情形外,人民法院不应当准许。已经采取保全措施的,存管银行或者信托公司能够提供证据证明该账户为信托账户的,应当立即解除保全措施。对信托公司管理的其他信托财产的保全,也应当根据前述规则办理。虽然《信托法》及其相关规定未明确标明其财产独立的字样,但具体法条背后所蕴含的精神清楚地表明了信托财产的独立性。在保护委托人信托财产的同时,在一定程度上为债权人实现债权增加了难度。

(三)遗嘱信托财产的所有权人认定

遗嘱信托是委托人在生前与受托人订立的在其死后由受托人管理其遗产的合同。在此基础上,委托人(被继承人)死亡丧失民事权利能力,受托人对遗产仅具有管理、处分权限,受益人(继承人)具有按照委托人的要求按时接受信托财产(遗产)收益的权利。我国不动产的物权变动效力以登记为准,那么此时遗嘱信托中的不动产以及特殊动产的所有权归属应如何认定?我国遗嘱信托制度对此尚未明确。

虽然如前所述,信托财产独立,但并不意味着信托财产可以处于“无主”的状态,仍需相关法律加以明确,弥补制度空缺。

四、结语

笔者通过对遗嘱信托制度的背景以及目前实践中遗嘱信托案件量变化的整理分析,认为遗嘱信托制度在我国无疑尚处于发育阶段,但也是未来律师业务中的重要部分。因此,笔者分析了遗嘱信托制度完善的意义,同时提出了信托终止后遗产的处理、遗嘱信托中的遗产涉及被继承人生前债务的处理、遗嘱信托财产的所有权人认定三个方面的问题并简要分析,希望引起立法及司法人员等的重视,从理论、立法、实践等多个维度共同促进遗嘱信托制度的发展。

参考文献

[1]沈倩.遗嘱信托的法律适用和完善研究[J].洛阳理工学院学报(社会科学版),2021,36(04):37-44.

[2]何琪,张赛君,朱云帆.论我国遗嘱信托制度的困境与重构[J].特区经济,2022(02):130-133.

论离婚协议中“财产赠与子女”条款的实现路径
——以在诉讼中实现子女的权益为视角

王野

北京大成(吉林)律师事务所

摘　要:在离婚案件中,协议登记离婚的数量远超于诉讼离婚的数量。而在离婚协议上,现在的男女双方更多地偏向于将夫妻共同财产约定赠与自己的子女。在离婚协议达成后,“财产赠与子女”的条款是否有效,子女的权益能否得到保障,子女的权益又将通过何种路径实现成了司法实践中的重要事项。

本文将以在诉讼中实现子女的权益为视角,探讨离婚协议中“财产赠与子女”条款的案件案由、诉讼主体以及离婚协议达成后“财产赠与子女”条款能否排除债权人申请强制执行。通过本文论述,在诉讼路径下为作为受益人的子女提供相应的法律意见,保障子女的权益得以实现。

关键词:离婚纠纷;赠与子女;离婚财产分割

一、司法实践对于离婚协议中“财产赠与子女”条款的定性

(一)定性为赠与合同的几种观点

1. 定性为一般赠与,赠与人可以行使任意撤销权

在笔者代理过的几起离婚协议中“财产赠与子女”条款的案件上,有不少的赠与方均主张该案件应定性为赠与合同,并且可以适用《中华人民共和国民法典》(以下简称《民法典》)第658条第1款即赠与人在赠与财产的权利转移之前可以撤销赠与。离婚协议是基于夫妻双方的意思自治而订立,在不存在欺诈、胁迫等情形下,该主张有失法律的公平、公正,并且有违诚实信用原则,往往得不到法官的认可,现已被司法实践所摒弃。

2. 定性为具有一定道德义务性质的赠与,不可以撤销

司法实践中有很多法官在判决中持有上述观点,认为离婚协议中既然将财产赠与自己的子女,若任意撤销则有损道德,在法律适用上参照《民法典》第658条第2款即具有道德义务性质的赠与合同,赠与人不可行使任意撤销权。但上述观点与我国的社会风俗、伦理道德等不相符。子女在年满十八周岁并独立生活之前,父母对其是负有法定抚养义务的,并非道德义务,道德义务是不具有法律强制执行力的。而在子女年满十八周岁并能独立生活之后,子女应该以自身的能力去创造价值、实现价值,就更不应该将父母赠与子女财产的行为解释成具有一定道德义务性质的赠与,进而增加父母的负担,助长不良的社会风气。

3. 定性为目的性的赠与或是附协议离婚条件的赠与,不可以撤销

对于上述观点,司法实践中有部分法院采纳,理由是夫妻双方将财产赠与子女,进而达成离婚的目的,一方离婚的目的达成后,不应当随意撤销;夫妻双方以协议离婚为条件,进而将财产赠与子女,离婚条件成就后,赠与行为不可以撤销。

上述观点既颠倒了原因与结果,也不符合逻辑。虽然在实践中,有一部分当事人为了快速离婚,往往会在离婚前做出一定的妥协与让步,进而让对方满足自己离婚的目的。但男女双方离婚的本质原因是感情彻底破裂,已无和好的可能性,而将财产赠与子女的原因是多样的,大多数是为了子女的利益考虑,并不是简单以离婚为目的或以离婚为条件。例如在离婚时将房产赠与子女,大多数当事人想的是在离婚后希望子女住在自己赠与的房屋中,进而自己能够随时探望子女,虽然解除了婚姻关系,但子女毕竟是自己一生的亲人。

(二)定性为离婚财产清算协议,不可以撤销

清算原本是公司法上的词汇,指法人终止前应当对其财产进行清理,对债权债务进行结算的行为。对于夫妻关系,此说法将夫妻关系看作身份法意义上的继续合同,在解除婚姻关系后,可以借鉴合同解除的法律后果,把离婚协议中“赠与子女财产”的条款界定为“离婚财产清算”,将离婚后所有的行为都纳入清算范围。因清算条款具有独立性,不因合同的解除而解除,即使合同解除后,清算条款仍然有效,因此对夫妻双方仍然具有约束力,夫妻双方对于离婚而达成的对共同财产的安排以及债权债务的处理也不因婚姻关系的解除而无效,进而排除了任意撤销权的行使。

对于上述观点,笔者持有不同看法。因“清算”一词属于财产法上的特定概念,现实生活中也主要用于财产、债权债务等方面。而离婚协议除财产外,夫妻双方还需要对子女抚养、子女探望等达成一致。所以定性为身份法上“离婚财产清算协议”实属不充分。

(三)离婚协议整体说或是定性为第三人利益合同,不可撤销

1. 离婚协议整体说,该学说在司法实践中得到了广泛认可

2015 年最高人民法院公布 49 起婚姻家庭纠纷典型案例,其中“于某某诉高某某离婚后财产纠纷案”中的法院认为双方将共同财产赠与未成年子女的约定与解除婚姻关系、子女抚养、共同财产分割、共同债务清偿、离婚损害赔偿等内容互为前提、互为结果,构成了一个整体,是“一揽子”的解决方案,不允许赠与人任意撤销。

对于上述观点,于法有据。《民法典》第 1076 条第 1 款规定,夫妻双方自愿离婚的,应当签订书面离婚协议,并亲自到婚姻登记机关申请离婚登记。同时依据《最高人民法院关于适用〈中华人民共和国民法典〉婚姻家庭编的解释(一)》第 69 条第 2 款,当事人依照《民法典》第 1076 条签订的离婚协议中关于财产以及债务处理的条款,对男女双方具有法律约束力。通过上述法律规定可知,离婚协议一经达成,若无欺诈、胁迫等情形,不允许撤销。

2. 第三人利益合同学说

第三人利益合同学说认为离婚协议中“财产赠与子女”的条款属于离婚协议的当事人为第三人子女的利益而约定,一方或双方应当向第三人给付,第三人享有独立的请求权,属于第三人利益合同。该学说保障了第三人子女的独立请求权,在子女成年之后可以独立享有

上述权利,该学说观点在司法实践中也得到了广泛的认可。

对于上述两种观点,笔者一同论述的原因在于两种学说观点不可相互分离。离婚协议中将财产赠与子女,除涉及第三人子女的利益外,还涉及男女双方。对内来说,即男女双方,该离婚协议中将财产赠与子女,这是基于男女双方意思自治而对夫妻共同财产达成的协议,该条与其他条款具有不可分割性,因此不可撤销,对于男女双方来讲都应当遵守。而对外来说,第三人子女将来被该协议赋予独立的请求权,该协议属于第三人利益合同,子女在未成年时可以由法定代理人以子女的名义向对方主张权利,在子女成年时可以由子女独立行使上述权利。

在诉讼路径下,上述案件对于第三人子女来说,因属于第三人利益合同,案件的案由往往定为合同纠纷。而在法律适用上,因涉及夫妻双方之间的事项,所以既适用《民法典》婚姻家庭编的法律规定,也适用《民法典》合同编的法律规定。

二、离婚协议中"财产赠与子女"条款的案件如何确定诉讼主体

离婚协议中"财产赠与子女"的条款属于第三人利益合同,这就赋予了第三人子女独立请求权。

在诉讼主体上,若财产仅属于夫或妻一方,或仅登记在夫或妻一方名下,即仅有一方负有给付义务,那么子女将作为原告,而赠与方即夫或妻的一方将作为被告。同时因离婚协议具有整体性,是原夫妻双方共同签订,不可分割,为了查明案件事实,往往需要相对方出庭陈述案件事实。对此,笔者认为将相对方列为无独立请求权的第三人,在法庭上以第三人的身份出庭陈述案件事实。若赠与的财产登记在原夫妻名下或协议约定原夫妻均对子女负有给付义务,那么子女将作为原告,原夫妻双方作为共同被告来参与诉讼。

三、离婚协议中"财产赠与子女"条款能否排除外部债权人强制执行

原夫妻达成离婚协议后,"财产赠与子女"的条款已生效,若赠与的财产为不动产,该不动产尚未办理变更登记,依旧登记在赠与人名下,此时有外部债权人向法院申请强制执行赠与人名下的财产,受赠子女是否有权提起案外人执行异议之诉进而排除强制执行?对此要进行区分处理。

外部债权的形成时间若早于离婚时间,那么赠与人(债务人)在离婚时还将财产赠与子女,则有逃避债务的嫌疑,对此受赠子女无权请求法院排除强制执行。

外部债权的形成时间若晚于离婚时间,那么赠与人(债务人)在离婚时并无逃避债务的恶意,受赠子女有权利提起案外人执行异议之诉。而对于债务人名下的财产,受赠子女与债权人均享有请求权,二者权利谁能优先实现需要具体情况具体分析。《最高人民法院关于人民法院办理执行异议和复议案件若干问题的规定》第28条规定了房屋买受人的债权可以排除强制执行的情形,而作为受赠人的子女与上述情形具有相同之处。具体到案件之中,受赠子女所依据的离婚协议形成时间早于外部债权形成时间,若受赠子女已经占有了该房屋且对案涉房屋没有办理变更登记无任何过错,那么从实际权利人的角度考量,受赠子女对房屋享有的是物权期待权,其权利优先于债权人的债权请求权。

四、结语

离婚协议中“财产赠与子女”的条款既包含身份关系又包含财产关系，是一种混合协议。因我国对于这种协议没有明确的法律规定，所以各地法院裁判路径不同。本文通过诉讼路径保障受赠子女的合法权益，所以首先明确了该案件如何定性，即离婚协议整体说与第三人利益合同；其次明确了此类案件的诉讼主体；最终明确了受赠子女的请求权能否排除外部债权人的强制执行。通过本文论述，在诉讼路径下为作为受益人的子女提供相应的法律意见，保障子女的权益得以实现。

大数据时代下网络虚拟财产的继承问题

秦玥

辽宁仁正律师事务所

摘　要：大数据时代，人们存于网络空间的“虚拟财产”愈发增多，网络虚拟财产的价值保护与继承事关每一个人的权利，其能否继承、如何继承需要更健全的法律与制度进行保障。

关键词：网络虚拟财产；继承；大数据

一、网络虚拟财产的意义与种类

网络虚拟财产通常是指以数字信息或非物质的形式存在于网络空间中、具有一定财产价值、可为人所控制和使用的特殊属性的信息资源。广义的网络虚拟财产大致可以分为四类，包括：

（1）虚拟物类，也称虚拟有形财产，是对现实环境中有形事物的模拟，如网络游戏中的角色、装备、宠物等；

（2）虚拟货币类，作为网络世界中的等价物，在一定程度上起着连接现实世界和虚拟世界的桥梁作用，是一类特许的虚拟物，如腾讯公司的Q币、Q点，盛大公司的点券，百度公司的百度币等，特殊的虚拟货币如比特币，其获取需要耗费一定的资源、财物、精力等，具有交换意义上的价值，也属于虚拟财产；

（3）身份认证信息类，即用户在网络服务提供商注册的账户，是享受网络信息服务的身份载体，如以QQ、微信为代表的即时通信账号，以微博、抖音、小红书为代表的社交网络账号，银行、第三方支付的账号，电子邮箱账号，网络店铺等；

（4）虚拟空间类，如个人主页空间、域名、网页等。

网络虚拟财产需以有价值为离婚分割的前提，因此，在通常的离婚诉讼中，当事人存在争议的网络虚拟财产集中于具有商业价值的网络店铺、微信账号、虚拟货币、网页，争议本质在于分割财产权利。

二、网络虚拟财产是否可以继承

2021年施行的《中华人民共和国民法典》（以下简称《民法典》）已将网络虚拟财产纳入法律保护的范围，其第127条规定：“法律对数据、网络虚拟财产的保护有规定的，依照其规定。”可见，网络虚拟财产是受我国法律保护的财产形式，但由于法律规定得过于原则、笼统，在实践中往往缺乏可操作性，法律也未明确网络虚拟财产的继承规则。

《民法典》第1122条规定："遗产是自然人死亡时遗留的个人合法财产。依照法律规定或者根据其性质不得继承的遗产，不得继承。"法条用"概括式"的方式规定了遗产的范围，理论上，网络虚拟财产是具备可继承性的。但，实践中有不少账号，根据用户与平台之间的协议，平台并不允许用户将其作为个人财产进行继承。因为很多账户具有人身属性，交给他人继承，可能会造成一些负面的效果，比如某人发表言论的账号被继承后，继承人如果继续以被继承人的名义发表各类文章、评论、言论，就会给读者造成困扰。如果是主要体现为财产价值的账号，一般可以进行继承。对于生活在网络时代的人们来说，各种支付账号、游戏账号和装备、网店账号等，是自己生活中不可或缺的部分，也是自己非常重要的财产，因此愿意让自己的继承人进行继承。

因此，网络虚拟财产能否继承，还需结合两点事实确定：一是要看提供网络服务的平台、供应商是否允许进行继承，比如2021年底，苹果正式启动"数字遗产计划"，苹果手机用户将系统更新到iOS 15.2版本后，就能选择"遗产联系人"；二是要看是否违反相关法律法规的规定，如果不违法、符合行为人内心真实意思，在条件成就时，网络虚拟财产就可以转换为自然人的遗产，由其合法继承人继承。

三、网络虚拟财产继承所面临的问题

在现有法律制度下网络虚拟财产继承客观上仍面临诸多问题。

1. 网络虚拟财产继承的主客体不明确

由于很多游戏玩家或者用户使用某一社交软件时，在注册用户资料时为了保护个人隐私而不使用真实身份，这导致了其身份核实存在困难。在当继承人知晓被继承人存在合法可继承的网络虚拟财产时，可能会由于资料不实而不能举证该网络虚拟财产属于被继承人，从而遭受无法继承的风险。

再者，网络虚拟财产可以作为遗产被继承法所保护，但并不是说所有的网络虚拟财产都能作为继承的客体。网络虚拟财产涉及范围广、数量多，必然导致部分具有人身属性的网络虚拟财产不具有被继承的条件。

2. 网络虚拟财产价值评估困难

价值评估是网络虚拟财产继承中的重要程序，但网络虚拟财产继承不同于其他财产，其数字性、虚拟性且存在于网络介质之中的特征均导致其并不能像普通财产一样进行作价评估。目前对于网络虚拟财产的价值认定，在网络游戏领域有相对较为成熟的标准，如通过由网络服务运营商确定、计算玩家投入的经济成本、以市场交易价格衡量、委托鉴定机构评估等方式来确定。在自媒体等网络虚拟财产的价值认定标准方面，可以借鉴网络游戏领域的认定方法，但需要结合自媒体平台自身的特点加以完善。

当继承人为多人时，如果没有明确的价值评估规则，则网络虚拟财产的继承会面临较大障碍，因为网络虚拟财产继承中的分割要以价值的确定为基础，价值不能确定，分割就无法进行，进而继承也无法进行。

3. 网络虚拟财产继承与隐私权的冲突

在网络虚拟财产的继承过程中，网络服务提供者的主要否决理由，即网络虚拟财产涉及用户的隐私。如果将用户的网络交际信息等提供给继承人,这一过程是否构成侵害死者的隐私,因为这未经过被继承人的允许。那么就出现了其他问题需要明确,比如哪些网络虚拟财产属于被继承人的隐私,需要达到什么程度属于侵犯隐私而不可继承,其标准是什么等。

四、我国网络虚拟财产继承现状与思考

2023 年 3 月 21 日,《2022 中华遗嘱库白皮书》正式发布,对 25 万份遗嘱进行大数据分析,引发广泛关注。据统计,中青年人群(60 周岁以下)登记保管遗嘱的数量从 2017 年的 279 份,上涨至 2022 年的 3467 份,五年间增长了十余倍,其中不乏"90 后""00 后"的年轻人。且自 2017 年起,中青年人群通过订立遗嘱处分"虚拟财产"的情况也开始增多,截至 2022 年 12 月 31 日,中华遗嘱库共计收到 458 份内容涉及"虚拟财产"的遗嘱,类型包括 QQ、虚拟货币、支付宝、微信账号、网络游戏账号等。我国网络虚拟财产的处分与继承将越来越普遍,为此必须着手建立健全有关法律体系与制度。

1. 完善网络虚拟财产继承的法律规范体系

大数据时代,互联网、物联网、区块链等媒介推动网络虚拟财产几何式增长,网络虚拟财产作为新兴的财产类型,美国、德国、韩国等已通过法律明确规定网络虚拟财产具有独立的财产价值。我国应尽快出台相关的法律法规,对网络遗产进行明确划分,对遗产的种类属性等作出明确界定,对于可继承、过户以及有争议的部分给予明确说明,保障广大用户的财产权益。

如果在对网络虚拟财产继承问题进行专门立法条件还不成熟的情况下,可以在《民法典》继承编中扩大遗产的范围,比如在继承编中对"其他合法财产"的规定进行扩大解释,明确将网络虚拟财产纳入可被继承的遗产范围;或者增加"网络虚拟财产"作为兜底条款。这样就可以将网络虚拟财产纳入我国的法律体系中,为我国网络虚拟财产继承制度的构建创造一个更为有利的法律环境。

2. 确定网络虚拟财产继承的客体范围

我国《民法典》没有对网络虚拟财产具体范围给予明确解释,因此在现有法律体系中增设网络虚拟财产及其继承的相关规定尤为必要。首先,继承的客体应该明确,采用"概括+排除+兜底条款"方式确定网络虚拟财产继承的客体范围,即哪些网络虚拟财产可以继承,哪些不可以,例如如果网络虚拟财产已经被用户在生前主动删除或者明确表示不得继承,则该网络虚拟财产不得由继承人继承。

3. 设置网络虚拟财产的价值评估标准与评估机构

无论是网络用户还是网络运营商进行价值评估都带有利己因素,从而导致不能准确、科学地确定网络虚拟财产的价值。因此,需要设置统一的网络虚拟财产的价值评估标准,并设立专门的财产评估机构。

4. 网络实名认证,以便确定网络虚拟财产权属

参照实名认证购买火车票、手机号实名认证等规定,让每一个网民仅凭一个身份证号使用自己的网络平台,其身份证号下的网络虚拟财产归其个人所有。这样可避免网络上存在

的大量无主虚拟财产难以确定相关权利人的情况，也避免了一人拥有多个账号浪费共享资源的情况。

五、结语

互联网与大数据的结合，使得网络由工具变为主体，网络虚拟财产继承所涉及的并非仅是财产问题，还包括死者隐私利益保护、网络信用、网络服务提供者责任和互联网技术伦理等问题。在尊重用户意愿、尊重社会公共利益的基础上，建立健全网络虚拟财产继承制度任重而道远。

论债权人撤销离婚协议的路径与困惑

曹华

辽宁仁正律师事务所

摘　要:离婚协议是夫妻双方在离婚时就子女抚养、财产分割、债务负担等事项达成的协议。离婚协议既涉及夫妻双方之间的人身关系,也涉及夫妻双方之间的财产关系。在离婚协议中,夫妻双方可以根据自己的意愿和实际情况,对夫妻共同财产进行分割和处理。当夫妻双方在离婚协议中放弃或转让自己原本应当享有或共有的财产时,可能会影响到第三方(如债权人)对其所主张的债权的清偿。本文从理论和实践两个层面探讨了债权人撤销离婚协议中财产分割条款的问题。本文认为,债权人撤销离婚协议中财产分割条款是合理和必要的,因为这样做既符合法律规定、效果和目的,也符合法律关系。本文还分析了债权人撤销离婚协议中财产分割条款的适用条件、具体路径和程序,并指出了债权人在实践中需要注意的问题。

关键词:债权人撤销权;离婚协议;财产分割条款;诉讼方式

一、问题的提出

离婚是指夫妻双方解除婚姻关系的法律行为。离婚不仅会导致夫妻双方之间的人身关系发生变化,也会导致夫妻双方之间的财产关系发生变化。在我国,夫妻双方可以通过登记机关办理离婚登记或者向人民法院提起离婚诉讼来实现离婚。无论采用哪种方式,夫妻双方都可以在离婚时就子女抚养、财产分割、债务负担等事项达成协议,即所谓的离婚协议。

离婚协议是一种民事法律行为,它具有自愿性、合法性、公平性等特点。协议中的财产分割条款是指夫妻双方对夫妻共同财产进行分割和处理的条款。夫妻共同财产是指夫妻在婚姻关系存续期间所取得的财产,包括工资收入、生产收入、经营收入、知识产权收入、继承或者受赠所得的财产等。

由于离婚协议中的财产分割条款涉及夫妻双方之间的财产关系,因此也可能涉及第三方(如债权人)的利益。当夫妻双方在离婚协议中放弃或转让自己原本应当享有或共有的财产时,可能会影响到第三方(如债权人)对其所主张的债权的清偿。例如,甲乙是夫妻关系,甲欠丙 10 万元,甲乙在离婚协议中约定将甲名下的房屋无偿转让给乙,甲乙办理了离婚登记和房屋过户手续。此时,丙作为债权人,是否可以请求法院撤销甲乙之间的离婚协议中的房屋转让条款?如果可以,应当符合什么条件?应当采取什么方式?需要注意什么问题?

这些问题涉及债权人撤销离婚协议中财产分割条款的理论与实践。本文从理论和实践两个层面探讨了这些问题,并提出了自己的观点和建议。

二、债权人撤销离婚协议的理论基础和适用条件

（一）债权人撤销权的法律性质、功能和目的

债权人撤销权是一种特殊的诉权，它赋予债权人在债务人不当处分自己的财产或权利、对债权人造成损害时，请求法院撤销债务人的行为的权利。债权人撤销权是一种形成诉权、相对诉权和有条件的诉权。债权人撤销权的功能和目的是保护债权人的合法利益，维护合同秩序和公平正义。

（二）债权人撤销离婚协议中财产分割条款的适用范围

离婚协议是夫妻双方在离婚时就子女抚养、财产分割、债务负担等事项达成的协议。离婚协议既涉及夫妻双方之间的人身关系，也涉及夫妻双方之间的财产关系。在离婚协议中，夫妻双方可以根据自己的意愿和实际情况，对夫妻共同财产进行分割和处理。由于离婚协议涉及夫妻双方之间的财产关系，因此也可能涉及第三方（如债权人）的利益。当夫妻双方在离婚协议中放弃或转让自己原本应当享有或共有的财产时，可能会影响到第三方（如债权人）对其所主张的债权的清偿。

本文认为，债权人撤销离婚协议中财产分割条款是合理和必要的，因为这样做既符合法律规定、效果和目的，也符合法律关系。本文还分析了债权人撤销离婚协议中财产分割条款的适用条件。

（三）债权人撤销离婚协议中财产分割条款的适用条件

虽然债权人撤销离婚协议中财产分割条款是合理和必要的，但并不是所有情况下都可以适用。债权人必须符合以下三个条件才能行使撤销权：

第一，债务人无偿转让财产。无偿转让财产是指债务人在没有得到任何对价或者得到明显不足的对价的情况下，将自己原本应当享有或共有的财产转让给配偶或者第三方。无偿转让财产可以是明示或者暗示的，可以是直接或者间接的。无偿转让财产是债权人撤销权适用的前提和基础。

第二，损害债权人利益。损害债权人利益是指债务人无偿转让财产后，其清偿能力降低或消失，使得债权人难以或者不能实现其所主张的债权。损害债权人利益是债权人撤销权适用的条件和目标。

第三，未超过除斥期间。除斥期间是指债权人可以行使撤销权的时间限制。根据《中华人民共和国民法典》合同编第 541 条规定，债权人自知道或者应当知道债务人的行为后一年内，可以请求人民法院撤销债务人的行为；但是自债务人的行为发生之日起五年内未提起诉讼的，撤销权消灭。这一规定说明了除斥期间有两个层次，即相对除斥期间和绝对除斥期间。除斥期间是债权人撤销权适用的限制和平衡。

三、债权人撤销离婚协议的具体路径和程序

（一）债权人撤销离婚协议的主体资格、客体范围和效力范围

债权人撤销离婚协议的主体资格是指可以行使撤销权的人。债权人撤销离婚协议的主

体资格只有债权人,即对债务人主张债权的人。债权人可以是自然人、法人或者其他组织。债权人可以是单一的或者多个的。如果债权人是多个的,他们可以共同或者分别行使撤销权。如果债权人是单一的,他可以将其债权转让给第三方,第三方可以继受其撤销权。如果债权人死亡或者终止,其继承人或者受让人可以继受其撤销权。

债权人撤销离婚协议的客体范围是指可以被撤销的行为。债权人撤销离婚协议的客体范围只有离婚协议中的财产分割条款,即夫妻双方对夫妻共同财产进行分割和处理的条款。离婚协议中的财产分割条款可以是明示或者暗示的,可以是直接或者间接的。离婚协议中的财产分割条款不包括离婚协议中的其他条款,如子女抚养、赡养费、债务负担等条款。

债权人撤销离婚协议的效力范围是指撤销行为所产生的法律后果。债权人撤销离婚协议的效力范围只对债务人和配偶或者第三方受让人有效,即只恢复债务人原有的责任财产,并不影响其他无关当事人的利益。如果配偶或者第三方受让人已经以合理价款取得了财产,并且不知道该财产来源于无偿转让,则他们可以保留该财产,并不受撤销行为的影响。如果配偶或者第三方受让人已经将财产转让给其他无关当事人,则他们应当向债权人承担赔偿责任。

(二)债权人撤销离婚协议需要通过诉讼方式实现

债权人撤销离婚协议需要通过诉讼方式实现,即需要向法院提起诉讼,请求法院判决撤销离婚协议中的财产分割条款。这是因为:(1)法律规定了债权人撤销权的行使方式是诉讼方式。(2)法律效果需要法院的判决来确认和实现。(3)法律关系涉及多方当事人的利益,如债权人、债务人、配偶或者第三方受让人等。这些当事人之间可能存在着利益冲突和纠纷,需要法院的判决来解决和调整。

四、债权人撤销离婚协议面临的困惑和难点

虽然本文认为债权人撤销权适用于离婚协议中的财产分割条款,并且分析了债权人撤销离婚协议的适用条件和程序,但是在实践中,债权人撤销离婚协议仍然面临着一些困惑和难点。这些困惑和难点主要包括以下几个方面:

(一)无偿转让财产的认定标准

无偿转让财产是债权人撤销权适用的前提和基础,但是如何判断债务人是否无偿转让财产,以及是否得到了明显不足的对价,却没有一个明确和统一的标准。在实践中,不同地区法院对无偿转让财产的认定标准存在着差异和不统一。有些法院采用市场价值标准,即以市场上同类财产的交易价格为参考,如果债务人转让财产的价格低于市场价值的一定比例(如50%、30%等),则认定为无偿转让财产或者得到了明显不足的对价。有些法院采用成本价值标准,即以债务人获取财产时所付出的成本或者投入为参考,如果债务人转让财产的价格低于成本价值的一定比例(如50%、30%等),则认定为无偿转让财产或者得到了明显不足的对价。有些法院采用综合判断标准,即综合考虑市场价值、成本价值、交易时间、交易方式、交易动机等多种因素,根据具体情况进行判断,如果债务人转让财产的价格与上述因素存在明显不符合或者不合理,则认定为无偿转让财产或者得到了明显不足的对价。

这些不同的认定标准导致了不同地区法院对于同类案件的裁判结果和理由存在差异和

不统一。例如，在某案件中，夫妻双方在离婚协议中约定由丈夫将其名下一套房产以 100 万元的价格转让给妻子，并承担房屋相关税费。后来，丈夫的债权人发现该房产市场价值约为 300 万元，便向法院请求撤销离婚协议中的房屋转让条款。在一审中，法院采用市场价值标准，认为丈夫将房屋以市场价值 1/3 的价格转让给妻子，属于无偿转让财产或者得到了明显不足的对价，并且损害了债权人利益，因此支持了债权人的诉讼请求。在二审中，法院采用综合判断标准，认为丈夫将房屋转让给妻子是基于离婚协议的约定，是夫妻双方对共同财产的分割和处理，不属于无偿转让财产或者得到了明显不足的对价，并且没有证据表明丈夫转让房屋的目的是逃避债务或者规避债权人，因此驳回了债权人的诉讼请求。

这种裁判结果和理由的差异和不统一，不仅给当事人带来了诉讼风险和不确定性，也给法律适用带来了困难和混乱。因此，有必要制定一个明确和统一的无偿转让财产的认定标准，以便于法院和当事人进行判断和操作。

（二）损害债权人利益的判断因素

损害债权人利益是债权人撤销权适用的条件和目标，但是如何判断债务人无偿转让财产后是否损害了债权人利益，以及损害程度如何，却没有一个清晰和客观的判断因素。在实践中，不同地区法院对于损害债权人利益的判断因素存在着差异和不统一。有些法院采用清偿能力标准，即以债务人无偿转让财产后是否影响其清偿能力为判断因素，如果债务人无偿转让财产后仍然有足够的财产或收入来清偿其债务，则认为没有损害债权人利益；如果债务人无偿转让财产后导致其清偿能力降低或消失，则认为损害了债权人利益。有些法院采用清偿可能性标准，即以债务人无偿转让财产后是否影响其清偿可能性为判断因素，如果债务人无偿转让财产后仍然有可能通过其他方式来清偿其债务，则认为没有损害债权人利益；如果债务人无偿转让财产后导致其清偿可能性降低或消失，则认为损害了债权人利益。有些法院采用综合考量标准，即综合考虑债务人无偿转让财产后的清偿能力和清偿可能性，以及其他相关因素（如债务金额、到期时间、担保方式等），根据具体情况进行判断。

五、结语

本文以债权人撤销离婚协议为研究对象，从理论和实务两个层面进行了探讨。本文主要得出了以下结论：

第一，债权人撤销权适用于离婚协议中的财产分割条款，这是符合法律规定、效果和目的的。离婚协议中的财产分割条款是一种财产性协议，它与离婚协议中的人身关系条款是可以分离的。债权人有权对离婚协议中的财产分割条款行使撤销权，以保护自己的利益。

第二，债权人撤销离婚协议中的财产分割条款必须符合债务人无偿转让财产、损害债权人利益、未超过除斥期间三个条件。这三个条件是债权人撤销权适用的前提和基础、条件和目标、限制和平衡。

第三，债权人撤销离婚协议需要遵循一定的路径和程序。债权人撤销离婚协议的主体资格只有债权人，客体范围只有离婚协议中的财产分割条款，效力范围只对债务人和配偶或者第三方受让人有效。债权人撤销离婚协议需要通过诉讼方式实现，需要注意起诉时效、管辖法院、举证责任、审判标准等问题。债权人撤销离婚协议后还需要采取后续救济措施，如请求返还财产、执行抵押物或担保物等。

本文虽然对债权人撤销离婚协议问题进行了较为全面和深入的研究,但仍然存在一些局限性和不足。例如,本文没有对不同地区法院对于债权人撤销离婚协议案件的裁判结果和理由进行具体的统计和分析,也没有对其他国家或地区关于债权人撤销离婚协议问题的法律规定和司法实践进行比较和借鉴。这些都是未来可以进一步研究和完善的方面。

展望未来,债权人撤销离婚协议问题仍然是一个值得关注和探讨的问题。随着社会经济的发展和法律制度的完善,债权人撤销离婚协议问题可能会出现新的变化和挑战。为了更好地保护债权人、债务人、配偶或者第三方受让人等各方当事人的合法利益,维护合同秩序和公平正义,有必要完善相关法律规定、统一司法解释、加强司法实务交流等。本文希望能够为此提供一些参考和借鉴,也为婚姻家庭法的完善和发展提供一些启示和贡献。

离婚案件中的商业保险分割问题

王占平

辽宁同方律师事务所

摘　要:随着现在日益增长的物质文化需求,人身保险已经成为不少家庭中必不可少的特殊金融产品,人身保险具有复杂性及专业性等特点,保险合同涉及投保人、保险人、被保险人、受益人等参与人。保险为“财产性权益”,有一定的隐私性。在离婚纠纷中,对于意外伤害及健康保险,由于获得的保险金不是婚姻关系存续期间的劳动收入,故应认为属于夫妻一方的财产,离婚时并不应对其进行分割。对于人寿保险,如果在婚姻关系存续期间,夫妻一方作为受益人获得了以死亡为给付条件的保险金,应认定为该方的个人财产;如果在婚姻关系存续期间,夫妻一方作为被保险人获得以生存到一定年龄为给付条件的保险金,应认定为夫妻共同财产;夫或妻一方以被保险人身份获得的生存保险金属于夫妻共同财产,而夫或妻一方以受益人身份获得的死亡保险金属于该夫或妻一方财产。对于投资理财型保险,在不同情况下,有不同的分割结果。

关键词:离婚案件;夫妻共同财产;保险分割

离婚案中的一般财产如金钱、房产、股票(股权)、债券等的分割问题,因有《中华人民共和国民法典》(以下简称《民法典》)及《最高人民法院关于适用〈中华人民共和国民法典〉婚姻家庭编的解释(一)》的规定,对当事人来说有着相对准确的预判结果,但唯独就保险的分割问题,没有法律规定。随着现在日益增长的物质文化需求,人身保险已经成为不少家庭中必不可少的特殊金融产品,人身保险具有复杂性及专业性等特点,保险合同中虽然只有投保人及保险人两方合同当事人,但还涉及被保险人、受益人等参与人,当受益人约定存在争议或约定不明等其他情况,还会涉及被保险人的继承人,保险事故发生与否,就保险费、保险金、保险投资收益及现金价值等的确定或分割也会影响到这几方参与人不同的利益,因此当分割保险的时候,就会有很多争议出现。

保险既非动产也非不动产,而称为“财产性权益”,并且有一定的隐私性,在离婚纠纷中,该财产性权益究竟属于夫妻共同财产抑或是个人财产,存在着一定的争议。但因《民法典》和《中华人民共和国保险法》(以下简称《保险法》)并没有就分割问题给予明确的说明和解释,所以近年来在司法实践中产生了很多的争议和问题。虽《第八次全国法院民事商事审判工作会议(民事部分)纪要》(以下简称《会议纪要》)就夫妻共同财产认定问题中的保险分割达成共识,但就保险的其他问题仍未作出明确意见。

一、离婚中保险分割的具体对象

保险作为财产性权益，在离婚案件当中，所分割的具体对象分为以下几种：

1. 保险金

保险合同约定的保险事故已经发生或者保险合同约定的给付条件已经达成，合同中约定的被保险人或受益人已领取的保险金或享有了保险金请求权。

2. 保险费

因保险合同无效或被撤销，保险公司向投保人退还的及保险人依《保险法》其他规定或保险合同约定退还的保险费。

3. 投资保险的收益

在投资或理财型的保险中，投保人根据保险合同约定获得的分红或者其他形式的收益。

4. 现金价值

保险事故未发生的情况下，投保人单方行使解除权，或发生《保险法》规定的其他情形，保险人按保险合同中现金价值表载明的金额退还给投保人的钱款。

二、人身保险的种类

根据保险标的的不同，分为人身保险和财产保险两大类。人身保险是以人的寿命和身体为保险标的的保险。而财产保险则是以财产及其有关利益为保险标的的保险。

人身保险可以划分为：人寿保险、人身意外险和健康保险等。保险的种类多样，但除短期人身保险外，一般情况下的人身保险都存在现金价值。例如两全保险、终身寿险、一年以上的定期寿险、养老保险、万能保险以及分红险等。

三、人身保险分割产生的争议问题

在人身保险当中，上面所述的保险金、保险费、投资保险的收益、现金价值的性质是个人财产还是夫妻共同财产，情形较为复杂。所以在司法实践当中，涉及离婚财产分割时，双方当事人经常会在涉及人身保险的相关费用归属问题上产生争议。由于近年来人们收入水平不断提高，投保大额保单的情况经常发生，尤其是人们通过《保险法》就遗产税的关注度提升，就此有些投保人因《中华人民共和国个人所得税法》第 4 条关于保险赔款免征个人所得税的规定，为避免下一代因继承遗产而缴纳个人所得税，甚至为避免婚姻、继承纠纷，购买了人身保险的大额保单，由此产生各种保险法律问题。下面我们就夫妻双方没有就保险分割达成一致的情况，具体分析离婚时有关人身保险的保险金、保险费、投资保险的收益、现金价值的分割问题。

（一）在没有出现保险事故或保险合同约定给付保险金的情形时，不涉及保险金问题，仅涉及前面阐述内容的前提下产生的保险费、现金价值、投资保险的收益（以下简称“三笔费用”）分割问题。

在该情形下因《保险法》规定及保险合同的约定，该三笔费用归投保人所有，如夫妻一方作为投保人所交的保费来源于夫妻共同财产,而无论被保险人及受益人是谁,该三笔费用属于夫妻共同财产,应当分割。在投保人、被保险人不为同一人时,被保险人想保留该保单继续投保,被保险人向投保人支付保险公司应支付的三笔费用的金额后可以保留该保单,但被保险人为夫或妻一方的,根据《会议纪要》,该被保险人应向另一方支付该费用的一半。

(二)在出现保险事故或保险合同约定给付保险金的情形时,涉及的仅有保险金,此种情况较为复杂,不同险种分割的情形不尽相同,根据《会议纪要》规定分为以下几种:

1. 意外伤害及健康保险

意外伤害保险,是以被保险人因遭受意外伤害造成死亡、伤残或者发生保险合同约定的其他事故为给付保险金条件的人身保险,在被保险人发生意外死亡或者意外伤残的情况下,保险公司按约定给付伤残或死亡保险金。健康保险,是指由保险公司对被保险人因健康原因或者医疗行为的发生而向被保险人给付保险金的保险,主要包括医疗保险金、疾病保险金、失能收入损失保险金、护理保险金以及意外医疗保险金等。上述这些发生保险事故后所得的保险金都与人身关系具有密切联系,具有人身属性,此种情形符合《民法典》第 1063 条规定,即夫妻一方因受到人身损害所获得的赔偿金和补偿金费用为其个人财产。该种情形不考虑保险费是否来源于夫妻共同财产、夫妻是否为投保人、保险期间是否为婚姻关系存续期间等问题。该种情形下获得的保险金因不是婚姻关系存续期间的劳动收入,故该保险金应认为夫妻一方的财产,离婚时并不应对其进行分割。但是对于误工损失类的保险金,这是针对夫妻一方基于伤害导致无法工作而减少收入所给的补偿,一般不具有人身性质,根据《民法典》第 1062 条的规定,应该视为夫妻共同财产进行分割。

2. 人寿保险

人寿保险合同是指投保人和保险人约定,被保险人在合同规定的年限内死亡,或者在合同规定的期限内仍然生存,由保险人按照约定向被保险人或者受益人给付保险金的合同。

人寿保险可以划分为风险保障型人寿保险和投资理财型人寿保险。风险保障型人寿保险又可以分为死亡保险、生存保险、生死两全保险、年金保险、简易人身保险;投资理财型人寿保险主要可以分为分红保险、投资连结保险、万能人寿保险。

(1)如果在婚姻关系存续期间,夫妻一方作为受益人获得了以死亡为给付条件的保险金,应认定为该方的个人财产。此种情形不考虑保险费是否来源于夫妻共同财产、投保时该夫妻是否属于婚姻关系存续期间、投保人和被保险人是否为夫妻。

(2)如果在婚姻关系存续期间,夫妻一方作为被保险人获得以生存到一定年龄为给付条件的保险金,应认定为夫妻共同财产。此种情形不考虑保险费是否来源于夫妻共同财产、投保时该夫妻是否属于婚姻关系存续期间、投保人是否为夫妻。有些生存保险合同,包含子女教育保险金、婚嫁保险金,这些保险均属于年金保险。年金保险属于在被保险人生存期间,按照约定有规律地向被保险人支付保险金的保险。生死两全保险是指被保险人在合同约定的保险期间内,无论被保险人是生存还是死亡,保险公司均给付保险金。需要注意的是,根据《会议纪要》,夫或妻一方以被保险人身份获得的生存保险金属于夫妻共同财产,而夫或妻一方以受益人身份获得的死亡保险金属于该夫或妻一方财产。

另外,由于投资理财型人寿保险属于一种特殊的人身保险,保险公司会在投保人投保年金保险时在该保险项下创建一个投资账户,有的保险合同称为“万能账户”,该账户是以投保人额外向该账户支付的资金为基础,由保险公司运用该账户的资金进行投资,保险公司向投保人支付其所获得的收益。但在该保险合同中约定,被保险人每年依据保险合同所获得的生存保险金转入该投资账户,由保险公司用该笔资金进行投资,并设定了分红收益。在此情形下,由于该投资账户为投保人所有,但在该账户内还存在被保险人所有的生存保险金,该账户投资款及投资分红如何分割并没有任何法律规定或者裁判共识,尤其是在投保人为夫妻一方的父母,被保险人为夫妻一方,在此情形下根据前面的阐述,离婚时被保险人作为夫妻一方,其在婚后所获得的生存保险金为夫妻共同财产,理应分割,但由于保险合同约定将该生存保险金转入投保人的投资账户,保险合同还约定该账户及账户内投资收益归投保人所有。有人认为,因保险合同的约定,该账户及其收益均归投保人所有。笔者认为,应探究被保险人获得的生存保险金进入投保人投资账户的法律行为性质,因保险合同约定该保险金进入投资账户是“转入”而非“赠与”法律行为,且被保险人并未明示确认该“赠与”法律行为及后果,因此投保人的投资账户中涉及被保险人的保险金及其投资收益归被保险人所有。

由于保险的种类繁多,新型保险层出不穷,保险合同格式条款及特别约定内容存在不确定性,《民法典》和《保险法》中对于保险分割问题的规定略显滞后,当事人及司法人员对相关问题争议较大,为统一裁判规则,需要最高人民法院尽快出台上述相关问题的裁判规则或具有指导意义的案例,这样才能促进司法的进步,使每一个公民在司法案件中感受到公平正义。

民营企业安全生产方面的法律风险防控

邢睿博　郭二玲

北京市盈科(呼和浩特)律师事务所

摘　要:在当前新形势下,安全生产问题是决定企业快速发展的关键。因此,为了保障我国企业的有序发展,企业需要不断强化自身的安全管理体系。企业主要负责人员、安全生产管理部门人员、企业员工应当对安全生产进行细化责任,企业主要负责人员负责统筹安全生产的规章制度,安全生产管理部门人员负责安全生产制度执行、培训和演练,企业员工则发挥其主观能动性,以科学的手段处理和应对事故。安全生产得以保障后,在一定程度上将会推动企业快速发展。

关键词:安全生产;法律风险;防控

一、我国企业安全生产现状

随着我国经济的发展,我国企业数量日渐增长,在此过程中,安全生产问题也日益频发,企业在运行过程中会面临安全事故隐患。2021 年 4 月 22 日,胜瑞电子科技(上海)有限公司的厂房发生火灾,导致 8 人死亡。此次事故的直接原因是作业人员违反企业安全规章制度在车间内吸烟,周边杂物被引燃。河南省安阳市某商贸有限公司厂房于 2022 年 11 月 21 日发生火灾,此次火灾事故原因是企业人员违规操作电焊,导致 42 人死亡、2 人受伤。

以上两起事故都暴露出我国企业安全生产管理存在着安全隐患。对于作业人员担任安全管理人员的企业来说,企业本身作业任务重且员工少,员工精力有限,导致无法更好地承担安全管理工作,出现力不从心的情况。慢慢地,员工对安全管理职责懈怠,安全管理出现疏漏,导致相继出现安全事故。① 但对于专门设立安全管理人员的企业来说,员工在一定程度上确实履行了安全管理岗位应尽的职责,工作中也做到了严谨认真。② 但对于安全管理人员来说,由于企业岗位种类不同,差异性也比较大,对各个岗位特殊性了解较少,无法更好地做到根据岗位特殊性而进行科学合理的有效管理。③ 同时,安全管理人员设置的制度过于繁琐,可操作性不强,加之作业人员本身任务重。因此,在安全管理制度运行过程中,作业人员将安全管理流程化繁为简,导致制度没有更好地落实到位,执行力度也不够。这就导致企业生产存在着安全隐患。④

---

①赵锦鹏.新形势下如何加强汽修企业安全生产管理[J].汽车维修技师,2023(05):104-105.

②施倚.非煤矿山开采企业安全生产费用应当用于哪些支出[J].劳动保护,2023(05):82.

③施倚.石油天然气开采企业安全生产费用应当用于哪些支出[J].劳动保护,2023(05):82-83.

④郗琨,安泰,吴亚妮.煤矿企业安全生产标准化管理体系建设与完善[J].冶金管理,2023(08):90-93.

二、我国企业安全生产的法律风险防控

(一)企业主要负责人员应当对安全生产全面负责

企业主要负责人员作为企业安全责任第一人,是企业安全规章制度的统筹者,是企业安全制度推动者和决定者。① 作为企业主要责任人的责任则是对安全责任进行全面负责。首先,企业主要负责人员应当根据我国安全生产的法律法规,制定适应本企业的安全生产管理制度,规划日常安全生产教育培训,保障本企业对于安全生产所需的资金投入。其次,企业主要负责人员要组织安全责任部门对员工定期进行安全培训和考核,对于特种作业人员严格要求持证上岗。② 最后,企业主要负责人员需要定期向企业员工开展有关的安全工作会议,汇报企业安全相关工作,并认真听取企业员工的意见和建议。

(二)企业设立专门的安全生产管理部门对安全生产问题专门负责

根据《中华人民共和国安全生产法》第24条规定,在特定的生产单位中应当设置安全生产管理机构或者配备专职安全生产管理人员,其他生产经营单位视人数情况而定,从业人员超过一百人的,应当设置安全生产管理机构或者配备专职安全生产管理人员;从业人员在一百人以下的,应当配备专职或者兼职的安全生产管理人员。③ 因此,对于存在以上情况的企业需要设立专门的安全生产管理部门对安全生产问题专门负责。

首先,安全生产管理部门人员需要组织和参与制定本企业安全生产管理制度和应急救援预案。制定过程中,安全生产管理部门人员要充分考虑到企业的特殊性,包括企业类别、工种、员工的特殊性,要切实做到具体问题具体分析,做到安全生产规章制度操作性强,更适应企业发展。④

其次,安全生产管理部门人员需要经常组织并参与本企业的安全生产教育和培训。安全生产教育和培训是加强作业人员的安全意识、贯彻落实国家关于各项安全生产规定及安全生产标准的有效途径之一。⑤ 安全生产管理部门人员对培训计划表安排要切实考虑到作业人员的工作时间,例如在生产工作任务少的情况下,可以开展多期安全培训。培训结束后,安全生产管理部门人员要以奖励政策为基础,开展安全知识考试。对于考试成绩合格者,安全生产管理部门人员可适当对员工进行激励和奖励,从而使得更多作业人员积极地参与到安全生产教育培训。

再次,对于本企业的应急救援演练,安全生产管理部门人员要积极组织开展。开展应急救援演练的目的是让作业人员熟练识别企业安全生产各个环节风险隐患、了解突发事件的发生原理、明确应急救援的范围。当作业人员遇到事故时,作业人员能够更加熟练应对,有效地防止事故的危害后果进一步扩大,但需要注意的是应急救援演练一定要根据企业的特

---

①邓静波.关于企业安全生产双重预防机制建设的思考[J].现代企业,2023(04):38-40.

②赵跃中.企业安全生产信息化管理体系研究[J].新疆有色金属,2023,46(02):109-110.

③吴和平,吴才伍,吴超.化工企业安全生产问题分析及对策[J].化学工程与装备,2023(04):220-221.

④施倚.危险品生产企业安全生产费用应当用于哪些支出[J].劳动保护,2023(04):80-81.

⑤侯玮,徐志强,王龙.基于企业安全生产双重预防机制的左领结图分析法研究与应用[J].安全与环境工程,2023,30(02):21-26.

殊性进行安排。① 例如能源企业要开展火灾救援演练,采矿企业要开展矿井坍塌救援演练。

最后,安全生产管理部门人员要经常检查本单位的安全生产状况。安全生产管理部门人员要定期排查安全生产事故隐患,并对企业中存在的安全生产事故隐患提出改进安全生产管理建议,②及时督促相关负责人员对企业存在的隐患进行整改。在排查过程中,安全生产管理部门要贯彻“定期、定时、定人”的责任制度。安全生产管理部门要按期制定值班表,对企业的各项安全生产事故隐患排查落实到人。在检查过程中,安全生产管理部门人员遇到“违章指挥、强令冒险作业、违反操作规程”的行为,要及时向企业有关部门汇报,同时对该行为实施者和负责人进行制止、纠正和警告。③ 安全生产管理部门人员要督促并落实本企业进行安全生产整改措施。整改措施出具后要交予安全生产管理部门人员审核,审查通过后,方可执行。④ 只有这样才能使得企业更好落实安全生产主体责任,才能提早发现企业内部的安全隐患,让隐患得以化解。⑤

(三)企业员工对岗位以及安全生产负直接责任

根据《国务院安委会办公室关于全面加强企业全员安全生产责任制工作的通知》的规定,企业要建立健全安全生产责任制管理考核制度,同时,对全员安全生产责任制落实情况进行考核管理。企业要将过程考核与结果考核相结合,并设定科学的考核指标。企业将安全生产责任制落实情况与奖励惩处进行挂钩,强化各部门安全生产职责,要做到一岗双责,对于企业安全生产不良记录和“黑名单”制度进行完善,建立失信惩戒和守信激励机制。⑥ 从而,全员参与安全生产工作的积极性和主动性得以激发,并营造一种良好的企业安全文化氛围。

企业员工作为企业安全生产的关键,他们是企业最基本的要素。新形势下,一部分企业拥有着完备的安全生产体系以及安全生产管理制度,同时,企业领导人员花费大量资金投入企业安全生产建设。⑦ 但是,企业员工的安全责任意识比较薄弱。在日常的生产经营中,企业员工并不重视安全生产,导致企业安全生产事故频发。因此,企业员工是对企业安全生产起到至关重要的角色。⑧ 企业负责人或者企业安全生产管理部门人员通过对员工教育培训、严肃奖励和惩罚,让企业员工从不服从到服从,并让企业员工从内心深处真正接受安全管理是对企业的一项挑战。当一项新的安全管理制度出现,刚开始执行能被企业员工遵守。但这只是因为企业员工获得奖励或害怕因此受到惩罚,所以才会表面服从。因此,企业员工对岗位以及安全生产负直接责任是落实安全生产责任制的关键所在。只有企业员工对新的安全思想和做法认同,这样安全制度才会内化到企业员工的内心,从而成为自身的安全意

---

①李永强.国内企业安全生产应急能力量化及其管理对策研究[J].中小企业管理与科技,2023(05):118-120.

②唐松磊.将信用建设贯穿企业安全生产每个环节[N].中国应急管理报,2023-03-07(04).

③施倚.企业安全生产费用可由企业用于哪些范围的支出[J].劳动保护,2023(03):89.

④杨文婧.化工企业安全生产的影响因素及管理对策[J].化工设计通讯,2023,49(02):150-152.

⑤曲百友.全面加强危险化学品企业安全生产执法监管工作的探讨[J].中国石油和化工标准与质量,2023,43(03):4-6.

⑥杨建磊.对构建企业安全生产双重预防机制的探讨[J].冶金经济与管理,2023(01):46-47+51.

⑦宋凤文.企业安全生产风险管控工作[J].化工管理,2023(05):98-100.

⑧赵严,秦丽杰,段得胜.危化品企业安全生产标准化运行探讨[J].化工安全与环境,2023,36(02):71-73.

识，最后企业员工将安全生产视为一种习惯，企业的生产安全才能更好地得到保障。①

首先，企业应当鼓励企业员工提升自身安全意识，鼓励他们积极参与企业开展的安全教育培训和安全事故演练，使得他们对企业的安全事故风险和应对措施更加熟知，以至于在面对安全事故中能够更好发挥主观能动性，从而从容面对，以科学的手段处理和应对事故，有效防止事故的扩大发展，减少企业的损失，避免人员伤害。在一定程度上，对于事故风险起到降低作用。

其次，新形势下，我国现有的企业规模、类型都各不相同。同时，企业员工的技术水平和文化程度也各不相同。企业员工如果经常出现违章作业、违章指挥、违反劳动纪律的行为，将导致安全事故频发。而对于企业员工来说，他们既是设备的操作者，也是安全事故发生的受害者。因此，对于企业员工，企业应该更加严格地要求他们执行安全事故规章制度和安全生产操作规程，从而保障企业安全生产。②

最后，企业需通过建立规范化、标准化的安全管理机制，对企业实施标准化管理。对于作业区，企业要加强作业人员的规范化管理，实行标准化管理模式，给员工创造一个标准化流程的工作场所。③ 同时，企业要对安全生产方针目标进行制定、将企业安全生产职责进行明确、将企业安全生产统筹安排并分工协作。企业负责人还需定期考核检查企业安全，对不合规的地方进行总结、提出措施进行改进，形成一套全员、全方位、全过程的标准化安全生产管理模式，营造一种齐抓共管、相互配合、人人参与的氛围。

三、结语

我国企业在当前新形势下，安全生产无疑是目前最大的挑战之一。无论是企业管理者、企业安全生产管理部门人员还是企业员工，大家都要参与到企业安全生产管理中，每个人都要对企业安全生产负责。对于企业管理者，要做到重视安全生产，将大量的时间和资金投入安全生产的建设中。同时，企业管理者要制定本企业安全生产管理制度和应急救援预案，切实将安全生产管理落实到位。对于企业的安全生产管理部门，要做到定期对员工进行安全生产培训和安全事故演练，切实保障事故发生之时员工掌握应对策略。对于企业员工来说，他们既要对自己岗位职责负责，也要对安全生产负责。因此，企业要鼓励企业员工提升自身安全意识，鼓励他们积极参与企业开展的安全教育培训和安全事故演练，充分发挥其主观能动性，以科学的手段处理和应对事故。只有企业员工从下到上做到齐抓共管、相互配合、人人参与，才能确保企业安全生产平稳进行，从而推动企业发展。

---

①钟华，杨小辉，闫红斌. 落实企业安全生产责任制的思考[J]. 化工管理，2023(04)：98-100.

②施倚. 企业安全生产费用提取和使用依据哪些法规[J]. 劳动保护，2023(02)：85.

③国务院国资委、应急管理部联合召开中央企业安全生产工作视频会议[J]. 中国减灾，2023(03)：5.

由婚内一方给婚外异性财物引发的几点思考

宋志刚

内蒙古伊克昭律师事务所

摘　要:夫妻关系是家庭产生的前提,是家庭和睦的基础和核心。随着网络媒体的发展及城市化进程的加快,婚外情这一严重违背传统道德观念、违背社会公德的现象更是屡见不鲜,对个人、家庭和社会都有极大的危害,并已成为一个严重的社会问题。谈及婚外情,就不可避免地要牵扯到经济问题,最突出的就是婚内一方将财产给予婚外异性所产生的一系列道德及法律问题。笔者借承办的一起案件对该类问题作一浅析。

关键词:婚外情;给予;赠与;财产

基本案情:

原告:刘某(女),委托代理人:刘某某,律师

被告:李某(女),委托代理人:宋某某,律师

第三人:何某(男),委托代理人:冯某,律师

案由:赠与合同纠纷

原告刘某诉被告李某、第三人何某赠与合同纠纷一案,法院受理后,依法开庭审理。三方均系代理人出庭参加诉讼。

诉讼请求:确认第三人赠与被告5635973元的行为无效并由被告向原告返还上述钱款。

原告称:原告与第三人系夫妻关系,二人于2010年×月×日登记结婚。被告与第三人于2014年相识。2014年12月至2020年12月期间,在原告不知情的情况下,第三人通过案外人武某、张某、李某、袁某的支付宝、银行账户等向被告赠与夫妻共同财产,合计5635973元。第三人在婚姻关系存续期间,擅自将夫妻共同财产无偿赠与被告,应当认定为无效。

被告代理人答辩如下:(1)本案存在严重的道德风险,是否真实无法确定。(2)刘某作为原告的诉讼主体不适格。(3)本案不存在第三人向被告赠与财产的事实,更不存在第三人向被告赠与夫妻共同财产的事实。(4)第三人无支出或向他人赠与巨额款项的能力。(5)案涉款项的具体来源及用途不明,被告对不知来源及未使用的部分不承担返还义务。

第三人代理人答辩如下:同意原告的全部诉讼请求并认可其陈述的事实。

一审法院认定事实如下:原告与第三人于2010年×月×日登记结婚。被告与第三人自2014年底至2021年初系情人关系,二人于2015年×月×日育有一子。原告、被告、第三人均认可以下事实:案外人武某于2017年12月至2018年2月间向被告共转账4次,合计170000元;案外人张某于2015年5月5日向被告转账100000元;案外人袁某于2014年12月至2020年12月间向被告转款25次,合计5230000元;案外人李某于2018年1月27日向

被告转账 135973 元。

原告申请武某、袁某、张某、李某作为证人到庭陈述，其转账给被告的所有款项均系受第三人委托，第三人指示直接将上述款项转账给被告。证人张某另陈述，其向被告转账的款项系第三人借自己的钱，直接转到被告账户，后第三人以现金方式偿还。证人李某陈述，其向被告转账的款项系自己于 2016 年借第三人的款项（现金），后还钱时第三人指定转到被告的账户中。证人武某陈述，其系神木市某某地质灾害治理有限公司（2012 年 11 月 12 日成立，自然人独资，以下简称“神木公司”）出纳，第三人系该公司实际控制人，其转给被告的款项为公司的应收账款。证人袁某陈述其系内蒙古某某工程建设有限公司（2010 年 9 月 2 日成立，股东为李某和蒋某平，以下简称“内蒙公司”）出纳，第三人系该公司实际控制人，其转给被告的款项为公司的款项。

法院认定：根据法律相关规定，夫妻关系存续期间夫妻财产系共同共有，共有财产在分割之前夫妻双方是不分份额地享有权利。夫妻一方对夫妻关系存续期间财产的处分，需征得配偶的同意。原告与第三人于 2010 年×月×日登记结婚，婚姻关系存续期间，夫妻一方对共同财产的处置应经另一方同意。根据证人武某、袁某、张某、李某向被告的转账记录及四位证人的陈述可知，四位证人向被告的转账均系受第三人委托。根据证人张某、李某的陈述可知，其二人向被告转账的款项实质系第三人所有，故应为原告、第三人的共同财产，第三人未经配偶同意自行委托张某、李某向被告转款，应当认定为无效，故被告应当将上述款项 100000 元、135973 元予以返还原告。根据证人武某、袁某的陈述，其二人向被告转账的款项系神木公司、内蒙公司的款项，原告无法证明该款项系其与第三人的共同财产，故对原告请求被告返还该部分款项（武某转账的 170000 元、袁某转款的 5230000 元）的请求不予支持。

裁判结果：第三人赠与被告 235973 元的行为无效，应予返还；驳回原告的其他诉讼请求。

原告不服一审判决上诉。二审判决驳回上诉，维持原判。

案件评析：

作为本案被告方代理律师，就本案及类似案件所涉及的一些法律问题作如下评析：

一、婚外同居关系属于违法关系

依据《中华人民共和国民法典》（以下简称《民法典》）禁止重婚、禁止有配偶者与他人同居的规定，何某与李某长期婚外同居的行为违法。同时依据《中华人民共和国刑法》关于重婚罪的规定，如果何某与李某对外公开以夫妻名义长期共同生活，且周围民众也认为二人存在夫妻关系的，则何某涉嫌构成重婚罪；在李某也知晓何某系有配偶者，并与何某长期以夫妻名义共同生活的情况下，李某的行为也涉嫌构成重婚罪。

二、严格区分夫妻共同财产与夫妻个人财产

夫妻共同财产，指在婚姻关系存续期间所得的由《民法典》规定的归夫妻共同所有的财产。夫妻对共同财产，有平等的处理权。《民法典》规定夫妻在婚姻关系存续期间所得的财产，为夫妻的共同财产，归夫妻共同所有：如工资、奖金、劳务报酬；生产、经营、投资的收益；

知识产权的收益;继承或者受赠的财产,但遗嘱或者赠与合同中确定只归一方的财产除外;其他应当归共同所有的财产。除日常家事可以互相代理外,夫妻一方对婚姻关系存续期间的大额财产的处分,需征得配偶的同意。

夫妻个人财产,也称夫妻保留财产,是指夫妻在实行共同财产制的同时,依照法律规定或夫妻约定,各自保留的一定范围的个人所有财产,包括婚前个人财产和婚后特有财产。《民法典》规定属于夫妻一方的个人财产有:一方的婚前财产;一方因受到人身损害获得的赔偿或者补偿;遗嘱或者赠与合同中确定只归一方的财产;一方专用的生活用品;其他应当归一方的财产。

《最高人民法院关于适用〈中华人民共和国民法典〉婚姻家庭编的解释(一)》又对夫妻共同财产和夫妻个人财产作了进一步细化。

在夫妻双方未选择其他财产制的情形下,夫妻对共同财产形成共同共有,而非按份共有。就共同共有而言,在婚姻关系存续期间,夫妻共同财产应作为一个不可分割的整体来对待,夫妻对全部共同财产不分份额地共同享有所有权,在没有法律规定的情形下,任何一方在夫妻关系存续期间均无权请求分割该部分财产。

夫妻对共同财产享有平等的处理权,但并不意味着夫妻各自对共同财产享有一半的处分权。只有在共同共有关系终止时,才可对共同财产进行分割,确定各自份额。因此夫妻一方擅自将共同财产给付他人的行为应认定为全部无效。

在本案中,如果最终认定何某给付李某的钱款确实为夫妻双方共同所有,且未经刘某同意将钱款给付李某个人,则李某对相关钱款应依法全部返还。因此,本案的关键是认定哪些钱款为夫妻共有。

三、应对每笔款项的来源及用途进行独立判断

庭审中,原告代理人向法庭出示了在2014年至2020年间,武某、张某、袁某、李某共计31次向被告账户内转账的记录,被告对上述转账的事实均认可,但就款项均为第三人对自己的赠与不予认可。因此,有必要对每笔款项的来源及用途进行查证。

(一)案涉款项的具体来源主要有以下两种:

(1)本案中,出现了神木公司和内蒙公司,两公司的性质均为有限责任公司。原告及证人始终声称“第三人为两公司实际控制人”,但无法提供任何证据予以证明。依据《中华人民共和国公司法》的规定,公司是企业法人,有独立的法人财产,享有法人财产权。而有限责任公司的股东以其认缴的出资额为限对公司承担责任。本案证人武某、袁某分别系神木公司和内蒙公司的财务人员,负责公司的财务工作。二人掌管的账户内的资金都包含有公司的财产,而两家公司均系有限责任公司,股东出资后,资产的所有人已经由股东个人转为公司,因此,即使两家公司的实际出资人确系第三人,第三人对该资金亦无所有权。况且,武某与袁某掌管的资金存在公司资金与第三人资金的混同,无证据证明该二人转给被告的资金是第三人的个人资金,更无证据证明上述资金属于第三人与原告共同所有。本案也正是依此驳回了原告的部分诉讼请求。

(2)证人李某系内蒙公司法定代表人,与第三人有经济往来;证人张某与第三人系朋友

关系，双方之间经常有资金周转的情况发生。也即案涉钱款的另一个来源是第三人与他人之间的经济往来款。

因此，在案涉款项来源不明确的情况下，法庭应仔细审查每笔款项的具体来源，才能确定款项的性质，从而作出正确评判。

（二）案涉款项的用途主要有以下三种：

（1）何某与他人经济往来（偿还其个人向他人的借款）；

（2）何某与李某及孩子共同生活期间的支出；

（3）何某给付李某。

笔者认为，案涉款项的具体用途也是影响裁判结果的重要因素。理由如下：

首先，案涉款项有多少是何某偿还向他人的借款？与他人之间的经济往来款有哪些？具体用途是什么？李某从哪些款项中获得了利益？获得了多少利益？因为如果李某在何某与他人的经济往来过程中，仅仅是提供了自己的账户或银行卡供何某使用，而没有从中获得任何利益，则何某或刘某或其他主体向其主张返还便没有事实依据。

其次，针对何某与李某及非婚生孩子共同生活期间的支出，刘某还应该证明哪些钱款是由李某自己使用了，刘某仅对李某自己使用的部分有权主张返还。而何某对孩子的支出，属于其对孩子履行抚养义务的支出，刘某可以向何某主张补偿或返还，而无权向李某主张返还。

最后，本案中存在何某长期借用他人包括李某的银行卡、银行账号的情况，而在何某使用李某银行卡、账号时进入李某名下的钱款，有必要核实哪些钱款最终由李某个人使用并获利。

因此，案涉31笔款项的用途也是处理本案的关键，笔者认为有必要对每一笔款项的用途进行核实。由李某使用并获利的部分，应予以返还。

四、类似案件的案由及当事人地位该如何确定

类似案件可以以多种案由提起诉讼，如赠与合同纠纷、侵权纠纷、确认合同效力纠纷等，而每种诉的当事人地位也不尽相同。因此，在起诉时应首先明确案由并按照确定的案由列明相关诉讼当事人。

（一）以赠与合同纠纷为案由提起诉讼

本案中，刘某是以“赠与合同纠纷”为案由向法院提起诉讼，其诉讼请求的第一项是确认赠与行为无效，即赠与合同无效，而法院受案后也是以赠与合同纠纷进行的审理，并最终判决部分赠与行为无效。笔者认为法院的做法不妥。理由如下：

赠与合同，指赠与人将自己的财产无偿给予受赠人，受赠人表示接受该赠与的合同。赠与合同关系成立的前提是一方当事人首先要有赠与的意思表示，而本案中的刘某显然没有向李某赠与财物的意思表示，更不可能与李某形成赠与的合意。因此，刘某作为原告的诉讼主体不适格，其主张赠与合同无效更是没有事实依据和法律依据。

本案中何某与李某之间存在赠与的事实。依据《民法典》关于“赠与合同”以及《中华人民共和国民事诉讼法》关于起诉条件的规定，何某可以作为实际赠与人以原告的身份提起

"赠与合同纠纷"之诉,而具体的诉讼请求应为"撤销赠与"。不过本案中的赠与合同应为一般赠与合同,是单务、实践性合同,依据《民法典》的规定,一般赠与合同在财产权利转移之后,赠与人便丧失了撤销权。若无《民法典》规定的特殊情况,赠与人或赠与人的继承人是无权主张撤销赠与的。

笔者认为,就本案而言,如果法院以"赠与合同纠纷"受理此案,根据"合同相对性原理"以及《中华人民共和国民事诉讼法》关于起诉条件的规定,应以"刘某并非赠与合同当事人,不具备原告资格、不具有诉权"为由驳回刘某的起诉。

(二)以确认合同效力纠纷为案由提起诉讼

我国《民法典》规定了以下民事法律行为无效,即:

(1)无民事行为能力人实施的民事法律行为。

(2)行为人与相对人以虚假的意思表示实施的民事法律行为。

(3)违反法律、行政法规的强制性规定的民事法律行为。但是,该强制性规定不导致该民事法律行为无效的除外。

(4)违背公序良俗的民事法律行为。

(5)行为人与相对人恶意串通,损害他人合法权益的民事法律行为。

《民法典》规定,无效的或者被撤销的民事法律行为自始没有法律约束力。即无效民事法律行为,因根本不具备民事法律行为的要件,自始确定地完全不能发生法律效力。法院和仲裁机构不仅可应当事人的请求确认其无效,也可以在案件审理中依职权主动宣告其无效,因而又称之为绝对无效的民事法律行为。

因本案属于只涉及当事人之间利益的一般无效合同,故主张合同无效应受主体的限制。通过确认合同无效来追究当事人的责任或使其承担相应的债务,此时主张合同无效的主体应当是无效合同的当事人。

笔者认为,就本案而言,可以何某作为原告、以李某作为被告,以赠与行为侵害了第三人的合法权益、违背了公序良俗为由,请求法院判令赠与合同无效并返还财产。

(三)以侵权纠纷为案由提起诉讼

刘某可以何某与李某之间形成了赠与合同关系,且何某的行为侵害了自己的共有权、财产权为由,以"侵权纠纷"为案由提起侵权之诉。这时,刘某作为原告,其诉讼主体是适格的,而被告应为何某,因为侵权行为的具体实施者是何某,李某只有在与何某存在"共同故意"的情况下才是适格的被告。

笔者认为,当合同涉及第三人的利益,则会对第三人构成侵权,因此,第三人可以提起侵权纠纷之诉。就本案而言,刘某作为原告提起侵权之诉,以何某为被告,同时列李某为第三人。

五、类似案件存在严重的道德风险

本案中,被告及代理人曾多次试图联系原告本人,以期私下处理此事。但通过原告在诉状上所留的联系方式根本无法联系到原告。后来了解到原告并不知道本次诉讼,且原告的委托代理人、第三人的委托代理人均由第三人出资聘请,证人也均由第三人安排。

作为第三人的何某，原本是侵害夫妻共同财产的主要侵权行为人，但在本案中与原告没有利益冲突，在庭审中不但完全同意原告的诉讼请求，还将历次打款凭证毫无保留地悉数交给原告作为证据在法庭上出示。结合庭审过程中第三人的代理人在未经法庭许可的情况下公然提醒原告代理人该如何陈述并被笔者强行制止的这一荒谬现象，笔者完全有理由相信：本案极有可能是第三人利用其与原告的特殊关系（夫妻）而进行的虚假诉讼。

六、结语

目前，类似案件颇多，且多数案件最终判决结果为婚外第三方向与其交往一方的配偶返还全部财物。这便容易使人产生一种错误的认识，即“已婚者随便在外找‘小三’，等腻了再喊配偶打官司把钱要回来就行。”

笔者认为，对于普遍存在的社会现象，法律从业人员应通过自己的学识客观地去进行评价。婚内出轨、给别人当“小三”理应受到道德的谴责。对于个案，我们应该从多个角度去进行评价并找到依据来支持自己的观点，不仅要从道德角度出发进行评价，更应该从法律角度出发、在法律的框架内就法律关系对当事人之间的行为作出客观评判，以严谨的态度对待每一个案件，以维护法律的尊严。

参考文献

[1]赵雯.107万，“小三儿”该不该返还[N].检察日报，2013-10-23(05).

[2]最高院明确：夫妻一方擅自将共同财产赠与“小三”的行为无效，另一方有权要求全部返还(2021)[EB/OL].河南省上蔡县人民法院官网，2021-12-03.

[3]夏征农，陈至立.大辞海·法学卷[M].上海：上海辞书出版社，2015.

儿童利益最大化视角下的探望权分析

张睿　张爽

内蒙古睿骐律师事务所

摘　要：探望权是指离婚后不直接抚养子女的父母一方，有权定期与未成年子女保持见面、联系、交流。这是一项重要的法律制度，关乎父母与子女之间的亲情维系，也关乎子女的身心健康成长和基本权利。本文以儿童利益最大化为原则，探讨了离婚后探望权问题。从探望权在法律规定上的不足，结合司法实践及比较法视角等方面进行分析论述。文章最后指出，为了更好地保障探望权的实现，需要从法律规定、司法保障和社会服务等方面来优化和改进探望权制度，以适应社会发展和家庭变化的需要。

关键词：探望权；儿童利益；离婚；司法实践

离婚是一种社会现象，它不仅影响到夫妻双方的生活，也影响到他们共同生育或收养的未成年子女的生活。民政部数据显示，2019 年全国共有 470.1 万对夫妇离婚，2020 年则有 433.9 万对夫妇离婚。这意味着每年都有大量未成年子女因为父母离异而面临着家庭破碎、亲情缺失、心理创伤等问题。

为了维护父母离异后未成年子女与父母双方的正常亲情交往，《中华人民共和国民法典》（以下简称《民法典》）明确了不直接抚养子女的父母一方拥有探望权。《民法典》第 1084 条规定，离婚后，子女无论由父或母直接抚养，仍是双方的子女，父母对于子女仍有抚养、教育、保护的权利和义务。理论上，父母一方对子女有抚养或者教育上的意见，另一方应当尊重。

探望权是一项重要的法律制度，它关乎父母与子女之间的亲情关系，也关乎子女的身心健康发展和基本权利。探望权的实现应当遵循“儿童利益最大化”的原则，即在保障父母双方合法权利的同时，更要考虑未成年子女的意愿和利益，尽可能地减少父母离婚对他们造成的负面影响。然而，在我国司法实践中，探望权的实现仍然面临着诸多困境和障碍，需要进一步加强和改进。本文将以“儿童利益最大化”为视角，探讨离婚后探望权问题。

一、探望权在我国法律规定中存在的不足

《民法典》第 1086 条规定了离婚后不直接抚养子女一方的探望权，以及另一方的协助义务、探望权的行使等原则性内容。但是，这些条款在具体操作和细节上还有以下几个方面存在不完善之处：

（一）没有明确规定祖父母、外祖父母等其他亲属的探望权

在我国，很多子女是由祖父母或外祖父母照顾或参与照顾的，他们与子女之间也有着深

厚的感情。我国《民法典》第1086条只规定了离婚后父母对子女的探望权，而没有涉及祖父母、外祖父母等其他亲属对子女的探望权。这就导致了在实践中，如果离婚后抚养子女的一方不同意或者阻挠另一方及其亲属探望子女，那么祖父母、外祖父母等其他亲属就没有法律依据和保障来主张探望权。

（二）没有明确规定离婚诉讼期间或分居期间的探望权

不管是已经离婚还是正在离婚或者分居中，探望权都是存在的。这些阶段，谁来抚养子女还没有最终决定，父母之间为了争夺子女的归属也常常发生激烈的争执。有的父母为了得到抚养权就把子女带走并隐瞒下落，或者用各种方法阻止、拒绝另一方见子女。这种做法不但会伤害子女的心理健康，还会破坏双方之间的交流和协调，甚至引发更多的问题和冲突。

（三）没有明确规定探望权的具体内容和方式

我国法律只是说明了探望权的原则性内容，即离婚后不直接抚养子女的一方有探望权，另一方有协助义务，但是没有具体规定探望权的内容和方式，如探望的时间、地点、频率、时长、方式等。这些内容和方式需要由当事人协议确定，如果协议不成，由人民法院判决。然而，在实际中，当事人往往难以达成一致意见，而人民法院也往往因为缺乏具体的标准和依据而难以作出合理的判决。

（四）没有明确规定未成年子女的意愿和利益

我国法律将探望权看作父母一方的权利，没有充分考虑到未成年子女的意愿和利益。未成年子女作为探望权的主要对象和受益者，他们对于探望权的实现有着重要的影响和作用。他们可能有自己对于探望时间、地点、方式等方面的意见和要求，也可能有自己对于是否接受或拒绝探望的意愿和理由。如果忽视或违背了未成年子女的意愿和利益，不仅会损害他们的基本权利和人格尊严，也会影响他们与父母之间的关系和感情。

综上所述，我国关于探望权的法律规定还存在着不足之处，需要进一步完善和细化，以适应社会发展和家庭变化的需要。

二、以司法实践为视角探讨探望权的相关法律规定

探望权是父母对未成年子女进行情感照顾和教育指导的一种形式，有助于保持父母和子女之间的亲密联系，促使子女健康成长，维护子女的基本利益。我国《民法典》第1086条明确了探望权的基本内容和原则，最高人民法院也对探望权的适用和执行作出了相应的解释。但是，在司法实践中，探望权的落实仍然遭遇了许多困难和阻碍，主要体现在以下三个方面：

（一）当事人对探望权的认识和态度不一致

在离婚后，有些当事人对探望权有着积极的认识和态度，认为探望权是父母对未成年子女的一种关爱或责任，或者是子女对父母的一种需要或期待。他们会主动履行探望义务，或者与另一方协商确定探望协议，并遵守探望协议或判决。然而，也有些当事人对探望权有着消极的认识和态度，认为探望权是父母对未成年子女的一种干涉或负担，或者是对另一方的

一种报复或威胁。他们会拒绝或阻挠另一方探望子女,或者不履行探望义务,或者违反探望协议或判决。这些不一致的认识和态度导致了探望权的实现难以顺利进行。

(二)未成年子女对探望权的意愿和利益不被充分尊重

在司法实践中,未成年子女作为探望权的主要对象和受益者,他们对于探望权的实现有着重要的影响和作用。他们可能有自己对于探望时间、地点、方式等方面的意见和要求,也可能有自己对于是否接受或拒绝探望的意愿和理由。然而,在实际中,未成年子女往往没有机会或渠道表达自己的意愿和利益,也往往没有人能够代表他们的意愿和利益。有些父母会忽视或违背未成年子女的意愿和利益,强行安排或阻止探望;有些法院也会忽视或忽略未成年子女的意愿和利益,只根据父母双方的诉求或证据来判决探望权。这样不仅会损害未成年子女的基本权利和人格尊严,也会影响他们与父母之间的关系和感情。

(三)法院对探望权的判决和执行力度不够

在司法实践中,法院对探望权的判决和执行也存在着一些问题和困难。首先,在判决方面,法院往往缺乏具体的标准和依据来确定探望权的内容和方式,如探望时间、地点、频率、时长、方式等。这些内容和方式往往由法官根据自己的经验或主观判断来决定,导致判决结果缺乏合理性和公正性。其次,在执行方面,法院往往缺乏有效的监督和强制手段来保障探望权的实现。有些当事人会违反探望协议或判决,拒绝或阻挠另一方探望子女,而法院却难以采取有效的措施来制止或惩罚这些行为。有些法院也会因为人力或资源不足,或者对探望权的重视程度不够,而忽视或推诿探望权的执行工作。

综上所述,我国司法实践中,探望权的实现仍然面临着诸多困境和障碍,需要进一步加强和改进,以保障探望权的有效实施。

三、以国际比较为视角探讨探望权的相关法律规定

探望权是一项涉及家庭、社会、法律等多方面的复杂问题,不同国家和地区对于探望权的法律规定也有所差异。本文以我国台湾地区和香港地区、德国和英国为例,简要介绍其关于探望权的相关法律规定,并与我国大陆进行比较,以期借鉴有益经验和做法,为我国大陆探望权制度的完善和发展提供一些启示和参考。

(一)我国台湾地区关于探望权的法律规定

在我国台湾地区,探望权称为会面交往,其法律规定主要体现在《民法》中的亲属编第1055条。该条规定,法院得依请求或依职权,为未行使或负担权利义务之一方酌定其与未成年子女会面交往之方式及期间。但其会面交往有妨害子女之利益者,法院得依请求或依职权变更之。从这一规定可以看出,我国台湾地区对探望权的立法本意是以子女的最佳利益为考量,而不仅仅是父母的权利。同时,也赋予了法院依请求或依职权处理探望问题的职能,以保障探望权的实现。

我国台湾地区关于探望权的法律规定主要有以下特点:一是以子女的最佳利益为立法原则和审判标准;二是赋予了法院依请求或依职权处理探望问题的职能;三是引入了社会工作机构参与调查和调解;四是将探望权视为一种自然而然的亲子交往,而不再称为"探望权"。

(二)我国香港地区关于探望权的法律规定

我国香港地区《未成年人监护条例》明确规定享有监护权的一方不影响另一方享有探望的权利。这一规定体现了我国香港地区对于探望权的重视和保障,也符合未成年人的最佳利益。探望权不仅有利于满足父母或其他亲属的情感需求,更有利于子女的身心健康和成长发展。

在我国香港地区,探望权的具体内容、方式和时间由当事人协议确定,协议不成时由法院判决。法院在判决探望权时,应当以未成年人的最佳利益为原则,考虑未成年人的意愿、年龄、性别、健康状况、教育需要、宗教信仰等因素,以及父母或其他亲属与未成年人之间的关系、感情、行为等因素。法院还应当尽量保持未成年人与父母或其他亲属之间的平衡和协调,避免造成未成年人的困扰和伤害。法院有权根据情况变化,变更或撤销探望权的判决。

在我国香港地区,探望权的执行也受到法律的保障。如果享有探望权的一方遭到另一方的阻挠或拒绝,可以向法院申请强制执行。法院可以采取各种措施,如罚款、拘留、强制交付子女等,以保证探望权的实现。如果享有探望权的一方滥用探望权,或者对未成年人造成不良影响或危害,另一方可以向法院申请中止或剥夺其探望权。

(三)德国有关探望权的法律规定

德国将探望权称为交往权,并认为交往首先是子女的权利,其次才是父母的权利,并且也是父母的义务。这一立法理念体现了对子女最佳利益的尊重和保护,也符合联合国《儿童权利公约》的精神。德国《民法典》规定,不享有人身照顾权的父或母一方有权与子女进行人身交往。子女有义务与父母进行人身交往,除非这样做对其身心健康有害。

在德国,交往权的具体内容、方式和时间由当事人协议确定,协议不成时由家事法庭判决。交往权的执行也受到法律的保障。如果享有交往权的一方遭到另一方的阻挠或拒绝,可以向家事法庭申请强制执行。家事法庭可以采取各种措施,如罚款、拘留、强制交付子女等,以保证交往权的实现。如果享有交往权的一方滥用交往权,或者对子女造成不良影响或危害,另一方可以向家事法庭申请中止或剥夺其交往权。

(四)英国有关探望权的法律规定

英国《1989 年儿童法》规定了接触令、居住令、禁止行为令、特定问题令等指令,以确保儿童最大利益原则得到保障,并对拒不执行接触令的当事人采取了预防性、救济性和惩罚性的措施。该法对探视令进行了定义:探视令是一种命令,要求与子女现在或将来居住在一起的人,让子女去探望或暂住在探视令指定的人那里,或者让子女通过其他方式和指定的人保持联系。

通过以上比较,我们可以发现,不同国家和地区对于探望权的法律规定各有特色和优势,也面临着各自的问题和挑战。总体来说,其较为重视和保障未成年子女的意愿和利益,在探望权的确定、实施和监督方面也更加具体和有效。我国大陆应当借鉴其有益经验和做法,完善和改进探望权制度,以适应社会发展和家庭变化的需要。

四、优化探望权制度和保障探望权实现的建议和对策

为了更好地保障探望权的实现,维护父母与子女之间的亲情关系,促进子女身心健康发展,

保障子女的基本权利，本文认为，应该从以下几个方面来优化探望权制度和保障探望权实现：

（一）完善探望权的法律规定

首先，应该明确规定祖父母、外祖父母等其他亲属的探望权，给予他们合理的探望机会和方式，同时也要考虑到未成年子女和直接抚养方的意愿和利益。其次，应该明确规定离婚诉讼期间或分居期间的探望权，防止一方将子女带走或藏匿，或者采取各种手段阻挠、拒绝另一方对子女进行探望。再次，应该明确规定探望权的具体内容和方式，如探望时间、地点、频率、时长、方式等，制定一些具体的标准和指引，为当事人协议或法院判决提供参考。最后，应该明确规定尊重未成年子女的意愿和利益，在确定探望权时要充分听取和尊重未成年子女的意见和要求，同时也要考虑到他们的年龄、性格、情感等因素。

（二）加强探望权的司法保障

首先，在判决方面，法院应该根据具体情况和标准来确定探望权的内容和方式，不仅要考虑到父母双方的诉求和证据，也要考虑到未成年子女的意愿和利益。其次，在执行方面，法院应该加强对探望权的监督和强制手段，对于违反探望协议或判决的行为，应该及时采取有效的措施来制止或惩罚，如罚款、拘留等。再次，在人力资源方面，法院应该增加专门负责探望权案件的法官和工作人员，提高他们对探望权案件的重视程度和处理能力。

（三）推广探望权的社会服务

除了法律规定和司法保障之外，还需要借助社会服务来推广和促进探望权的实现。比如，可以建立专门负责协调、指导、监督探望活动的社会机构或组织，为当事人提供咨询、调解、辅导等服务；可以建立专门用于进行探望活动的场所或设施，为当事人提供安全、舒适、便利的环境；可以建立专门用于记录、评估、反馈探望活动的系统或平台，为当事人提供信息、数据、建议等支持。

综上所述，探望权是一项重要的法律制度，它关系到父母与子女之间的亲情关系，也关系到子女的身心健康发展和基本权利。为了更好地保障探望权的实现，需要从法律规定、司法保障和社会服务等方面来优化和改进探望权制度，以适应社会发展和家庭变化的需要。

五、结语

离婚后探望权问题是一个涉及家庭、社会、法律等多方面的复杂问题，它不仅关乎父母双方的权利和义务，更关乎未成年子女的利益和福祉。本文以儿童利益最大化为视角，分析了探望权在我国司法实践中存在的困境和障碍，并提出了优化探望权制度和保障探望权实现的建议和对策，旨在为解决探望权纠纷提供一些思路和参考。当然，本文所提出的观点和建议还有待进一步完善和深化，也需要结合具体案例和实际情况进行调整和适用。希望本文能够引起相关部门和人员的重视和关注，促进探望权制度的完善和发展，维护父母与子女之间的亲情关系，保障未成年子女的身心健康发展，维护家庭与社会的和谐与稳定。

认罪认罚从宽制度中律师的作用

杜政璇　赵红艳

内蒙古泽铭律师事务所

摘　要：认罪认罚从宽制度是刑事诉讼法修改后确立的一项重要制度，是我国立法、司法领域国家治理体系和治理能力现代化的重大举措。认罪认罚从宽制度设立的目的是针对自愿认罪认罚的犯罪嫌疑人、被告人给予其程序上从简、实体上从宽的处理，从而更好地实现惩治犯罪、保障人权、提升诉讼效率、化解社会矛盾、促进社会和谐的目标。自认罪认罚从宽制度施行以来，2021年认罪认罚从宽制度适用率达到了80%以上，并且呈现稳步增长的态势。那么，在认罪认罚从宽制度普遍适用的情况下，律师刑事辩护也遭遇到了前所未有的挑战，如何发挥律师在认罪认罚从宽制度中的作用显得尤为重要。

关键词：认罪认罚；辩护律师；法律定位；有效辩护

一、律师在认罪认罚程序中的法律定位

2019年10月24日，最高人民检察院联合最高人民法院、公安部、国家安全部、司法部召开新闻发布会，共同发布《关于适用认罪认罚从宽制度的指导意见》（以下简称为《指导意见》），《指导意见》以刑法、刑事诉讼法的基本原则和宽严相济刑事政策为指导，对认罪认罚从宽制度的基本原则、适用范围和条件、从宽幅度、量刑建议、审判程序、律师参与、当事人权益保障等方面作出了具体规定。该意见第四部分专门强调了犯罪嫌疑人、被告人辩护权保障，主要体现在以下几个方面：

（1）获得法律帮助权。在侦查、审查起诉、法院审判阶段，办案机关对于认罪认罚的案件，要保障犯罪嫌疑人、被告人获得有效法律帮助，确保认罪认罚的真实性和自愿性。犯罪嫌疑人、被告人没有辩护人的，在认罪认罚时要有值班律师在场为其提供法律咨询等法律帮助。

（2）派驻值班律师。司法局法律援助机构可以在人民法院、人民检察院、看守所派驻值班律师。值班律师的主要作用是确保犯罪嫌疑人、被告人了解认罪认罚的性质，自愿认罪认罚。

（3）辩护人职责。辩护律师在办理认罪认罚案件中应当与犯罪嫌疑人、被告人就是否认罪认罚进行沟通，为其提供法律咨询和帮助，并就案件定罪、量刑、程序适用等向办案机关提供法律意见。从角色定位看，辩护律师只能从证据和法律适用的角度给犯罪嫌疑人、被告人释明认罪认罚的好处和坏处，律师只是提供建议，是否认罪认罚应当由犯罪嫌疑人、被告人自己决定。

二、认罪认罚从宽制度中辩护律师所起的作用

《指导意见》第5条规定：“认罪认罚从宽制度贯穿刑事诉讼全过程，适用于侦查、起诉、审判各个阶段。”在办理认罪认罚案件中，对于辩护律师来说，应当在侦查、审查起诉、审判各个阶段为犯罪嫌疑人、被告人提供法律帮助。

（一）侦查阶段

鉴于现侦查阶段，辩护律师还不享有阅卷权。侦查程序中的“认罪认罚从宽”更多地体现在程序上，侦查机关可能基于犯罪嫌疑人认罪认罚的态度认定其人身危险性降低，已经被拘留的，可以变更为取保候审或监视居住，对于有可能办理取保候审的案件，辩护律师要建议犯罪嫌疑人、被告人认罪认罚，及时与办案机关进行沟通，争取取保候审。对于事实不清、证据不足的不能认定有罪的案件，犯罪嫌疑人虽认罪认罚，辩护律师应当向侦查机关提出法律建议，建议办案机关依法撤销案件。另根据《中华人民共和国刑事诉讼法》有关规定，犯罪嫌疑人自愿如实向侦查机关供述自己涉嫌的犯罪事实，有重大立功表现或案件涉及国家重大利益的，侦查机关经最高人民检察院核准可以作出撤销案件的决定。

（二）审查起诉阶段

在审查起诉阶段辩护律师已经可以查阅并复制案卷，对案件有了比较全面的把握。在此阶段，辩护律师要和犯罪嫌疑人、被告人全面核实证据材料，制定辩护策略，帮助犯罪嫌疑人、被告人分析案件利弊，以供犯罪嫌疑人、被告人自愿选择是否要认罪认罚。从这个角度来说，在认罪认罚从宽制度施行以来，辩护律师在审查起诉阶段的任务更多、更重。因为这一阶段，对于认罪认罚的案件，检察院会给出量刑建议，而根据《中华人民共和国刑事诉讼法》规定，法院对于检察院的量刑建议一般应当采纳，如果不采纳，应当说明理由。这就要求辩护律师在犯罪嫌疑人、被告人认罪认罚之前，与检察院就案件定罪、量刑进行充分的沟通，向检察院提出专业的法律意见，正确认定罪名，避免轻罪被重罚，避免遗漏了从轻、减轻情节，避免量刑建议畸重，必要时要进行量刑协商。

（三）审判阶段

对于在侦查阶段、审查起诉阶段已经认罪认罚的案件，辩护律师的作用主要体现在两个方面：一是对于定罪量刑方面没有问题的案件，如被告人存在侥幸心理，想在审判阶段翻供或者推翻认罪认罚具结书的情况，辩护律师要积极引导被告人，尽力说服被告人坚持认罪认罚，避免因庭审不认罪认罚导致检察院撤销原量刑建议，加重刑罚；二是对于被告人虽认罪认罚，但是案件证据有问题的案件，辩护律师要坚持独立辩护，针对事实和证据方面的问题，及时与审判机关进行沟通，争取无罪或者最轻辩护。对于侦查、审查起诉阶段被告人没有认罪认罚的案件，对于定罪量刑方面没有问题的案件，辩护律师应当积极说服被告人在庭审时认罪认罚，争取较轻的量刑。

认罪认罚案件能否作独立辩护，要根据辩护空间而定，如果案件本身定性可能存在问题，辩护律师发现并提出的，法院可能会叫停认罪认罚程序，并按普通程序进行审理。同时还要根据律师介入的时机与案情确定，比如律师介入的是从审判阶段接受委托的一起案件，而认罪认罚具结书是在值班律师协助下达成的，此时，新接受委托的律师则应重新全面阅卷

以确定辩护方案,这种情况下,可能涉及罪与非罪的辩护。此外,要根据量刑建议建议的是幅度刑还是确定刑来确定。如果是幅度刑,可展开有效辩护的方案,辩护律师可能需要去深挖该案件本身的辩护空间,从中发现相关的争议焦点,并且从事实、证据、法律适用等各个层面,对争议焦点作详细的阐述。

三、认罪认罚从宽制度中律师所面临的挑战

(一)如何保障犯罪嫌疑人、被告人认罪的自愿性、真实性、合法性

认罪认罚从宽制度有利于提高司法效率,有利于实现和谐司法。然而,它最大的弊端在于:如果没有保障犯罪嫌疑人、被告人认罪的自愿性、真实性、合法性,那么不仅不能达到期望的目标,相反,还会造成冤假错案,背离公平正义,从实质上损害司法的权威。

建议辩护律师在会见犯罪嫌疑人、被告人时要客观分析犯罪嫌疑人、被告人的行为是否涉嫌犯罪,帮助犯罪嫌疑人、被告人判断其案件是否为认罪认罚从宽的案件。这样一来,犯罪嫌疑人、被告人就可以具备基本的判断能力,从而保障其供述和辩解的真实性、保障其认罪认罚的自愿性、保障其供述笔录的合法性,从源头上避免冤假错案的形成。

(二)如何避免办案人员基于办案指标等原因以让犯罪嫌疑人、被告人认罪认罚而对其采用威胁、欺骗等方法

确立办案指标是为了让办案人员办好案件,而不是为了实现指标。核心是办好案件,实现案件的法律效果和社会效果。犯罪嫌疑人、被告人是否认罪认罚是由案件以及犯罪嫌疑人、被告人本身的情况决定的。如果案件在法律上确实无罪,如果犯罪嫌疑人、被告人确实存在冤屈,那么此时遵守事实才是办好了案件。对这类无罪案件,如果还要追求认罪认罚,那么效果只会走向反面,这不是立法和司法的目的,更不是国家追求的结果。如果有些确实有罪的犯罪嫌疑人、被告人拒不认罪、顽固到底,那么这也是办案人员无法在短期内通过教育说服等方式改变的。假设办案人员能够做到,那么就不会有那么多累犯、再犯了。如果采用非法方式让犯罪嫌疑人、被告人认罪认罚,那么不仅可能造成冤假错案,而且注定会使犯罪嫌疑人、被告人口服心不服,对判决结果、办案人员甚至整个社会产生逆反心理,最终不仅难以达到刑罚期待的效果,而且会诱发新的不稳定因素,甚至犯罪。因此,如果顺应办案规律,不把认罪认罚作为办案硬性指标,而是法律通过制度设计,增强该制度的吸引力,切实通过该制度减轻办案人员的负担,同时切实让认罪认罚的犯罪嫌疑人、被告人从该制度获得合理范围内的实惠,那么适用该制度的案件自然会越来越多。

(三)认罪认罚案件普遍适用速裁程序,会不会造成辩护空间的挤压,导致冤假错案的产生几率更高

“两高三部”发布的《关于适用认罪认罚从宽制度的指导意见》第34条、第43条规定,符合速裁程序适用条件的案件,检察官、法官的办案期限只有10或15日。而办案人员的手中一般都同时有多起案件,而且这些符合认罪认罚条件的案件中有不少涉及多笔犯罪事实,多个犯罪嫌疑人、被告人,甚至多个罪名。因为认罪认罚案件的证据标准并没有降低,因此办案人员都需要一一审查每一个犯罪嫌疑人、被告人涉嫌的每一笔犯罪事实和每一个罪名。如果要求所有符合速裁程序的案件都必须适用速裁程序,那么在办案量大、办案期限短的情

况下，办案质量势必会受到影响，进而可能导致冤假错案的产生。

（四）检察院相对不起诉的程序比起诉更繁琐，会不会导致可诉可不诉的案件犯罪嫌疑人失去不起诉的机会

在适用速裁程序办案期限短、案件量大的情况下，检察官在趋利避害的心理驱使下自然更愿意选择起诉。然而，起诉或不起诉对犯罪嫌疑人来说，影响巨大。因此，需要更好的制度或做法对这种情况进行调整。笔者认为，也许可以考虑充分简化检察院作出不起诉决定的程序，将相对不起诉的决定权授予给办案检察官个人，检察院通过划定起诉或不起诉的内部标准，让检察官遵循该标准。对于不在该不起诉标准范围内，但是又有独特的更合适作出不起诉决定的理由的部分案件，通过更简化的内部程序作出决定，并考虑是否将这种情况调整至内部标准。

（五）对于认罪认罚案件律师独立作无罪辩护，办案人员是否能够理解并尊重

一直以来，部分办案人员不欢迎律师作无罪辩护。但国家设立律师制度的初衷就是为了帮助办案人员从另一个角度办好案件，从而避免刑讯逼供等违法办案行为和冤假错案的发生。如果犯罪嫌疑人、被告人确实无罪，办案人员却不让律师作无罪辩护的话，那么纠正错误的机会被关闭后、失去律师的有效监督后，必然导致部分无罪案件办成有罪。这样的司法背离了国家设立律师制度和司法制度的初衷。如果允许律师作无罪辩护，那么办案人员可以更加开阔和多元的视角去审视案件，避免办错案件。假设律师无罪辩护的理由不能成立，那么办案人员不仅可以依法作出有罪判决，而且可以通过充分地释理说法让律师和犯罪嫌疑人、被告人心服口服，真正地认罪伏法、改恶从善，达到最佳效果。因此，维护律师无罪辩护的权利，对办案人员、律师、犯罪嫌疑人及被告人来说，本质上是一种三赢的局面。

刑事辩护律师应对形势变化的策略研究

鞠文英

黑龙江孟繁旭律师事务所

摘　要：刑事辩护律师在办理案件过程中不断面临形势变化，包括外部环境的变化及案件本身的变化。刑辩形势变化具有复杂性及不确定性，辩护实践中难以作出精确的预测和应对。刑辩律师应当时刻保持敏感，根据形势变化准备相应的诉讼策略：进行形势分析与策略调整、建立应急反应机制、提升律师的心理素质与应对能力、加强与当事人的沟通、适度调整法庭外的影响。灵活运用上述多种策略，有助于刑辩律师取得更好的辩护效果。

关键词：形势变化；刑辩律师；刑事辩护系统

随着社会和法律环境的不断变化，刑事辩护律师在履行其职责过程中，也面临形势的变化。形势变化可能来自法律政策的调整、案件性质的转变、公众舆论的影响，或者是法庭审判过程中的突发事件。如何有效地应对这些形势变化，既是刑事辩护律师的职业技能考验，也对律师们的决策制定和执行能力提出了新的要求。因此，研究律师如何应对刑辩形势的变化，不仅有助于理论研究，而且对于律师的实践工作也具有重要的现实意义。

尽管刑事辩护律师面临形势变化的问题一直存在，但对其进行的研究和讨论并不多见。本文的研究问题主要集中在以下两个方面：一是形势变化在刑辩中具体表现为何种形式？二是刑事辩护律师应该如何有效地应对这些变化，维护当事人的合法权益以及司法的公正和公平？

为了解答这些问题，本文的目的主要有三个：首先，对刑辩形势变化进行概念界定和理论背景的介绍，以明确研究的范畴和依据。其次，通过分析刑辩形势变化的现状和存在问题，以深入理解这一现象的复杂性和挑战性。最后，提出一系列应对刑辩形势变化的策略，并通过案例分析来证明这些策略的有效性和可行性。通过以上研究，旨在为刑事辩护律师提供一个参考框架，以帮助律师们在复杂的辩护环境中更好地完成自己的职责。

一、刑辩形势变化概念界定与理论背景

（一）“刑辩”与“形势变化”的概念界定

“刑辩”是刑事辩护的简称，它是指在刑事诉讼中，辩护律师为了维护当事人的合法权益，运用法律知识和技能，对检察机关提出的指控进行质疑和反驳的过程。刑辩的核心目的是确保司法公正，保障人权，避免冤假错案的发生。

“形势变化”在本文中，主要是指刑事辩护过程中，由于外部环境或案件本身情况的改变，导致辩护的环境、策略或结果出现重大变化。这些变化可能包括但不限于法律政策的调整、案件证据的更新、公众舆论的涨落、法庭审理进程的突变等。形势变化对辩护律师提出了新的挑战，要求律师们能够快速适应并作出有效的应对。

(二)相关法理论与司法实践

在刑事辩护的法理论中,有几个重要的理论对于应对形势变化具有指导意义。一是法治原则,它要求所有的司法行为都必须以法律为依据,尊重和保障人权,维护社会公平正义。这意味着无论形势如何变化,辩护律师都应坚守法律,维护当事人的合法权益。二是灵活性原则,灵活性原则在刑辩过程中尤为重要。辩护律师应能根据形势变化,灵活调整策略,寻找最有利于当事人的解决方案。这需要辩护律师具有深厚的法律知识、丰富的实践经验、高度的敏锐性和创造性。

辩护律师应积极利用各项资源,例如专家意见、法律咨询等,以扩大辩护的影响力,有效应对形势变化,提高辩护的效果。另外需要注意的是,有时形势变化不只是案件本身的变化,而是案件所处的社会环境影响而发生变化。因此,应对形势变化的策略也需要在更为系统且宏观的层面进行考虑和调整。

二、刑辩形势变化的现状及问题分析

(一)刑辩形势变化的现状

刑事辩护过程中的形势变化是一个普遍现象,这种变化可以由各种因素触发,包括宏观上的法律规定的更新、司法体制的改革,再如具体层面的案件新证据的出现、社会关注度变化等。首先,法律、法规以及相关司法解释的变动,尤其是刑事政策的变化,对刑辩形势无疑会产生重大影响,有时甚至会出现不同时期同案不同判的现象,辩护律师需要及时适应这些变化,并在较短的时间调整辩护策略。其次,监察法的实施以及以审判为中心的刑事诉讼制度改革的需要,都对刑辩律师提出新的要求,刑辩律师需要在较短时间内适应。再次,认罪认罚从宽制度的实施,对嫌疑人、被告人的供述及辩解产生了巨大影响,也给律师的辩护工作带来辩与不辩、如何辩的选择困难。从次,证据发现或者证据性质的变化,也会对刑辩形势产生重大影响。例如,新的物证或者证人出现,可能会改变案件的整体走向,辩护律师需要根据这些变化,及时调整辩护策略。最后,案件的社会关注度也会影响刑辩形势。例如,一些关联社会热点问题的案件,可能会受到大量的社会舆论关注,进而或多或少地对案件的走向产生影响。

(二)现存问题分析

面对刑辩形势的变化,现行刑事辩护实践中存在一些问题。很多辩护律师在形势变化面前,缺乏有效的应对策略和手段。这主要是刑辩形势变化的复杂性和不确定性,使得辩护律师很难作出精确的预测和准备。也有些辩护律师过于依赖法庭内的辩护,埋头于案件卷宗之内,忽视了对法庭外的关注,进而陷入被动的局面。当前司法制度的日益完善保证了案件的公平裁判能够一以贯之,但是当案件所处环境发生变化时,如果刑辩律师不保持足够的敏感并进行相应调整,无疑会降低刑辩的效率和效果。因此,研究刑辩形势变化及其应对策略,对改进刑事辩护律师的辩护实践具有重要意义。

三、刑事辩护律师应对形势变化的策略

（一）形势分析与策略调整

形势分析是对刑辩过程中可能出现的各种形势变化进行预判和评估，以便及时调整辩护策略。具体而言，这包括对法律政策的关注与研究、对案件证据的持续追踪以及对公众舆论的敏感反应。在策略调整上，辩护律师需要灵活运用法律知识和技巧，如利用对法律条文的解释、使用不同的证据解读以及进行有针对性的法庭辩论。

（二）建立应急反应机制

建立应急反应机制是为了快速应对形势变化的突发事件。具体措施可以由律所或协会等组织进行开展，包括制定应急预案、组织模拟演练以及进行应急训练。这种机制可以使辩护律师在面对突发事件时，能够保持冷静，快速作出决策以有效地保护当事人的权益。

（三）提升律师的心理素质和应对能力

应对形势变化需要律师具有良好的心理素质和应对能力。一方面，律师需要具备坚韧的心理承受能力，面对压力和困难能保持冷静和乐观。另一方面，律师需要具备高效的应对能力，包括快速分析问题、作出决策以及执行行动的能力。提升这些能力，可以通过专业培训、案例学习，以及实践经验的积累。

（四）加强与当事人的沟通

与当事人的有效沟通是保证辩护工作顺利进行的关键因素。在形势变化面前，律师需要及时和当事人分享信息，解释形势变化的原因和影响，以及可能的应对策略。此外，律师还需要听取当事人的意见和建议，以便制定出符合当事人利益的合法辩护策略。

（五）适度调整法庭外的影响

法庭外的影响，包括专家意见、社会舆论等，对刑辩有利有弊，也都对案件有重要的影响。因此，适度调整法庭外的影响一方面要求刑辩律师主动求变，另一方面要求刑辩律师以不变应万变。刑辩律师通过多方听取并积极利用专家意见，可以协助司法机关理清案件事实；而面对相关的社会舆论，律师不应借助舆论造势干预司法，但也应从案件本身出发从而理性应对舆论，避免舆论对案件辩护的不利导向，如适时剖析具体案件与社会舆论关注点的显著区别，协助引导司法机关聚焦于个案本身，对当事人依法作出判决。

四、结语

通过深入剖析形势变化在刑事辩护中的角色和影响，揭示了律师如何有效地应对这些变化的策略。刑事辩护律师应当认识到，形势变化有利有弊，关键取决于如何利用以及如何应对，这在相当程度上决定了辩护工作的成功与否。因此，辩护律师必须学会分析形势，制定灵活的策略，建立有效的应急反应机制，提升自身的心理素质和应对能力，加强与当事人的沟通，以及适度调整法庭外的影响。通过这些策略的有效运用，刑辩律师可以在复杂多变的辩护过程中，更好地保护当事人的权益，维护司法的公正和公平。

认罪认罚从宽制度中律师的有效参与

李丽丹　于洋

黑龙江龙广律师事务所

摘　要：认罪认罚从宽制度的实施显著提高了诉讼效率，但也存在律师辩护作用发挥受阻的问题及程序正义被架空的风险，而律师的实质性参与是认罪认罚从宽制度的正当性基础，是该制度健康运行的重要保障，且律师的有效参与对完善认罪认罚从宽制度有重要意义。

关键词：认罪认罚；有效参与；刑事诉讼

为了缓解司法资源的紧张，我国结合宽严相济的刑事政策创新性提出了认罪认罚从宽制度。认罪认罚从宽制度，是指在刑事诉讼中，犯罪嫌疑人、被告人对被指控的基本犯罪事实无异议并自愿接受所认之罪在实体法上带来的刑罚后果，进而获得适用简化程序和相对较轻惩罚的一系列规范组成的制度体系。① 认罪认罚从宽制度通过鼓励犯罪嫌疑人、被告人以认罪认罚的合作来换取更宽大的法律处理。

一、认罪认罚从宽制度下律师有效参与的局限性

在认罪认罚从宽制度实施后，我国先后通过多部法律法规来明确律师参与认罪认罚案件的相关规定，明确了律师应尽的职责和享有的权利，为律师有效参与认罪认罚案件提供了法律保障。但是在司法实践中，律师对犯罪嫌疑人、被告人的帮助是有局限性的。

犯罪嫌疑人的第一次讯问会影响案件后续走向。但是实践中律师一般在犯罪嫌疑人被第一次讯问之后，才能介入刑事诉讼，且犯罪嫌疑人通常缺乏法律知识，其在律师未能有效参与并提供帮助的情况下，面对侦查人员的凌厉追问，很可能作出有罪供述，该供述也将成为定罪量刑的依据，即使律师后续介入发现犯罪嫌疑人可能不构成犯罪，也面临着如果前后口供不一致可能被认定为认罪态度存在问题的尴尬情形。个别侦查人员为了获取口供、尽快定罪，向犯罪嫌疑人随意承诺量刑诱导，或是以严厉的刑罚后果威吓再以认罪认罚可以换取宽大处理为诱导，使犯罪嫌疑人在侦查阶段产生错误认知或非自愿性认罪，而这种情况实际上破坏了认罪认罚从宽制度的正当性，损害了犯罪嫌疑人的合法权益，偏离了认罪认罚从宽制度的初衷。

在认罪认罚的案件中，检察机关的审查起诉逐渐成为刑事司法重心。② 受我国刑事诉讼制度下职权主导及检察官主导论的影响，多数检察官对于控辩协商持否定态度，且司法实

①陈严法.认罪认罚从宽制度研究[M].北京：法律出版社，2017：3.

②魏晓娜.结构视角下的认罪认罚从宽制度[J].法学家，2019(02)：111-123+194-195.

践中律师调查取证存在阻力，几乎无法掌握影响定罪量刑的关键性证据，缺少与检察官协商谈判的“筹码”，导致律师说服检察机关更改量刑建议的可能性较小。

由于认罪认罚案件通常适用速裁程序或简易程序，律师在审判阶段的职能受到程序简化的冲击，律师实体辩护的空间压缩，程序辩护前移。而犯罪嫌疑人、被告人在审判前已认罪认罚，律师在审判程序中针对定罪和量刑问题发表意见仅具有补救性。①

二、律师在认罪认罚从宽制度下有效参与的必要性

律师的有效参与是认罪认罚从宽制度实施的正当性基础。在我国当前的刑事诉讼制度下，公检法等国家权力机关具有天然的强势地位，且目前公检法三机关尚未达到真正的权力制衡。再加上大多数犯罪嫌疑人、被告人缺乏法律知识，若律师未能有效参与为其提供法律帮助，则会使其处于更加弱势的地位，其合法权益可能受到损害，该制度适用的正当性基础也被削弱。因此，为保障犯罪嫌疑人、被告人合法权益，保障认罪认罚自愿性和真实性，律师的有效参与成为重要途径。律师的介入可以保障犯罪嫌疑人、被告人的知情权，通过为其释法析理使犯罪嫌疑人、被告人避免因不懂法及惧怕侦查人员、检察官而虚假认罪，尽量减少冤假错案的发生、最大限度地保障实体真实。为保障认罪认罚从宽制度的有效性及正当性，保障犯罪嫌疑人、被告人的合法权益，律师的有效参与具有重要意义。

三、认罪认罚案件中律师如何有效参与

（一）侦查阶段的律师参与

在侦查阶段犯罪嫌疑人有可能会被采取强制措施，律师可以帮助犯罪嫌疑人与侦查机关沟通，提出适用何种强制措施。

律师要实现有效参与必然要积极行使会见权，律师应创造一切条件尽早会见犯罪嫌疑人，对可能的罪名及量刑进行沟通交流从而形成一致意见，律师在该意见的基础上为犯罪嫌疑人提供法律帮助，使犯罪嫌疑人自愿、真心作出认罪认罚的选择。

侦查阶段，辩护律师可以充分发表法律意见以争取有利情节。以笔者的亲办案件为例，杜某因涉嫌非法行医被立案调查，在侦查阶段家属在第一时间委托辩护律师，从家属反馈的案件情况来看，本案确实涉嫌犯罪。因新冠疫情看守所禁止会见，辩护律师向办案人员提出在能会见的时候会建议杜某认罪认罚，同时提出本案适用 7 日羁押期限，超期应变更强制措施。办案单位采纳意见，7 日后变更为取保候审。辩护律师立即与杜某视频沟通案件情况，分析该案有自首空间，再次撰写法律意见书，申请办案单位核实确认自首情节。办案人员没有抵触情绪，与律师形成了良好的沟通，这是因为存在认罪认罚的基础共识，为最终的有效辩护打下了坚实的基础。

律师在侦查阶段的有效参与不仅可以保障犯罪嫌疑人认罪认罚的自愿性，还可以使犯罪嫌疑人了解宽严相济的刑事政策，意识到其违法行为对社会造成的破坏，真诚悔罪，积极配合侦查活动，弥补其对社会关系的破坏，从而争取从轻或减轻处罚，同时提高刑事诉讼效

①熊秋红.“两种刑事诉讼程序”中的有效辩护[J].法律适用，2018(03):56-62.

率、节约司法资源。

（二）审查起诉阶段的有效参与

由于法律未明确规定案件移送检察院审查起诉后需及时通知辩护律师或犯罪嫌疑人家属，因此在该阶段，律师需要及时、定期联系检察院，询问案件是否移送、能否申请阅卷，以便第一时间拿到卷宗，律师在阅卷后要尽快会见犯罪嫌疑人，为犯罪嫌疑人提供全面的涉案法律知识并分析案件事实及可能的刑期。此外，侦查机关往往更注重收集犯罪嫌疑人的入罪证据，可能会遗漏有利证据、罪轻证据，律师需要全面、认真地审查案卷，对侦查机关移送的证据进行核查，避免不实或错误证据混入其中，或遗漏罪轻和减刑证据等。

律师在审查案卷、了解案情的基础上，向检察机关提出辩护意见和量刑建议。在认罪认罚案件中，律师应当进行精准量刑，结合大数据分析，制作刑期分析报告，为办案检察官提供量刑的依据，做好检察官的“助手”。笔者在办理雷某故意毁坏财物罪、妨害作证罪、故意伤害罪案件时，抓紧时间做完上述工作后，认为雷某不构成故意毁坏财物罪，但构成了妨害作证罪、故意伤害罪。关于故意毁坏财物罪，律师认为侵害的客体即该案中的水管，其所有权并不属于施工人（被害人），结合民事判决书进一步确定水管已经物化到建设工程中，应与建设工程一同归属于开发商，雷某作为开发商一方拆除水管不构成犯罪，故而出具了无罪观点的法律意见书，之后在与检察官面谈时，检察官表示认可律师意见。关于构成犯罪的两个罪名，律师出具了明确的量刑建议书，一并提供了20余份检察院不起诉决定书以及法院判决书。最终检察院采纳了律师的全部意见。

此外，认罪认罚案件中还存在事实没有争议，但是案涉罪名存在争议的情形，律师在充分了解案件的情况下，可以向检察官提出变更罪名的建议。笔者在办理闫某某寻衅滋事罪案件时，案件进入审查起诉阶段，阅卷后发现本案应为故意毁坏财物罪。律师结合案件事实从两个罪名的对比出发，检察院采纳意见，直接变更为故意毁坏财物罪，适用认罪认罚，建议量刑为有期徒刑八个月。律师在这个阶段积极地发挥了作用，拿到了认罪认罚后理想的量刑结果，实现了罪责刑相适应的法律效果。

（三）审判阶段的有效参与

认罪认罚案件往往适用速裁程序或简易程序，庭审程序被简化，律师辩护空间被压缩，但这并不意味着庭审环节不再重要，法庭上仍然需要核实犯罪的性质、情节及危害后果，听取控辩双方的意见，当庭核实被告人认罪认罚的自愿性，以及签署认罪认罚具结书的真实性、合法性。辩护律师可以在法律规定的量刑幅度范围内，结合案件证据材料，进行罪轻辩护。在认罪认罚案件中，争议的焦点往往是量刑。因此，与量刑相关的证据材料的真实性、关联性、合法性等影响证明力的相关问题也随之成为关注焦点，随着制度重心前移，辩护律师也应当重视且充分利用庭前会议制度，对证据材料的真实性、关联性、合法性等事项予以审查并提出法律意见。

认罪认罚案件中也可能存在罪与非罪、此罪与彼罪的争议问题，虽然被告人已经认罪认罚，但这并不意味着辩护律师不能进行罪轻辩护、罪名辩护、无罪辩护，辩护律师有独立发表法律意见的权利。

四、结语

认罪认罚从宽制度的创新性提出使得司法资源得到节约、刑事诉讼效率得以提升，但是在施行过程中出现了效率优先、程序正义被架空的现象，律师的有效参与是该制度健康运行的重要保障，保证律师在立案侦查、审查起诉和审判三个重要阶段充分、有效参与就显得尤为重要。

论人工智能对律师产生的影响
——以实务应用为视角

朱蔓

北京市鑫诺(长春)律师事务所

摘　要:随着 ChatGPT 推出信息检索等新功能,国内互联网巨头百度也完成了文心一言(ERNIE Bot)的内测。人工智能已逐步融入社会活动中,被大众所熟知、使用。关于这项技术,在法律界也引起了广泛的讨论。人工智能将在律师办案过程中、司法程序中以及多方协作等方面提供助力,其带来机遇的同时也带来了相应的风险。未来,人工智能也将更加广泛、灵活地深入到法治实践中。律师也需关注其带来的影响,辩证地去反思、评价,使其得以优化并应用到实务中去。

关键词:律师;实务应用;人工智能

2023 年 3 月,ChatGPT 通过允许添加插件进行联网的方式,让用户得以使用信息检索等功能。以往用户在与聊天机器人访问的过程中,可以用其完成文本生成等基础性工作,但新功能的加入,使用户体验得到了进一步的完善。同月国内互联网巨头百度也完成了文心一言(ERNIE Bot)的内测,并向部分用户开放。① 一个又一个新技术的公布引起了社会各界的关注,关于“人工智能”的话题也随之再次引起了广泛的讨论。无论是哪种技术,人工智能已然融入社会活动中,并被大众所熟知、使用。可以预见的是,人工智能也将在未来更加广泛、灵活地深入到法治实践中去。因此,人工智能对律师的影响是非常值得讨论反思的课题。

一、人工智能在实务应用中的助力

(一)办案过程中的助力

无论是诉讼律师,还是非诉律师,在日常工作中都离不开文案方面的工作。大量的文书的撰写过程中,经常有技术含量并不高,但仍会消耗一定精力及时间的情况出现。人工智能的发展,让律师得以从这类重复性耗费劳动力的窘境中解放出来,从而提高效率。这无疑给律师们带来了很可观的助力,这些助力在整个办案过程中的多个环节均有体现。

在办理案件时,得益于人工智能的帮助,律师可以告别以往繁复的准备工作,仅通过网络就可以更快地检索相似案件、法律法规等多方信息。在撰写文书时,也可以通过抓取卷中关键词的形式,利用其辅助生成相关法律文书。在收集保全证据时,也可利用云取证服务平台进行取证,以便更好地保证其时效性。② 在归卷整理时,亦可通过电子化、OCR 文字识别

①蔡士林,杨磊.ChatGPT 智能机器人应用的风险与协同治理研究[J].情报理论与实践,2023,46(05):14-22.

②刘玉星.高新技术在民事诉讼领域中的应用及对律师的深刻影响[J].传播与版权,2020(01):183-185.

等技术，快速完成纸质与电子形式存档之间的转化。由此可见，人工智能极大提高了办案的效率，简化了以往繁琐的过程，其带来的助力是毋庸置疑的。

（二）司法程序中的助力

人工智能在司法机关中也得到了应用，提供了助力。如浙江省检察机关开发应用的智慧公诉辅助系统、案件质量控制系统等，在保证办案质量的同时也提高了办案效率。① 又如以上海“206”为代表的智能辅助办案系统，它是一种“连通公检法三机关的办案平台”，②通过智能辅助办案系统，实现了公安、检察院和法院之间的信息互通共享。虽然全国各地对人工智能应用的进程不同，但随着逐步的发展，人工智能在司法程序中的应用也将对律师行业带来益处。

比如在庭审中，通过智能语音系统，可以实时对举证质证过程中的内容进行转换以生成相应的文字记录，③这不仅提高了效率，也使整个过程变得更加流畅。在庭审笔录签字时，通过系统的支持，也可以从以往逐页签字的方式转为电子签字确认。随着人工智能的深入发展，其未来也将在整个司法程序中得到更多应用。

（三）多方协作中的助力

律师在办案过程中经常需要和不同的部门沟通，才能完成案件的办理。各个部门对人工智能的应用，将实现更多环节的联动，增加信息的互通，提高办事效率。通过网上系统的操作，不仅使不同部门之间加强了连接，还在整个操作过程中做到了留痕，增加了透明度，推动了各方责任的明确落实。通过多方人工智能的应用，将营造出更优化的多方协作环境，降低律师辗转于不同部门之间的沟通成本。

二、人工智能在实务应用中的风险

（一）办案过程中的风险

人工智能在给律师办案带来便利的同时，也有相应的风险产生。有学者认为人工智能带来的是人的自由解放以及各方面进步的契机，并推动人类劳动向真正的自由劳作复归。④也有学者认为目前人工智能的工作水平被严重高估，其发展前景有限，乃至到达一定程度将遭遇瓶颈。⑤ 笔者认为短期内，难以出现大规模的人工智能替代劳动者的情况。从美国OpenAI 公司在 2022 年 11 月发布的 ChatGPT 到 GPT-4 这种多模态的大语言模型来看，虽其经过几年的开发，取得了突破性的进展，⑥不仅表现出了优秀的专业化能力，也形成了大众化趋势，但仍然无法做到替代人类。

在对人工智能替代人类劳动问题的广泛讨论中，各行各业都在反思。在律师行业中，围

①祁建建．“现代科技在刑事诉讼中的运用与律师辩护”研讨会综述[J]．中国司法，2018(07)：28-34.

②叶青．人工智能、司法实践 深度融合前景广阔[N]．解放日报，2017-07-10(05).

③李小猛．大数据、人工智能介入刑事诉讼的风险及应对——以控辩平等为视角[J]．南海法学，2020，4(03)：65-73.

④何云峰．挑战与机遇：人工智能对劳动的影响[J]．探索与争鸣，2017(10)：107-111.

⑤徐英瑾．不要过度神化 ChatGPT[J]．竞争情报，2023，19(03)：47-48.

⑥邓建鹏，朱怿成．ChatGPT 模型的法律风险及应对之策[J]．新疆师范大学学报(哲学社会科学版)，2023，44(05)：91-101+2.

绕律师承办案件本身或者说律师提供法律服务的这项任务是否会被人工智能所替代,相关人员展开了讨论。实际上无论是哪种技术,由于缺乏人类的主观判断、情感、创意等因素,其在应用时仅作为一种工具,是无法做到取代人类的。如:在受到很大冲击的绘画行业中,AI绘画的作品表现仍无法替代专业绘画师的工作。对于这一点,在有关人工智能应用的研究会中,有人也提到了无论是强人工智能还是弱人工智能,目前都不能进行人类的创造性和例外性工作。① 其很难和人类一样思考,自发、主动、灵活地去完成一个难题。由于律师工作的特殊性,其工作除基础劳动以外,仍然需要律师的严谨、分析、经验等因素共同作用。而人工智能在适用法律时较为僵化,且无法像律师一样针对个案差别进行情感沟通,亦在当事人的隐私保密问题上存在着隐患。② 因此基于各个方面的考量来说,人工智能替代律师的程度较低。律师在办案中如何把控人工智能带来的风险、如何在人工智能带来的便利与自身专业性之间寻找平衡点,将是未来一段时间律师行业不得不面对的问题。

(二)司法程序中的风险

正如上文中提到的,司法机关对人工智能的应用,在带来助力的同时也存在着相应风险。律师对司法机关应用的系统很难有全面的了解,在其参与的司法程序中,更多的时候仅为被动的临时使用者角色。随着人工智能的多种技术深入应用,这种问题并不仅仅影响着大陆法系的国家,同样也影响着英美法系的国家。

早在几年前,美国就开发了COMPAS、PSA和LSI-R三种主要的风险评估软件。目前美国已有一半以上的州利用这些软件来辅助法官量刑。③ 虽然政府对风险评估软件的算法设计进行了规定,禁止其将种族、性别等因素加入其中,但实际上算法并未排除这些因素。在算法评估下,通过对大量数据对比分析发现,实务中确有因算法未排除相关因素而产生的评定危险性争议,也有被告因算法具有歧视性而提起上诉的情况出现。④ 在危险性的评估、累犯的判断问题上,算法是否具有准确性、是否存在群体偏见等问题,仍然存在争议。可见当司法机关深入应用多种技术后,人工智能在司法程序中带来的风险不可忽视,其也将随之影响到律师取证、辩护等多个环节,这对于律师来说也是一项挑战。

(三)多方协作中的风险

由于越来越多的部门开始使用人工智能,各部门之间的协作效率也因此提升。然而人工智能的应用不仅减少了律师面对多方协作的难题,同时也带来了多种风险,比如在应用时产生的数据安全、行政监管、违规利用等风险。⑤ 当不同部门之间通过平台展开协作,则不可避免地产生工作痕迹,针对这些"工作痕迹"的数据安全保护存在困难。此外,在算法对数据的运算是否具备合法性、各部门是否合规利用数据等问题上仍有待研究讨论,且在使用系统、获取系统信息等方面,律师往往很难获取权限、资格,也因此难以进行事前的预判、事中

①鈴木達也.第3次ブームを迎えたAIの現状及び今後:人工知能の利用に関する研究会·活動報告[R/OL].立法と調査,2018(405):18-31.

②李世军,陶天蓉.人工智能在律师职业中的运用[J].山西省政法管理干部学院学报,2023,36(01):84-87.

③李本.美国司法实践中的人工智能:问题与挑战[J].中国法律评论,2018(02):54-56.

④Jeff Larson,Surya Mattu,Lauren Kirchner,et al. How We Analyzed the COMPAS Recidivism Algorithm[EB/OL]. https://www.propublica.org/article/how-we-analyzed-the-compas-recidivism-algorithm,2016-05-23.

⑤刘艳红.生成式人工智能的三大安全风险及法律规制——以ChatGPT为例[J].东方法学,2023(04):29-43.

的确认以及事后的救济。这也导致了多方协作中将产生一定的不可控性，因其产生的必然性，也将对律师产生影响。

三、辩证评价人工智能的影响

对于律师行业而言，人工智能是一把双刃剑。其带来的助力与风险，既为律师执业带来了便利，同时也带来了机遇与挑战。一方面，律师既可以因此受益，提高工作效率，降低工作成本，进行更多的探索及提升；另一方面，律师也将面临因此产生的取证、辩护、保密等多环节上的风险问题。其对律师传统知识结构和专业技能带来冲击，“人工智能+法律”的复合型知识结构将会成为律师的基本素养要求。①

随着人工智能的发展，可预见的是其仍将长期、持续地影响律师行业。虽然其目前无法完全取代律师工作，但其带来的变化已然发生。乃至在未来可能带来更大的、超乎意料的影响，从而让整个律师行业发生多方面的改变及变革。如何迎接人工智能带来的影响，将是每位律师在未来执业中面临的问题。

四、结语

本文以律师行业为出发点，从办案过程、司法程序、多方协作三个方面，分析了人工智能带来的助力及风险。在辩证看待人工智能带来的影响的同时，也应逐步加深对其的理解及重视。与时俱进，让人工智能得以更加优化地被律师所运用。

①李晓.人工智能时代律师职业的发展[J].法制与社会,2021(07):133-134.

大数据背景下律师刑事业务的新思维

——以检索数据库和生成式人工智能的影响为例

陈甦

辽宁观策律师事务所

摘 要: 自国家企业信用信息公示系统和中国裁判文书网出现,法律服务的大数据时代开启,随之而来的是大量法律检索数据库的涌现,对律师办理刑事案件相关业务的效率提高和服务质量的提升产生巨大的积极作用。2023 年,生成式人工智能快速发展并迎来突破。虽然目前生成式人工智能在法律服务中的应用范围和应用效果都有其局限性,但相信在不久的将来,会出现针对刑事法律服务的专用大模型,甚至会有模拟法庭审理的生成式人工智能出现,进一步为律师办理刑事业务的质量和效率赋能。

关键词: 大数据;法律服务;刑事;生成式人工智能

一、大数据背景概述

(一)法律服务行业的大数据背景

2014 年,国家企业信用信息公示系统上线运行。在此之前,律师如果需要查询企业的基本信息,都要到相应的工商行政管理部门查询机读档案,虽然查询难度很小,但仍然耗费许多精力,国家企业信用信息公示系统的运行使得律师查询企业基本信息变得更加轻松。

2013 年,中国裁判文书网正式开通。此前,律师查询既往的类案判决的途径较为局限,只能从出版物中寻找到一部分,但出版物常常滞后,无法获得最新的类案判决信息。自从中国裁判文书网诞生,律师查询类案的便捷程度极大提高,对案件的预判也极大提高。随之而来的是各类第三方检索数据库,其囊括了更多的裁判文书,检索便捷度也较中国裁判文书网更好。

笔者认为,国家企业信用信息公示系统和中国裁判文书网的上线,意味着大数据在法律服务行业或者说律师行业的滥觞,律师工作开始进入大数据时代。其时,各类与法律检索有关的培训课程层出不穷,律师开始逐步学习使用大数据来为自己的业务办理赋能。律师可以通过国家企业信用信息公示系统和中国裁判文书网本身,或者各类第三方数据库,检索到大量和案件办理有关的信息,提高了服务质量,提升了工作效率。

随后,各类第三方检索数据库开始研发更为便捷、更为精准的检索逻辑,通过增加各种检索可选条件和各种不同的检索维度,提高数据筛选的精确性,进一步给律师业务赋能。如聚法案例以刑事罪名为轴心维度检索不同罪名之下的案例,并辅之以不同犯罪构成要件的可选性，更精准地定位同罪名之下细节不同的各类类案。由于刑事案件的罪名相对固定，相较于民事案件、行政案件，归类效果更好，因此也最先成为检索逻辑升级的律师业务部分。

（二）生成式人工智能（ChatGPT）与法律服务行业

事实上，各类用于法律检索的数据库产品发展到当下已经基本没有变化，除了数据量的继续增加之外，使用逻辑上已无明显提升。律师办理业务过程中，已经逐渐将数据检索工作日常化，即无论是接待咨询、办理案件，均将数据检索常规性地加入业务当中，除对业务本身的理论探讨和实际操作办理，数据检索也作为对业务走向的预判、对当事人服务质量的提升的一部分。

当下，ChatGPT 类的生成式人工智能开始出现并迅速发展，或者可以称之为“膨胀”，短时间内迅速迭代。除了在英语语境之下的 ChatGPT 之外，国内的百度、科大讯飞也都相继发布了自己的生成式人工智能系统，如百度的文心一言、科大讯飞的星火大模型。

笔者在使用过程中发现，对于律师业务而言，生成式人工智能尚不足以取代目前的各类检索数据库，其生成的内容仍然具有一般性、普遍性的特征，无法针对某一个案，所给出的解答也需要律师做个案针对性之处理，否则无法直接使用，甚至，对于法律类相关问题，生成式人工智能无法给出我们想要的回答。如下图：

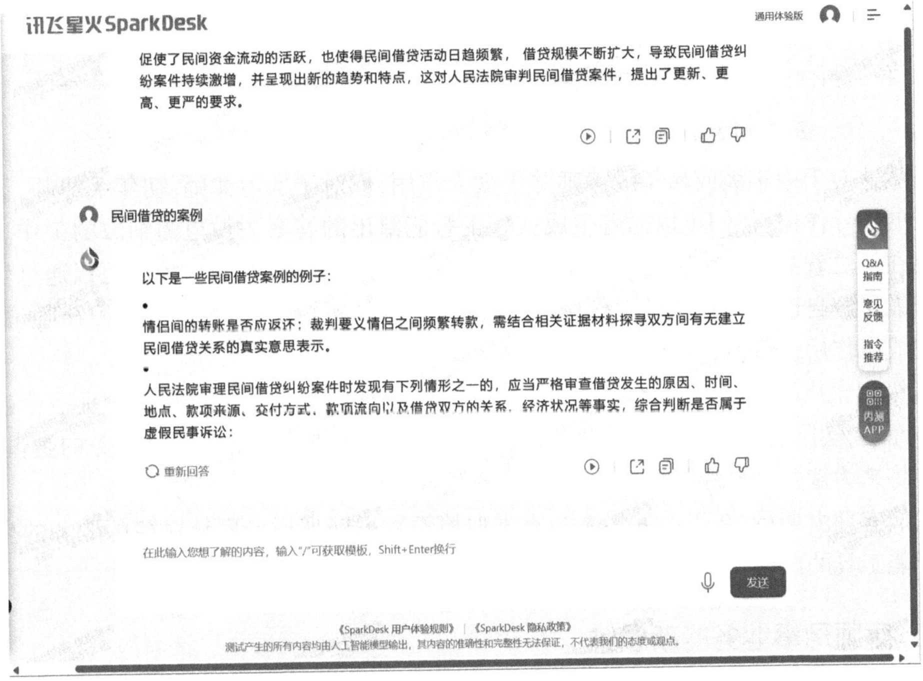

图 1　科大讯飞的星火大模型关于“民间借贷的案例”的回复

实际上，我们是想通过生成式人工智能进行诸如类案数据库类的检索工作，但实际上，生成式人工智能仅能给出描述性的表达结果，无法真正给出我们想要的例子。

但是，这并不是说生成式人工智能不能作为大数据升级背景下提高律师业务质量和效率的工具，这需要我们考虑，选择何种问题和工作由生成式人工智能来解决以及获得的答案如何处理。

比如，当我们在科大讯飞的星火大模型中输入“如何会见刑事案件的嫌疑人”，我们可以得到如下图的结果：

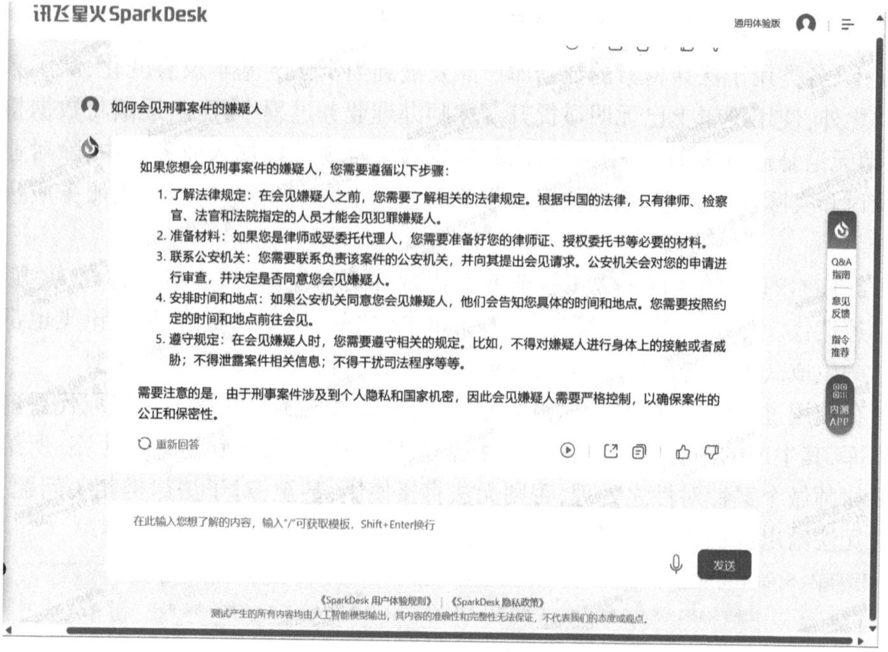

图 2　科大讯飞的星火大模型关于“如何会见刑事案件的嫌疑人”的回复

虽然这对于中年级或高年级律师并无太大作用，但对于实习律师、初年级律师，仍然具有较强的指导作用，他们可以循着生成式人工智能给出的答案去做更为细致的工作。这实际上也在解决着我们法律服务产品化的痛点和需求，实习律师、初年级律师可以通过生成式人工智能了解自己应当在实务工作中做些什么，作为高年级律师，可以在实习律师、初年级律师完成工作后，再进行下一步的指导工作。

当然，上图所举例子也只是生成式人工智能对律师业务，具体到律师刑事业务影响的一小部分而已，实际上，生成式人工智能需要更多的训练，也需要更熟悉律师业务的逻辑，才有可能在将来为律师业务提供更多的便利，真正地成为律师业务的生产力工具。

我们有理由期待，在不久的将来会有类似检索数据库那样专门针对律师业务的生成式人工智能工具的出现。

二、律师刑事业务的新思维

（一）律师刑事业务的传统思维

刑事业务是最能体现律师专业性的业务之一，律师的法治精神、律师的勇敢和坚决都在律师的刑事业务中体现。事实上，刑事业务也是律师最传统的业务之一，可以说，有律师这个行业的那一天，就有刑事业务存在。

其实，律师刑事业务的传统思维很简单，在《中华人民共和国刑法》和《中华人民共和国刑事诉讼法》的框架之下，受案、会见当事人、与办案机关沟通、及时阅卷、开庭、结案。

一般来说，律师刑事业务大都在证据和法律之间来回游走。通过阅卷和会见，了解证据的情况和当事人自己的陈述，再通过对法律、司法解释的理解和适用，以及跟办案机关的往复沟通，达到为当事人争取最大合法权益的效果。

笔者发现，律师刑事业务的传统思维，不过是会见、阅卷和开庭三个由程序法所涵摄的流程。

（二）大数据对律师刑事业务服务质量的影响

律师行业逐步地市场化，更多地开始强调服务质量。虽然律师提供的法律服务，与其他各类服务业的服务不同，属于专业性较强的服务，不能无底线地迁就当事人的所有要求，但此前律师行业对服务质量显然不够重视，以至于谈不上有什么服务质量。但是，当律师行业市场化越来越明显，律师人数逐年增加，行业竞争加剧，催生了律师行业普遍提高服务质量的情况。

检索数据库和生成式人工智能，在这样的前提下，无疑给律师刑事业务服务质量的提高进行了很强的赋能。

律师在办理刑事业务的过程中，进行类案数据库的检索，检索出类似案件，并将当事人涉嫌的罪名有关的全部法律规定都向委托人进行展示，在服务的前期、中期和后期，都给委托人和当事人足够的预期，让委托人和当事人心里有“底”，同时也将律师服务的无形内容有形化，实际上提高了律师刑事业务的服务质量。

（三）大数据对律师刑事业务效率的影响

如前所述，在律师行业的大数据时代来临之前，律师想要检索类案判决几乎很难做到，其实在互联网普及之前，律师办理刑事业务过程中，想要穷尽规范性文件——也就是法律、司法解释等的检索也并不容易，这虽然不影响律师进行阅卷、会见和参加庭审，但显然是效率不高的。

当有大数据之后，尤其是检索数据库之后，律师可以通过检索数据库穷尽法律、司法解释或者各类与业务涉及的刑事案件罪名相关的规范性文件检索，同时，可以通过各类第三方检索数据库提供的检索逻辑多维度对类案进行检索，甚至可以细节到某一种辩护意见是否可以被采纳，或者是对犯罪事实进行细节上的检索。

而且，当数据库逐渐丰富，可检索的不仅仅有各类刑事案件的类案判决，部分检察院的检察文书也都可以在部分数据库上进行检索，极大提高了律师办理刑事业务的判断力，提高了律师办理刑事业务的效率。

一方面，检索类案裁判文书、检察文书，可以提高律师办理刑事业务过程中对案件走向和裁判结果的预判，另一方面，也可以通过检索承办法官办理过的类案、检察官办理过的类案，熟悉办案机关、办案人员的思维倾向性，进一步提高律师办理刑事业务的效率。

三、结语

可以说，在大数据背景之下，律师的刑事业务思维被升级，也需要主动升级。

通过大数据的赋能和加持，提高律师办理刑事业务的服务质量，对于委托人，大多数情况下是当事人的家属，可以让他们的情绪更加稳定，通过给他们展示相关规定、类案判决，让他们感受到律师刑事业务的专业性和服务感,也让他们的内心处于安定状态,让他们能对案件走向有一个客观、正确的预期。

同时,律师通过数据库检索,提高自己的刑事业务办案效率,更加熟悉类似案件的走向以及办案机关、办案人员的办案风格和观点的倾向性,这也提高了与办案机关的沟通效率。

也就是说,在大数据背景下,律师刑事业务要以提高服务质量为轴心,通过大数据赋能提高工作效率,从而进一步提升服务质量。

至于生成式人工智能,虽然对于律师刑事业务,它还远不能说“可用”或者“完善”,但相信它能不断迭代,在不远的将来,数据库检索等工作可以统合到生成式人工智能之中,一站式地解决律师办理刑事业务的全部问题,成为生产力工具。

律师参与刑民交叉案件程序与事实认定的路径探索

闫娜　王钰超

内蒙古炳鸿律师事务所

摘　要：随着经济社会高质量发展，案件的复杂程度也与日俱增。过往单一形式刑事案件或民事案件已经发展成了多方面实体问题交叉、刑民程序联动的刑民交叉案件。这对案件代理律师提出了新的要求和挑战。本文通过论述刑民交叉案件的特点与现状、基于现有法律规定的处理方式等，希望总结出一个律师介入刑民交叉案件的办理思路和方法，更好地为当事人服务，保障当事人的合法权益。

关键词：刑民交叉；律师；司法实务

一、刑民交叉案件的特点与现状

在司法实践中，刑民交叉案件常发生于经济纠纷和经济犯罪中，1998 年 4 月 21 日颁布的《最高人民法院关于在审理经济纠纷案件中涉及经济犯罪嫌疑若干问题的规定》第一条规定："同一公民、法人或其他经济组织因不同的法律事实，分别涉及经济纠纷和经济犯罪嫌疑的，经济纠纷案件和经济犯罪嫌疑案件应当分开审理。"第十条规定："人民法院在审理经济纠纷案件中，发现与本案有牵连，但与本案不是同一法律关系的经济犯罪嫌疑线索、材料，应将犯罪嫌疑线索、材料移送有关公安机关或检察机关查处，经济纠纷案件继续审理。"

在上述规定中反复强调"同一法律关系"或者"同一法律事实"，而其在实践中被认为是刑民交叉程序的基础要素。

但是具体来分析，刑事程序是侦查机关对涉嫌犯罪的行为进行侦查、检察机关进行审查起诉、审判机关行使审判权的司法活动。民事程序旨在平等主体之间各项民事权利进行定分止争。因此，刑民交叉案件应当是基于"同一法律事实"在实体上高度融合、程序上先后有别的特殊情况。此类案件多发于民间借贷案件、网络金融案件。

通过已有判例，此类案件已经形成"先刑后民""先民后刑""刑民并进"三类处理程序，案件的结果也迥然不同。这样的判决对于今后律师工作的指导力度不足，甚至不具有类案的参考价值。

本文所做的探讨和研究是从律师工作角度出发，在案件全过程中为维护和保障当事人合法权益提出的思考和方向。

二、基于现有法律规定的处理方式

根据现有案例和司法实践，对于刑民交叉案件的类型可以归为以下三类：

第一类，由不同法律事实分别引起刑事法律关系和民事法律关系，刑事法律关系和民事法律关系并存，引起两种关系的法律事实之间具有一定的交叉关系。一个法律主体做出的两个独立行为而引发的两个独立的法律事实。

第二类，同一法律事实在行为或结果上难以界定是刑事犯罪还是民事纠纷的，对于案件事实的定性需要结合具体个人观点和个案特点。这样的案件对于承办案件的检察官、法官、律师的专业素质、法律视角和法治大局观是一个综合的考验，也是本文讨论的重点对象。

第三类，同一行为既触犯刑事犯罪又涉及民事法律关系，在法律事实上没有争议，这类案件在法条竞合上存在一定空间，对于法律行为的认定会导致在刑事或民事案件间的界定上产生摇摆。在程序上一般符合刑事附带民事诉讼。这类案件的焦点是民事证据提交和质证，案件在实际审理中的应用也比较广泛。

为了从律师实务出发，更好地探索应对刑民交叉案件的突破口，本文将刑民交叉案件分为实体辨析类和程序调整类。这样可以简化案例的分类，方便总结归纳，为后续律师开展类案工作提供参考。

三、司法机关的处理模式与律师的应对工作

由于近年来刑民交叉案件增多，司法机关在处理此类案件中已经形成了一套成熟的体系。

第一种类型是针对同一审判组织的形式审理案件，肯定了“先刑后民”的审理模式，以刑事附带民事诉讼审理一般案件。近年来更是针对知识产权案件的特点改革了审判方式，创新性地采取“三审合一”（民事、行政和刑事案件审判“三审合一”），将知识产权案件涉及的诸多事实由知识产权审判庭统一审理，极大地提高了审判效率。

就刑事附带民事诉讼而言，随着时代的进步其逐渐显露出弊端。以近年来多发的电信诈骗案件为例，刑事审判嫌疑人多，身处境外难以归案，牵连帮信犯罪追赃困难等因素都造成此类案件刑事审判程序延长；追回被害人损失的难度极大，给被害人的生活造成了实际的困难。针对这一类案件，在认定刑事事实的大框架即犯罪嫌疑人认罪认罚或被害人出具谅解书的原则下，律师介入后应当积极推动建立“先民后刑”的程序，这样的构想可以简化刑事审理的过程，对被告人的量刑也可以产生积极的作用，有利于实现民事赔偿责任优先的原则来化解社会矛盾。

从知识产权刑事、民事、行政“三审合一”审判方式改革试点①来看，程序的选择更加灵活，这就需要律师与审判组织保持密切沟通，从法院的考量因素出发。在刑事程序的警示与惩罚、民事赔偿的社会典型性效果、行政行为的引导与政策制定这几个方面入手分析，有侧重点地选择案件突破口。

第二种类型是由不同的审判组织分别审理刑事部分和民事部分，由于此类案件中的某一事实或行为在刑民领域发生交叉关联，因此民事案件的审理需要判断是否等待刑事审判的结果。以过往的经验，这类案件不管是刑事案件的辩护人还是民事案件的诉讼代理律师

①2006年6月7日，广东省高级人民法院印发《广东省高级人民法院关于在我省部分基层人民法院开展知识产权刑事、民事、行政“三审合一”审判方式改革试点的实施方案（试行）》。

都要等待刑事定罪量刑问题有了明确结论再推动民事程序;在此期间民事程序会裁定驳回起诉和中止审理。这时律师对于程序的推动作用有限。应当立足刑民交叉部分的案件事实,从法理和证据两方面深挖做实,制定更全面的诉讼策略。积极与当事人协商,如果可以定罪按刑事附带民事程序如何推进;如果法院不认定这一部分属于犯罪,那在民事证据的搜集上还要做哪些工作。这样分析优势方向后就可以有选择地推动刑事或者民事案件的进程。这样的分析重点主要在实体层面,毕竟刑事案件的裁判对相应的民事认定会产生重大影响。

第三种类型是法条、司法解释、部门规定比较丰富的案件。对于在民事审理过程中发现的犯罪线索,因为此时刑事案件程序尚未启动,按照规定,这样的案件应当将线索材料移送有管辖权的公安机关或检察院;如果经过审查符合刑事立案标准,则民事案件会被驳回起诉,之后进入刑事附带民事程序。律师承办此类案件应当对案情和证据进行细分,针对当事人每个行为都要分析处于何种程度,证据证明的案件事实是否全面,能否通过其他证据佐证案件事实。这种细致的工作可以给法庭判断是否属于刑事案件提供更清晰的参考。能左右案件是否进入刑事程序的是事实和证据,所以律师必须积极履行解释法理和组织证据的职责。

四、先刑后民的处理模式研究

刑民交叉案件的先决顺序源于《中华人民共和国民事诉讼法》(2021 年修正)第一百五十三条规定的"本案必须以另一案的审理结果为依据,而另一案尚未审结的"。此处特指的"另一案"被广泛地理解为包括刑事案件、其他民事案件、行政案件。这样的先决适用于两种情形:一是侵犯了民事权利的同时也构成刑事犯罪的,出现在导致人身或财产受到侵害的案件中,通过刑事附带民事程序得以解决;二是民事行为的某些动作涉及刑事犯罪,如合同纠纷、借款纠纷中涉及伪造签名和印章、票据等。

之前的司法实践中的普遍做法是暂停民事审理等待刑事程序启动,这样的"无差别先刑后民"可以认为是民事案件借助公权力搜集证据。但是刑事程序对于查清案件事实是否有利不能一概而论。滥用刑事侦查权甚至会给个案的当事人带来更大的伤害。民事案件应当尊重法官合理运用审判程序、举证质证中的自由裁量权。

为了更好地阐述律师工作在刑民交叉案件中的重要性,此处的重点在于区别程序的先决条件,这是构成程序选择合理性的必要条件。

第一是责任主体是否欠缺必要性。刑事责任和民事责任承担主体不同,刑事责任具有专属性,不可转移或替代;民事责任主要在于权益的弥补,必要时存在替代责任、补充责任、连带责任。① 因此当案件的责任主体承担的赔偿责任高于惩戒需求时,则案件的刑事优先"必要性"降低了。此类案件可以对刑事事实和民事事实分开审理,实行"刑民并行"。

第二是证明规则事由到达必要性。刑事证明规则要求排除合理怀疑,重在实物证据的搜集,只有言辞证据不能认定为有罪;民事证据则宽松得多,达到认定事实的高度概然性即可并允许通过当事人自认事实免除证明责任。

①成媛媛.刑民交叉案件中"先刑后民"方式的反思[D].华东政法大学,2014.

第三是证据对于事实的认定缺乏必要性。先审理刑事案件的优势之一就是刑事认定的事实在后续民事审理中的预决效力，即民事案件会直接认定刑事案件的审理结果，节约司法资源。但在民事关系较为简单、关系比较清晰的案件中贸然将案件带入刑事程序只会造成案件拖延，最终损害当事人利益和造成司法资源的浪费。①

综合以上三点，在《中华人民共和国民法典》颁布之后我国在自治、权利保护方面已经有了长足的进步，给刑民并行处理提供了更多的空间。从“先刑后民”的绝对适用走向了“刑民并进，合理优化”的新局面。

五、先民后刑的模式探索

在刑民交叉案件中律师维护当事人合法权益的手段变得更加多元和灵活。例如一些发达地区探索的“先民后刑”，就是极大地保护了当事人的各项合法权益。

第一，有利于推动解决民事案件“执行难”的困境。以前先刑后民的处理由于漫长的刑事过程有利于犯罪嫌疑人转移财产，之后的民事判决即使胜诉也会面临“无财可执”的境地，当事人逞一时意气还会造成损失扩大。如果律师积极推动民事审判或避免刑事程序，则可以在民事程序中寻求一方当事人出具谅解书、另一方当事人为减轻刑事责任积极赔偿的局面。这样的做法是认罪认罚的实际体现，也是合理量刑的重要指标。②

第二，体现法律保障人权的重要任务。法治国家的重要标志就是依靠法律保障人民的各项权利。民事程序靠前是我国权利保障机制改革的集中体现。民事先行可以有效引导群众走依法维权道路，减少社会矛盾。这也是体现律师专业程度的良好渠道。

第三，有利于多渠道解决纠纷机制的推广。我国在依法治国、依法执政、依法行政的过程中建立法治政府是“法治长征”的起点，使人民群众懂法、守法、用法是时代赋予法律工作者的任务和使命。对于刑罚较低的犯罪案件及时获得赔偿是当事人的现实需求，先民后刑更符合及时解决矛盾的环境需求。

因为“先民后刑”的处理模式还没有法条的明确支持，但近年来通过归纳司法经验，以民事和解结案而避免刑事诉讼已经逐渐被司法机关所接受。在侵财类刑事案件中经常会出现犯罪嫌疑人缴纳罚金后无力赔偿被害人的情况。根据《中华人民共和国刑法》第三十六条第二款，承担民事赔偿责任的犯罪分子，同时被判处罚金，其财产不足以全部支付的，或者被判处没收财产的，应当先承担对被害人的民事赔偿责任。这就是民事优先的体现。这是从立法层面展示国不与民争利的思想。2017 年最高人民法院出台的《关于常见犯罪的量刑指导意见》规定，对于积极赔偿被害人经济损失并取得谅解的，结合认罪、悔罪程度等情况，在量刑上可以减少基准刑的 40%以下。这是鼓励当事人和律师改变以前希望通过刑事程序给对方当事人施加额外压力来解决纠纷的例证。

六、刑民交叉案件对律师的挑战

律师在参与刑民交叉案件中面对的挑战是多样的，以下通过总结过往案例，提出三方面

①王爽. 刑事退赃中所涉刑民交叉问题探讨[D]. 华东政法大学,2016.

②陈兴良. 高利放贷的法律规制:刑民双重视角的考察[J]. 华东政法大学学报,2021,24(06):6-16.

重点:

首先是现有可以应用的法条不足。随着法治进程的推进,案件多样性在逐年丰富。最高人民法院、最高人民检察院、公安部也通过司法解释和部门规章的形式概括指导性地提出针对刑民交叉案件的处理方法。但是对具体实际的案件作用有限。在地方层面,发达地区会针对本地区经济社会发展出台相关规定;欠发达地区还是照章办事,缺少改革的魄力和动力。

其次是律师队伍自身业务水平还有较大的进步空间。截至 2022 年底,我国执业律师共有 65.16 万多人。① 面对竞争激烈的市场环境,大多数律师专注于开拓案源,留住客户,紧跟时代、提升业务水平的时间有限。打铁还需自身硬,律师想要拥有广阔的发展天地,还是要将专业水平做深,把业务能力做实。在关键时刻,必须有深厚的基本功,在法律真空处依靠法律原则,解释法律原则。唯有勇于开拓,才能成长为不负时代重托、承担人民厚望的法律工作者。

最后是改变社会解决矛盾纠纷的方式。律师作为最贴近老百姓生活实际的法律工作者,承担着很大一部分普法的责任。现在还有一部分群众,来咨询律师可能就是为了写一份工整的报案材料。这样的社会现实也是急需要改变的。群众认为公权力的介入能够更快更有力地解决他们的困难,还是保持着过往那般期待"青天大老爷"的思维。这就给律师提出了更高的要求,不能懒惰地一味满足当事人的要求,还要用责任心和耐心引导当事人选择最合法有利的途径。

七、结语

2020 年 11 月,习近平总书记在中央全面依法治国工作会议上提出,要深化司法责任制综合配套改革,加强司法制约监督……健全社会公平正义法治保障制度,努力让人民群众在每一个司法案件中感受到公平正义。面对百年未有之大变局,人民和时代对律师群体提出了新的、更高的要求。中国律师应积极为祖国经济社会高质量发展献言出力,为构筑法治社会不断努力,为建设现代化法治国家奋斗。

①2022 年度律师、基层法律服务工作统计分析[EB/OL].中华人民共和国司法部网站,2023-06-14.

认罪认罚从宽制度中律师的作用
——刑事司法制度创新　辩护律师应有作为

王文利

内蒙古仁众律师事务所

摘　要：认罪认罚从宽制度能否切实有效地得到落实，制度改革的理念能否准确地传递到制度的执行者和参与者，不仅关乎制度本身能否发挥应有作用，更关系到每一个当事人的切身利益。只有在制度运行过程中不断查漏补缺、总结经验教训，才能使认罪认罚从宽制度真正发挥其制度优势。作为该制度的重要参与者的辩护律师，只有依法积极、主动与司法机关进行沟通、交流，才能更好地维护法治社会，才能最大可能地节约司法资源，才可能让当事人在案件中感受到司法的公平与正义。

关键词：认罪认罚从宽；刑事司法；辩护律师

认罪认罚从宽的刑事司法制度是2016年7月，习近平总书记主持召开中央全面深化改革领导小组第二十六次会议，审议通过的《关于认罪认罚从宽制度改革试点方案》提出的。从2016年9月，全国人大常委会通过《关于授权最高人民法院、最高人民检察院在部分地区开展刑事案件认罪认罚从宽制度试点工作的决定》明确授权试点。到2018年10月26日修正后的《中华人民共和国刑事诉讼法》（以下简称为《刑事诉讼法》）第15条规定：“犯罪嫌疑人、被告人自愿如实供述自己的罪行，承认指控的犯罪事实，愿意接受处罚的，可以依法从宽处理。”正式确立了认罪认罚从宽的法律制度。2019年10月11日，最高人民法院、最高人民检察院、公安部、国家安全部、司法部发布《关于适用认罪认罚从宽制度的指导意见》（以下简称为《指导意见》），对认罪认罚从宽制度的基本原则、适用范围和条件、从宽幅度、审前程序、量刑建议、审判程序、律师参与、当事人权益保障等作出了具体规定，对于明确认罪认罚从宽制度的运行、规范司法实践产生了重要作用。在近几年的司法实践中，相关信息显示认罪认罚从宽制度在刑事案件中适用的比例是非常高的，但是，辩护律师作为该制度贯彻落实中重要的参与方是否有所作为？如何作为？如何更好地保障和体现辩护律师作为社会法律工作者的价值？本文将从自己作为辩护律师的工作实践中得到的感受和体会提出自己的观点和看法并与同行交流，试图促进司法机关进一步重视和保障律师的作用和价值。

在我国古代社会，司法官在审断纠纷时，通常将人情、伦理、风俗习惯等纳入考量的范围，使案件的审理结果实现情、理、法的有机融合。“认罪认罚从宽制度是对古代德主刑辅、宽严相济、以人为本、和谐息讼等传统法律文化理念的传承与发展。”中国社会科学院法学研究所研究员、法制史研究室主任张生如是说，笔者认为这就是现在认罪认罚从宽刑事司法制度的历史文化渊源。

从认罪认罚从宽的刑事司法制度在全国司法机关普遍开展以来，在2019年10月“两高三部”的《关于适用认罪认罚从宽制度的指导意见》公布之后，在国家司法机关层面除了最高人民检察院于 2021 年 12 月 3 日向全国检察机关印发《人民检察院办理认罪认罚案件开展量刑建议工作的指导意见》外，再没有出现相关的司法解释或者规范性司法文件。那么在具体的工作实践中该制度的适用存在什么问题？如何解决？本律师通过梳理自己办案碰到的问题以及与律师同行交流发现的问题进行汇总分析，并且提出解决的思路和方法。

问题一：在法律和司法解释没有明确规定的情况下具体案件中从宽的度如何把握的问题

刑事犯罪关涉两个主要问题，就是定罪和量刑，而我们知道认罪认罚从宽制度主要解决的是量刑问题，一个案件能否适用认罪认罚从宽制度，取决于三个重要条件：一是当事人对于案件事实基本没有异议；二是当事人自愿认罪；三是当事人对于检察机关提出的量刑建议予以认可。[1] 而这三个条件又必须全部满足才可以适用，但是，如何理解这个“从宽”的含义和适用幅度，这在《刑事诉讼法》及“两高三部”的《指导意见》中还没有具体规定，或者说虽有规定但均属于原则性或者概括性的说明。例如《指导意见》第 8 条规定“从宽”的理解。从宽处理既包括实体上从宽处罚，也包括程序上从简处理。“可以从宽”，是指一般应当体现法律规定和政策精神，予以从宽处理。第 9 条关于从宽幅度的把握第 1 款规定：办理认罪认罚案件，应当区别认罪认罚的不同诉讼阶段、对查明案件事实的价值和意义、是否确有悔罪表现，以及罪行严重程度等，综合考量确定从宽的限度和幅度。在刑罚评价上，主动认罪优于被动认罪，早认罪优于晚认罪，彻底认罪优于不彻底认罪，稳定认罪优于不稳定认罪。第 9 条第 2、3 款也是原则性规定，那么，在具体案件中如何把握从宽的幅度并没有具体规定，这就使辩护律师以及检察机关、审判法院对具体案件如何适用从宽的幅度有了不一样的理解，产生了量刑的分歧。

一般来讲，从文义理解和逻辑角度看，从宽是相对于从严的，是宽严相对的，也是宽严相济刑事政策语言表达的体现，但在具体量刑的问题上与刑法、刑事诉讼法及量刑规范化司法解释规定的减轻、从轻、加重、从重等的固化法律概念的量刑幅度又是不相同的。那么从现有法律及《指导意见》相关规定的内容分析，从宽的量刑幅度与法定的减轻、从轻或者酌定从轻的量刑幅度是包含关系还是补充关系呢？本律师觉得从宽的量刑幅度似乎只与法定和酌定从轻的量刑幅度有关，与减轻的量刑幅度是不相关或者不适用的。因为减轻的情节是在法定刑的下一档量刑幅度内考虑量刑幅度，而从宽似乎只在从轻情节的本档量刑幅度内考虑。例如从《指导意见》第 9 条第 2 款规定内容的表述来看，是根据具体情况在法定刑幅度内考虑从宽量刑的幅度，但是，自首、立功既是法定从轻也可能是减轻的量刑情节（《中华人民共和国刑法》第 67、68 条规定自首、立功依法可以从轻或者减轻处罚，对于自首的犯罪分子，犯罪较轻的还可以免除处罚；有重大立功表现的也可以减轻或者免除处罚），这如何理解？并且，该《指导意见》还规定：认罪认罚与自首、坦白不作重复评价。这就更不好理解和把握认罪认罚从宽与法定从轻、减轻情节在量刑时的操作。也就有了这样的争论：有人认为认罪认罚从宽是可以覆盖到减轻情节，可以达到低一档的量刑幅度的；也有人认为认罪认罚从宽的幅度只能是法定刑幅度内的，在没有法定减轻量刑情节的情况下认罪认罚从宽的幅度是不可以从宽到低一档的下一个法定刑幅度内的。

从作为辩护律师的工作角度出发，也综合考虑认罪认罚从宽制度的立法本意，笔者认为并希望作为法律职业共同体的检察官、法官确定从宽的幅度能够根据具体案件的情况适用到减轻处罚的低一档法定刑幅度范围内，这样更能够体现认罪认罚从宽制度设立的法律意义和司法价值，同时，也更好地维护了认罪认罚的当事人的合法权益。

问题二：认罪认罚从宽的量刑要真正进行协商，并且，司法机关应当将量刑建议书及时送达被告人及辩护人

在2021年，时任最高人民检察院检察长的张军在所作的工作报告中提到，2020年检察机关认罪认罚从宽制度的适用率超过85%。由此可见，认罪认罚从宽已成为当下刑事案件办理的最主要的程序形式。并且，对于认罪认罚从宽制度的适用，检察机关在其中起到了把握主动的作用。这是由我国检察机关的定位所决定的。我国的检察机关不仅仅是单纯的公诉机关，也是法律监督机关。能否适用认罪认罚从宽制度，对于拥有法律监督机关和公诉机关双重身份的检察机关而言，本就是其应尽的职责。[2]检察机关在整个刑事公诉案件诉讼流程中的四个关键环节：侦查、批捕、起诉、审判中占据两席，处于中间的重要环节。那么认罪认罚从宽在这两个环节中所起的作用也是举足轻重的，在法定刑较低的轻罪名案件中可能就会作出不批准逮捕或者不起诉决定，当然这就要求辩护律师及时地提出有质量的律师意见为犯罪嫌疑人或者被告人争取良好的司法效果，这是辩护律师的应有之举。由于刑事检察工作实行"捕诉合一"的工作机制，这就需要与承办检察官进行有礼有节有效的沟通，但是，实践中由于主客观的原因辩护律师没有及时把握节奏或者在这两个环节前犯罪嫌疑人的家属还没有聘请律师，诉讼程序权益没有有效地行使。公诉机关在向人民法院提起公诉时将会随同起诉书一并提交量刑建议书移交审判法院，按照《指导意见》第27条的规定，犯罪嫌疑人认罪认罚的，人民检察院应当就有关事项听取犯罪嫌疑人、辩护人或者值班律师的意见，记录在案并附卷；人民检察院未采纳辩护人、值班律师意见的，应当说明理由。第33条第1款规定，人民检察院提出量刑建议前，应当充分听取犯罪嫌疑人、辩护人或者值班律师的意见，尽量协商一致。而在实际办案中作为公诉人的检察官在辩护律师积极主动作为时可能会听取一下意见，但是，辩护律师提出书面的律师意见书往往并没有按照该规定附卷。并且，公诉人在向人民法院提出量刑建议书的时候，一般并不会与辩护律师协商一致，最多是听取一下意见，在提出量刑建议时告知一下辩护律师已经是奢望了。因此，笔者还是衷心希望公诉机关能够按照《指导意见》的规定和辩护律师协商量刑并达成一致。

在实际的办案中，当案件移送人民法院审理时，人民法院向被告人送达起诉书时是不会将量刑建议书一起送达的。当辩护人向法院递交辩护代理手续领取起诉书，提出索要量刑建议书的要求时，人民法院往往因为没有明确法律规定而拒绝给辩护律师提供。他们给出的理由一般是检察院只送来一份，要入卷不能提供给律师，只简单口头告知量刑结果，最多让律师拍照或者复印一下。量刑建议书作为重要的司法文书应当依法送达被告人和辩护律师，作为法律规定的诉讼参与人是有权利取得该法律文书的，这样的情况并不符合《刑事诉讼法》的立法精神。这就需要公诉机关和审判机关能够统一认识，将量刑建议书与起诉书制作相同的份数，一并送达被告人及辩护律师。当然，最好的办法就是相关法律或者司法解释能够明确规定之。

问题三：被告人签署认罪认罚具结书后，辩护人行使独立辩护权是否适当或者能否被采信的问题探讨

在司法实践中，有一部分案件被告人已经认罪认罚签订了具结书，但是，辩护律师对认定事实和法律适用，以及对量刑建议书有不同意见的情况下，辩护律师可以依法独立发表辩护意见，那么司法机关将如何对待呢？笔者在工作实践中发现的问题是：当公诉机关与被告人沟通并进行了认罪认罚具结书的签署，同时，辩护律师作为见证人也在具结书上签字了。这种辩护人签字的行为只是证明辩护人在公诉机关与被告人做认罪认罚时在场见证了公诉机关按照法定程序办理，被告人是在完全自愿的情况下签署的具结书，应视为辩护律师对于当事人自愿签署具结书的自愿性、真实性和合法性的认可，并没有其他制约辩护人的意思。况且，辩护人如果认为量刑建议较重，还可以在适当地方注明自己的意见或者观点。那么在法庭审理过程中，在被告人对犯罪事实和适用法律以及量刑建议均没有异议的情况下，辩护律师对起诉书指控的部分犯罪事实提出异议或者对适用法律也有不同意见，抑或是发表的量刑意见明显比公诉人的量刑建议较轻的情况出现后，一般人民法院还是会听取辩护意见，不会立马阻止或者剥夺辩护权，至于最终是否采信辩护意见还是要具体情况具体分析的。这种情况的出现也是前期控辩双方没有进行良好沟通的一种表现，最有可能的是公诉方会以法律监督机关的身份和权力来向法院或者被告人施加影响。按照《指导意见》第 6 条规定，当事人本人对于行为性质提出辩解尚且不影响“认罪”的认定，那么辩护人基于辩护权而独立发表的辩护意见就更不应该视为对“认罪”的反悔。但是，绝大多数情况是法院会采纳公诉方的量刑建议，最高人民检察院在历年的工作报告中发布的量刑建议采纳率足以证明：2018 年检察机关量刑建议采纳率为 96%。而在 2020 年发布的《最高人民检察院工作报告》中提到 2019 年 12 月量刑建议采纳率为 79. 8%。到了 2021 年，最高人民检察院在工作报告中提到 2020 年全年量刑建议采纳率接近 95%。

认罪认罚从宽制度是国家为推进“以审判为中心”的刑事诉讼改革而作出的顶层设计和制度安排，对刑事诉讼制度产生了重大影响。[3] 在贯彻、落实、践行这个制度的过程中，虽然司法机关起着主导作用，但辩护律师是不可或缺的直接参与者，如何履行好自己的义务，承担起法律赋予的责任是一个严肃而光荣的任务。我们应当领悟制度层面的深意，依法积极、有效地为委托人提供法律服务。

综上，虽然辩护律师有独立发表辩护意见的权利，但是，在认罪认罚从宽制度适用的情况下，辩护律师最好能够发挥主观能动性，积极与公诉机关进行沟通，在量刑建议问题的协商上争取达成一致，至于案件事实认定，如果确实存在有罪证据不确实、不充分的问题，也应该依法据理力争以维护被告人的合法权益。因此，在刑事司法制度创新产生认罪认罚从宽的司法实践中，我们辩护律师是有所作为的，而且可能还大有作为，为夯实法治社会基础作出我们应有的贡献。

认罪认罚从宽制度能否有效地得到落实，制度改革的理念能否准确地传递到制度的执行者和参与者，不仅关乎制度本身能否发挥应有作用，更关系到每一个当事人的切身利益。只有在制度运行过程中不断查漏补缺、总结经验教训，才能使认罪认罚从宽制度真正发挥其制度优势。作为该制度的重要参与者的辩护律师，只有依法积极、主动与司法机关进行沟通、交流，才能更好地维护法治社会，才能最大可能地节约司法资源，才可能让当事人在案件中感受到司法的公平与正义。

参考文献

[1]贺卫.认罪认罚从宽量刑建议机制的检视与完善[J].中国检察官,2018(23):33-37.

[2]杨柳.建构我国认罪认罚控辩协商机制的理论反思[J].运城学院学报,2021,39(01):12-16.

[3]王敏远,顾永忠,孙长永.刑事诉讼法三人谈:认罪认罚从宽制度中的刑事辩护[J].中国法律评论,2020(01):1-21.

也谈律师遗嘱见证问题

郝贵梅

内蒙古鄂尔多斯律师事务所

摘　要：随着社会的发展，人民群众财富不断积累，人们对于遗产处分的重视程度越来越高，因此，遗嘱的重要性也越来越突出。而在遗嘱的制定与见证中，律师的作用就不容忽视。本文通过讨论律师遗嘱见证的法律依据、程序、注意事项、存在的问题以及解决方法等方面，以期为遗嘱见证的相关工作提供一些参考。

关键词：遗嘱；律师；见证；法律依据；程序；注意事项

遗嘱制度在我国民间具有悠久的历史，然而由于社会的变迁，遗嘱的种类及形式在实践中逐渐演变。当前在遗嘱制度的实践中，公证遗嘱的应用越来越广泛。如《中华人民共和国民法典》(以下简称为《民法典》)第1139条规定："公证遗嘱由遗嘱人经公证机构办理。"这不仅有效地保证了遗嘱的合法性和强制性，还避免了遗产纠纷的发生。

遗嘱是死者在生前对其财产进行处置的意思表示。遗嘱的制定不仅是保障个人财产的一种方式，也是对家庭和社会的一种责任和担当。因此，遗嘱的制定和执行都有着极其重要的意义。而在遗嘱的制定和执行中，律师们的作用就不容忽视。

一、律师在遗嘱见证中的地位和作用

(一)律师在遗嘱见证中的地位

根据2017年修正的《中华人民共和国律师法》第2条第2款规定，"律师应当维护当事人合法权益，维护法律正确实施，维护社会公平和正义。"律师作为法治国家的重要组成部分，其在遗嘱见证过程中的地位不可替代。律师不仅参与公证办理过程，还应确保遗嘱得到有效实施。

(二)律师在遗嘱见证中的作用

1. 充分了解遗嘱人的意愿

作为律师，在遗嘱见证过程中，首要的责任是与遗嘱人进行详细沟通，充分了解其意愿和要求。律师应当耐心倾听，确保遗嘱人的意愿得到准确理解，并及时提供专业建议。只有清楚了解遗嘱人的意愿，律师才能更好地协助其制定合法有效的遗嘱。

2. 确保遗嘱的合法性和有效性

律师在遗嘱见证过程中，需要对遗嘱的合法性和有效性进行严格的审查。首先，律师需要核实遗嘱人的法定资格，确保其具备完全民事行为能力。其次，律师应当确保遗嘱的内容符合相关法律规定，不违反法律法规和道德伦理。最后，律师需要确保遗嘱的签署过程符合法定要求,包括见证人的在场、签名等。

3. 减轻遗嘱人的心理负担和法律风险

在遗嘱见证过程中,律师参与遗嘱编写过程,能够减轻遗嘱人的心理负担和法律风险,为遗嘱人提供法律咨询与帮助。此外,律师还应当保护遗嘱人的隐私权,确保相关信息的保密性。

4. 妥善保管遗嘱文件和相关证据

律师在遗嘱见证过程中,需要妥善保管遗嘱文件和相关证据,确保其安全和完整性。律师应当建立完善的档案管理制度,对遗嘱文件进行密封和标识,并定期备份和归档。同时,律师还应当保存与遗嘱见证过程相关的证据,以备日后可能出现的争议和纠纷。

二、律师遗嘱见证的法律依据

在中国,遗嘱制定的法律依据在《民法典》颁布前主要是《中华人民共和国继承法》(以下简称为《继承法》)。其中,《继承法》第 17 条规定:“公证遗嘱由遗嘱人经公证机关办理。自书遗嘱由遗嘱人亲笔书写,签名,注明年、月、日。代书遗嘱应当有两个以上见证人在场见证,由其中一人代书,注明年、月、日,并由代书人、其他见证人和遗嘱人签名。以录音形式立的遗嘱,应当有两个以上见证人在场见证。遗嘱人在危急情况下,可以立口头遗嘱。口头遗嘱应当有两个以上见证人在场见证。危急情况解除后,遗嘱人能够用书面或者录音形式立遗嘱的,所立的口头遗嘱无效。”可见,律师并非遗嘱见证的必要条件,但律师参与遗嘱见证的情况却越来越多。

《民法典》实施后,《继承法》已经失去法律效力,代替实施的是我国的《民法典》中的继承编。《民法典》第 1123 条规定,继承开始后,按照法定继承办理;有遗嘱的,按照遗嘱继承或者遗赠办理;有遗赠扶养协议的,按照协议办理。

事实上,律师作为专业法律服务人员,其在遗嘱见证中的作用不可小觑。首先,律师具有专业的法律知识和技能,可以协助遗嘱人对其财产进行清晰明确的规划和安排;其次,律师可以对遗嘱的合法性和有效性进行审核,避免可能存在的瑕疵和漏洞;最后,律师作为公正第三方,可以对遗嘱的签署和见证进行监督和记录,确保遗嘱的真实性和合法性。

三、律师遗嘱见证的程序

律师遗嘱见证的程序主要包括以下几个步骤:

(1)律师与遗嘱人进行初步沟通,了解遗嘱人的财产状况、家庭情况、意愿和安排等信息,以便为遗嘱的制定提供专业的法律意见和建议。

(2)律师起草遗嘱,包括财产清单、处置方式、受益人等内容。起草过程中,律师应当尽可能考虑各种情况和可能的变化,避免遗嘱存在漏洞和瑕疵。

(3)律师组织遗嘱见证。在见证过程中,律师应当先向遗嘱人确认其真实意愿并核对其身份,然后再邀请两名以上的见证人参与见证。见证人应当具备完全民事行为能力,并对遗嘱的内容进行了解和确认。

(4)律师和见证人对遗嘱的签署和见证进行记录和备份。律师应当在遗嘱上加盖律师事务所的公章,并对遗嘱的存放和保管进行妥善安排。

四、律师遗嘱见证的注意事项

律师在进行遗嘱见证的过程中,需要注意以下几点:

(1)遵循法律规定。律师和见证人应当遵循《民法典》等相关法律法规的规定,确保遗嘱的合法性和有效性。

(2)保护遗嘱人的真实意愿。律师应当在遗嘱见证的过程中,避免对遗嘱人产生心理干预。律师应确保遗嘱制定过程客观公正,避免对遗嘱人产生引导、干预,确保遗嘱的真实性。

(3)避免利益冲突。律师在遗嘱见证的过程中应当尽可能避免利益冲突的情况出现,确保其独立公正的地位。

(4)注意见证人的选择。见证人应当具备完全民事行为能力,并对遗嘱内容进行了解和确认。律师应当认真选择见证人,避免见证人存在利益冲突或者存在其他不利因素。

(5)遗嘱的可撤销性。在编写及见证遗嘱的过程中,律师需要关注遗嘱的可撤销性。一旦遗嘱编写完成,尚未生效时,遗嘱人可随时撤销。律师需确保遗嘱人充分了解这一点,并与遗嘱人保持联系,确保遗嘱的合法性和稳定性。

五、律师遗嘱见证存在的问题及解决方法

尽管律师遗嘱见证具有重要的意义和作用,但在实践中,也存在着一些问题。比如,一些律师在遗嘱见证过程中可能存在不专业、不公正等行为;一些遗嘱人可能存在不真实、不自主等情况。针对这些问题,需要采取相应的解决方法。

(1)建立律师遗嘱见证的规范化制度。律师事务所应当建立起专门的遗嘱见证部门,制定相关的规章制度和流程,确保律师遗嘱见证的专业化和规范化。

(2)加强律师遗嘱见证的监管。相关部门应当加大对律师遗嘱见证的监管力度,对存在违法行为的律师和见证人进行严厉处罚,以维护遗嘱见证的公正性和合法性。

(3)提高遗嘱人的法律意识。遗嘱人应当充分了解遗嘱的法律意义和规定,自主决定是否制定遗嘱,并选择适当的律师进行见证。

六、结语

在遗嘱编写及见证过程中,律师的参与具有重要意义。尤其是在当前社会环境下,人们对遗产分配越来越重视,通过遗嘱处理遗产的需求也在不断增长。因此,合理地利用律师资源,发挥律师职业优势,有助于维护社会公平和正义,同时也保障遗嘱制度的正常运行。

人工智能对律师的影响
——在代际升级的挑战中重塑律师行业

王湘璐

内蒙古蒙元律师事务所

摘　要:人工智能作为一项新兴技术,对律师行业的影响日益显现。本文通过对人工智能对律师行业的影响进行综合分析,旨在探索人工智能对律师行业的潜在影响和发展趋势。首先,本文最先阐述了什么是人工智能;其次,分析了人工智能是朋友还是敌人,包括人工智能改变了人力资源结构、人工智能无法取代律师、律师如何应对AI带来的变革与挑战等;最后,通过采用文献调研和实证研究相结合的方式,综合分析了人工智能产生的相关法律问题,并对其潜在影响和未来发展趋势进行了探讨。希望本文的研究对进一步探索人工智能对律师行业的影响能够提供一定的指导意义。

关键词:人工智能;律师行业;影响;发展趋势

一、什么是人工智能

人工智能(Artificial Intelligence),英文缩写为AI。它是研究、开发用于模拟、延伸和扩展人的智能的理论、方法、技术及应用系统的一门新的技术科学。人工智能是新一轮科技革命和产业变革的重要驱动力量。仅看字面意思,是很难直观理解究竟何为人工智能的。

就通过我们现代人类来说,现代人类被称为“智人”,是人属下的唯一现存物种,其实也就是千千万万的你我他。人工智能与智人的关键词都是一个字“智”:智人可以通过显著增大的大脑区别于其他活的猿;而人工智能就其本质而言,是对人的思维信息过程的模拟,也可以理解为一个“电子大脑”。

二、人工智能是朋友还是敌人

(一)人工智能改变了人力资源结构

人工智能拥有强大的计算能力、统计能力与学习能力,使复杂的运算与繁琐的工作变得简便许多。可以说,人工智能改变了人们的生活。因此,许多传统的劳动密集型产业及过去需要依赖人来完成工作的行业发生了巨大的变革,这也给很多行业的从业者带来了危机与挑战。比如最近出现的饱受争议的ChatGPT,已经可以与人自由进行交流,并且只要使用者输入指令,可以快速写出上百字的论文、回复邮件、翻译文件、制作音乐等需要耗费人力及时间的工作。尽管有些初始版本的内容很简单、很基础,但是由于人工智能强大的学习能力,其会通过不断的学习与完善,最终呈现的版本是非常接近人类书写的语言习惯及逻辑的。

在 ChatGPT 出现后,大部分公司一开始都是半信半疑的试用状态。逐渐地,当企业享受到人工智能带来的便捷与高效,尤其是一个 AI 可以完成原本需要几个员工完成的工作时,企业便开始思考用工成本的问题。毕竟,企业的生存与发展一定绕不开成本这个痛点。于是接下来,就开始出现部分企业裁员、部分人员开始失业的情形;部分被 AI 替代的人会抵触 AI,这样的情绪在 18 世纪第一次工业革命时也出现过。当时蒸汽机作为动力机在生产中得到了广泛应用,使得机器代替了手工劳作,工厂制代替了手工工场,许多手工劳动者失去了工作。当时,大量失业者涌入工厂砸坏蒸汽机,但是,愤怒的情绪终究没有抵挡住变革的脚步。

那么,处于时代变革浪潮中的我们,该如何顺应浪潮的同时又不被潮水淹没呢? AI 究竟是我们的敌人,还是我们最特别的朋友呢?

(二)人工智能无法取代律师

随着人工智能技术的发展,越来越多的律师工作可以被自动化或半自动化完成,这给传统律师的就业前景带来了巨大的压力。

笔者本人也试用过 ChatCPT,比如现在这篇论文,笔者就曾尝试过依靠 ChatGPT 帮我完成。从书写速度方面来说,ChatGPT 几秒钟便可以完成我几个小时的书写量,这对于注重工作效率以及秉承理念为"时间就是生命"的法律人来说,确实带来不小的冲击,其中包括了对于人工智能效率的震撼与对于自己作为普通人类的无奈。这样的例子还有很多,因为 ChatGPT 在绘画、音乐、编程等方面的效率与正确率都是极高的。但,人工智能真的会完全取代律师的工作吗?

答案是否定的,至少就现阶段来说,AI 创作出的内容还是非常基础的,就比如我前面所说的,我输入指令要求 ChatGPT 为我书写的论文,其内容很单薄,也很浅显,很明显能够看出是从各种文献资料中拼凑而成,缺乏了深度的思考;当然,也许是因为我输入的指令不够精准与具体。总之对于我个人而言,也许我最终呈现的这篇论文不尽如人意,带有许多个人色彩与私人情绪,不够理智与客观。但窃以为,至少读者可以从这篇论文中看到笔者的思考痕迹与逻辑的轨迹,而不仅仅是一篇繁冗、枯燥的论述。法律,是一门社会性的学科,有着浓烈的人文与社会色彩,法律条文是严谨的、毋庸置疑的,但律师不应当是冷冰冰的法律机器,在司法实践过程中,律师一定是带着情感与关怀的专业的人,而"人"这个字眼赋予的特殊的感性的东西,是人工智能所不具备的,也是作为人类与机器所区分的重要因素。所以,人工智能是无法完全淘汰或替换律师的工作的。

(三)律师如何应对 AI 带来的变革与挑战

首先,需要技术转型。律师需要学习和掌握人工智能技术,与时俱进,才能在激烈的竞争中脱颖而出。律师不仅要了解技术的基础知识,还要注重与技术的结合,发挥自己的专业优势。

(1)法律信息搜索和研究:人工智能可以帮助律师高效地搜索和管理大量法律文献和案例数据库。通过自然语言处理和机器学习技术,律师可以快速查找到相关的法律规定、判决结果和类似案件的法律论据。而且,人工智能还可以分析大数据,提供对案件结果和法官倾向性的预测,为律师提供更准确的法律意见。

(2)客户咨询和互动:通过自然语言处理和语音识别技术,律师可以利用人工智能开发智能助手和聊天机器人，提供 24/7 的在线咨询服务。律师可以将常见问题和答案录入系统，让机器人能够智能地回答一些常见的法律问题，从而提高服务的效率和满意度。此外，人工智能还可以通过分析客户的言行举止来预测他们的需求和情绪，为律师提供更好的沟通和服务。这一点其实在许多线上法律服务平台已经得到广泛应用。

（3）法律文书和合同起草：人工智能可以自动化生成法律文书和合同草案，极大节省律师的时间和精力。通过训练机器学习算法，律师可以将自己的专业知识和经验输入系统，从而使人工智能能够根据具体的案情和客户需求，生成符合法律要求和规范的文书和合同。这不仅能提高文书的准确性和一致性，还可以减少人为错误和遗漏。

（4）法律风险评估：人工智能可以辅助律师进行法律风险评估和预测，帮助他们快速识别和分析潜在的法律风险。通过分析大数据和历史案例，人工智能可以发现相关的法律规律和权威解释，为律师提供可靠的风险评估和决策支持。这对业务合作、投资决策和争议解决等方面都具有重要的意义。

综上所述，律师应当积极探索和应用人工智能技术，将其与专业技能相结合。通过合理利用人工智能，律师可以提高工作效率、准确性和创造力，为客户提供更优质的法律服务。然而，人工智能无法完全替代律师的专业经验和判断力，因此，在使用人工智能的过程中需要注意适当的权衡和监管。

其次，需要律师提供高附加值的服务。与人工智能相比，律师在人际关系、情感智慧等方面具有独特优势。因此，律师应该转变自己的角色，为客户提供更高附加值的服务，如法律咨询、策略规划等。律师要提供高附加值的服务，需要在专业知识和技能的基础上，结合市场需求和客户需求，提供更全面、个性化和创新的服务。

（1）业务咨询和战略规划：律师可以通过深入理解客户的业务模式和目标，提供更全面的业务咨询和战略规划。律师需要与客户紧密合作，充分了解其业务运营情况和法律风险，帮助客户制定相应的解决方案和发展策略。通过跨学科的合作和创新思维，律师可以为客户提供更具竞争力和可持续发展的建议。

（2）风险管理和合规支持：律师可以主动关注和跟踪法律法规的变化，帮助客户识别和管理潜在的法律风险。律师可以定期为客户制定风险评估报告和合规计划，提醒客户重要法规的变更和调整。此外，律师还可以为客户提供培训和教育，帮助客户从内部管理和业务运营的角度理解和遵守法律法规，降低法律风险。

（3）争议解决和诉讼管理：律师可以提供全方位的争议解决服务，包括调解、仲裁和诉讼等。律师可以通过深入的案情分析和法律研究，帮助客户评估争议胜诉的概率和成本效益，选择最合适的解决方案。此外，律师还可以提供诉讼项目管理和风险控制，帮助客户高效处理并解决争议。

（4）合同审查和谈判支持：律师可以提供专业的合同审查和谈判支持，保护客户的合法权益并减少合同纠纷的发生。律师需要深入了解客户的商业目标和风险承受能力，为客户设计和修改合同条款，确保其符合法律要求和商业利益。律师还可以参与商业谈判，并提供法律意见和策略建议，以实现客户的最佳利益。

（5）新技术应用和知识产权保护：律师可以帮助客户应对新技术和数字化时代的法律挑战，包括数据隐私、知识产权保护和互联网法律等。律师需要紧跟科技的发展，了解新技术的法律风险和规制要求,为客户提供专业的法律咨询和指导。律师还可以参与知识产权的注册和维权,帮助客户最大化知识产权的价值和保护。

最后,要推动法律行业的自律和规范。面对人工智能的挑战,律师行业需要加强自律和规范,建立统一的行业标准和道德规范,确保律师能够保持其独特价值。律师作为司法系统中的重要组成部分,担负着捍卫法治和公正的使命。

(1)法律教育和职业培训:律师在成为专业人士之前,需要接受严格的法律教育和职业培训。教育机构和法学院应该培养学生的职业道德意识和规范意识,明确法律职业的道德底线。

(2)法律职业协会的监管:法律职业协会应起到监管律师行为的作用,制定行业准则和道德规范,并实施自律制度,包括对律师进行评估、投诉处理、纪律处分等。协会还应提供培训和指导,帮助律师规范行为。

(3)建立严格的执业规范:明确的执业规范可以帮助律师遵守法律和道德要求。这些规范可以包括对律师行为的详细规定,例如保密义务、诚实守信、立场坚定等。同时,要求律师必须持续学习并维持专业知识的更新,以适应不断发展的法律环境。比如本文探讨的核心"人工智能"技术。

(4)加强行业交流和合作:律师事务所之间应加强交流和合作,共同推动行业的自律和规范。他们可以分享最佳实践、经验和教训,共同应对行业挑战,并共同致力于提高法律服务的质量和可靠性。

(5)公众意识和参与:公众应对律师的职业道德和行为准则有更深入的了解和认识。他们可以通过投诉机制和反馈渠道参与监督律师的行为。相关机构也应加强公众教育和信息发布,让公众充分认识到律师在法治工作中的重要性。

其实,律师无需对 AI 谈之色变。AI 的使用也是需要人向其输入指令的,而 AI 产出内容的精准与优质程度,其实取决于输入的指令。AI 是无法自己下达指令去执行的,因此,人工智能背后真正的操作者是"人"。而律师若希望 AI 产出的内容是优质的,其实需要律师本身有丰富的知识储备及专业法学修养,这就与律师自身的学习能力及日常积累息息相关。所谓"不积跬步,无以至千里",若一位律师在日常工作中认真负责,对专业知识的研究精益求精,那么一定可以运用 AI 达到事半功倍的效果。因此,AI 不是律师的敌人,而是最特别的朋友。

三、人工智能产生的相关法律问题

(一)AI 生成的作品的著作权归属

根据我国著作权法的规定,对于由人工智能创作的作品,其著作权的归属有以下几种可能:

(1)自然人创作:如果 AI 是由某个自然人所开发或控制,那么该自然人将被认为 AI 创作作品的著作权归属人。这意味着著作权将归属于 AI 的开发者或控制者。

(2)法人创作:如果 AI 是由某个法人实体如公司或组织所开发或控制,那么该法人实体将被认为 AI 创作作品的著作权归属人。这意味着著作权将归属于该法人实体。

（3）无法划归自然人或法人：在某些情况下，如果 AI 是自主学习和创作的，无法明确归属于任何特定的自然人或法人实体，那么根据我国著作权法的规定，该 AI 创作作品的著作权将归属于国家。这意味着著作权将由国家管理和行使。因为 AI 本身并非法律主体，无法享有著作权等权益。

当然，在有约定的情况下还是遵从约定。值得注意的是，实践中有许多平台会在使用者注册时，预先与使用者签订使用合同，也就是我们经常在注册时勾选的“同意一切条款”项，这样的条款均为制式合同且具有强制性，因为不勾选就无法注册账号，而在这些平台的使用条款中，往往会约定用户利用平台创作的作品的著作权归平台所有。

（二）若 AI 生成作品侵权，如何确定承担责任主体

根据我国著作权法和侵权责任法的规定，如果由 AI 生成的作品侵犯了他人的著作权，可以根据以下几个因素来确定承担责任的主体：

（1）制作者：如果 AI 生成作品的责任主体是某个自然人或法人实体，那么该自然人或法人实体将负有侵权责任。例如，如果某个公司开发了一个 AI 系统来创作音乐，如果该 AI 系统生成的音乐侵犯了他人的著作权，那么公司将负有侵权责任。

（2）拥有者或使用者：如果 AI 生成作品的责任主体是某个自然人或法人实体，但该作品实际上由另一个自然人或法人实体拥有或使用，那么拥有者或使用者可能会承担责任。例如，如果一个人购买了一个 AI 生成的绘画作品，并将其作为自己的作品展示或销售，如果该作品侵犯了他人的著作权，那么购买者可能会承担侵权责任。

（3）平台运营商：如果作品是通过一个在线平台或服务生成的，那么平台运营商可能会承担一定的责任。根据我国的《信息网络传播权保护条例》，平台运营商对于用户使用其平台侵犯他人著作权的行为应当承担相应的责任，如为侵权作品的传播、复制、展示、演出等提供便利。

需要注意的是，以上只是一般的原则，具体情况应根据案件的具体事实来决定。在任何侵权案件中，需要了解的因素还包括涉及的著作权对象、侵权行为、可能的免责事由等。

四、结语

人工智能在发展过程中呈现出强大的潜力和影响力，人工智能是律师的朋友而非敌人。通过自动化和智能化技术的引入，律师可以更高效地处理大量文件和数据，提高工作效率。人工智能的出现为律师提供了更好的法律研究和预测工具，使其能够更准确地为客户提供法律建议和解决方案。

值得强调的是，法律是一门复杂而充满人情味的学科，其中还涉及非常重要的伦理和道德层面的问题。人工智能虽然可以提供数据和分析结果，但缺乏人类情感和判断力，无法处理复杂的法律争议和人际交往，无法完全替代律师的职业能力和判断力。

因此，律师应该将人工智能视为自己的合作伙伴，利用其优势来提升自身的专业能力和服务质量。律师可以通过与人工智能的深入合作，提出更多具有创新性的解决方案，为客户提供更加全面和个性化的法律服务。

然而，与任何新技术一样，人工智能也存在一些潜在的挑战和问题。例如，法律领域的

隐私和保密问题、算法的可解释性和透明性、法律责任的界定等等。我们需要密切关注这些问题并采取相应的法律和伦理措施,以确保人工智能在法治建设和律师工作中的合理、公正和可信度。

最后,我们应该认识到,人工智能并非要替代律师,而是为律师提供更好的工具和支持,使其能够更好地应对日益复杂和多样化的法律需求。人工智能与法治建设及律师行业的结合具有广阔的前景和深远的影响。通过合理应用和有效管理,我们可以充分发挥人工智能在法治建设和律师工作中的作用,提升司法效率、提供更好的法律服务,并推动法治社会的进步与发展。然而,我们也必须密切关注其潜在的问题,并采取相应的措施加以管理与规范。只有这样,我们才能实现技术与法治的良好融合,为社会带来更多的福祉。

参考文献

[1]计京旺. 浅议律师防控企业法律风险[J]. 法制与社会,2013(34):264-265.

[2]胡斌勇,周海峰."互联网+"背景下金融犯罪的特点及防控对策[J]. 上海公安高等专科学校学报,2017,27(02):5-13.

[3]朱立恒. 法学本科教育:保留还是废止[J]. 财经政法资讯,2009,25(4):69-70.

[4]谢奎柱. 民事诉讼胜诉酬金制度研究[D]. 河北大学,2012.

[5]陈超浪. 人工智能创作物的著作权问题研究[D]. 江西财经大学,2019.

[6]潘高峰,王允武. 试论我国法学教育的现状及其改革——以比较法学为视角[J]. 西南民族大学学报(人文社科版),2003(10):104-110.

[7]张淑亚. 我国知识产权服务体系的总体框架与经济发展[J]. 特区经济,2010(11):246-248.

[8]罗财喜. 论律师执业守法德性[J]. 南方论丛,2009(4):104-108.

[9]王利明. 律师是法律职业共同体中的一员[J]. 中国律师,2015(06):14-15.

认罪认罚从宽制度下律师辩护观念的转变

刘惠民

黑龙江孟繁旭律师事务所

摘　要：认罪认罚从宽制度与刑辩律师的传统观念发生了冲击，不转变会遭遇尴尬，转变又面临风险！刑辩律师应如何正确面对这种形势变化？首先应从思想上转变，需弄清楚，尊重当事人意愿，不作无罪辩护的合理性；其次，要与委托人和当事人充分沟通，形成笔录，做好风险防范；再次，在审查起诉阶段，应把无罪的观点与检察官进行充分的沟通，尽量争取在量刑建议中实现当事人的合理诉求；最后，在庭审中，采用巧妙的方法，将定性上存在的问题，融入量刑辩护中，比如：不具备主观要件可以说主观恶性小；未造成必备的损害后果可以说社会危害性小；等等，为下一步维权留下伏笔。

关键词：冲击；尴尬；风险；转变

根据《中华人民共和国刑事诉讼法》第37条，辩护律师要根据事实和法律为证明当事人无罪、罪轻、减轻或免除其刑事责任提供相关的法律意见，于是，久而久之刑辩律师形成了一个固有的观念，那就是能够作定性辩护的，绝不作量刑辩护！然而，随着认罪认罚从宽制度的出台，这种观念受到了强烈的冲击，使得刑辩律师不得不思考传统观念是否还能继续坚持的问题。

一、刑辩律师不转变观念所面临的尴尬

在一起涉黑案件中，被告人认罪认罚，他的辩护人是一位资深的老律师，是通过法律援助介入案件的，但这个老律师工作比较认真，他对案件材料做了详细认真的研究，对所有的证据进行了分析质证，认为这个案件可以作无罪辩护，于是他在法庭上作了慷慨激昂的无罪辩护发言，然而，公诉人却举手要求法庭恢复庭审调查，并对被告人再次进行发问，说“你的辩护人，现在为你作无罪辩护，而你本人认罪认罚，那么你现在需要向法庭明确表态，你是否同意辩护人的意见？”并且补充说明，“如果同意，那你将无法享受认罪认罚的所有量刑优惠。”在这种情况下，被告人当即向法庭表明不同意辩护观点。而辩护人也感到很委屈，明明是依法为被告人争取最大的利益却被否定，当即向法庭提出抗议，认为公诉人这种诱导式的提问违反辩护律师独立辩护的原则，侵犯了律师的执业权利。这个时候，被告人担心辩护律师会触怒公诉人以及审判人员，所以当庭向法庭表示要求撤换律师。在这种情况下，尽管辩护律师尽职尽责，并且所作的辩护也有理有据，但是最后面临的是不得不退出法庭这样的尴尬局面。诚然，出现这种局面，一方面是因为辩护律师与当事人之间在庭前会见的时候沟通得不仔细，抑或是法律援助律师在接到案件的时候已经临近开庭，根本没有充分的时间去和

当事人沟通，另一方面也有可能是在当庭审理的过程中，辩护律师临时发现问题，临时做出选择，没有征得当事人的同意。无论如何，只要被告人也就是刑辩律师的服务对象，一旦提出解除委托或者说撤换、辞退律师，那么律师就必然会面临这样的尴尬局面。因此，如果不能认清形势，仍然一意孤行，那么最后受到影响的仍然是刑辩律师。当然，不排除这个案件本身就是一个无罪的案件，有可能当事人会理解律师的初衷是为了维护他的合法权益，但是在开庭的时候或者说当事人考虑到现实利益，他会希望律师为他在辩护观念上进行转变。

二、刑辩律师转变观念所面临的风险

前一段时间在网上爆出这样一个案例，是北京某区人民法院在审理刑事案件过程中，针对认罪认罚的被告人，最后作出了无罪的判决。这个案件出现之后，引起了业内人士的广泛关注，作为刑辩律师关注的角度是，被告人认罪认罚，在辩护律师在场的情况下签署了承诺，刑辩律师在法庭上对所有的证据不提异议，在辩护的时候只就量刑问题提出辩护意见，对定性也不质疑，而结果恰恰就是一个无罪的案件，那么作为刑辩律师是否失职？是否应当承担责任？如果委托方反过来追究律师失职，要求退费怎么办？不得不说，认罪认罚从宽制度下，我们刑辩律师必然会面临这样的风险，有些案件的的确确从证据的角度以及法律的角度都有可能是无罪的案件，但当事人认为不可能无罪，从自身现实利益出发希望或者要求律师按照认罪认罚进行辩护，如果律师不接受，就有可能导致解除合同，所以好多时候律师都会尊重当事人的意愿，按认罪认罚去提供法律服务，如果判决结果支持了检察机关的量刑建议，当事人如愿以偿，那还好，一旦出现前文所说的判决无罪的情况，在律师不可避免地面临着相应的风险。

三、刑辩律师如何正确面对观念的转变

首先，思想上必须弄清刑辩律师的使命是什么。我们现在再认真地分析一下《中华人民共和国刑事诉讼法》第 37 条，该条规定："辩护人的责任是根据事实和法律，提出犯罪嫌疑人、被告人无罪、罪轻或者减轻、免除其刑事责任的材料和意见，维护犯罪嫌疑人、被告人的诉讼权利和其他合法权益。"可见，辩护人能够参加到诉讼中来，主要是来源于犯罪嫌疑人、被告人的委托，但这并不等于辩护人在诉讼中应当听命于犯罪嫌疑人、被告人的意志。辩护人在诉讼中仍然是独立于犯罪嫌疑人、被告人的一种诉讼参与人，其在诉讼中是以自己的名义根据对案件事实的了解掌握和对有关法律规定的理解独立提出辩护意见，独立进行辩护。但是辩护人的这种独立是在有利于维护犯罪嫌疑人、被告人合法权益的大目标下的独立。显然，文中提到的那位法律援助律师片面夸大了律师独立辩护权的内涵，从而忽略了维护当事人合法权益的这个大目标，所以面临尴尬也就在所难免。

《中华人民共和国律师法》关于律师的定义为："本法所称律师，是指依法取得律师执业证书，接受委托或者指定，为当事人提供法律服务的执业人员。律师应当维护当事人合法权益，维护法律正确实施，维护社会公平和正义。"可见，作为律师，使命的三个维护排在第一位的仍然是维护当事人合法权益。由此，我们不难得出一个结论，那就是作为刑辩律师，最终要追求的目标是在合法的范畴内最大限度地保护当事人的合法权益，换言之，当事人合法权

益的最大化是刑辩律师的最终目标。当事人在刑事案件中,争取的最终结果大致是无罪、罪轻、减轻、免除刑事责任。如果从这样的排序来看,对当事人来说,最好的结果应当是无罪,所以这也就是绝大多数刑辩律师经常会认为,为当事人去作无罪辩护,这就是对他利益最大化的正确追求。如果当事人自己都很清楚"无罪是几乎不可能的",于是放弃了最高的目标,希望刑辩律师以认罪认罚从宽这个角度为其作从轻辩护,那么事实上这是当事人对自己权利的一种处分,也是合法的。刑辩律师应当满足当事人的要求,为其争取到他所希望的最低量刑履职,这可以视为已经追求了当事人合法利益的最大化。刑辩律师只有在思想上转过这个弯子,才能在法庭上不至于自己跟自己较劲,才能够避免诸多尴尬局面的发生。

其次,行动上要掌握好方法,尽量避免相应的风险出现。比如可以和委托人以及被告人分别形成书面的备忘录或者是笔录,表明律师通过认真研究案卷,并结合相关的法律规定,认为整个案件总体应当是无罪的,完全可以作无罪辩护,但基于本案的特殊性,经与公诉人多次交换意见,如果当事人及辩护人对定性不提出质疑,对指控证据不提出异议,可以让当事人在量刑上达到满意,委托人及当事人希望辩护律师怎么做?如果二者都同意放弃无罪辩护,只要求律师作认罪认罚从宽的辩护,那么,律师一旦遇到前文所说的法院判决无罪的情形,在当事人投诉的情况下,拿出这样的证据是可以免责的。

最后,有些时候,当事人包括委托人也很纠结,他们既想得到现实的利益,又不愿意放弃案件有可能无罪这样的一个结果,尤其是还担心法院最后的判决结果达不到他们的理想,希望律师有一个两全之策。个人觉得,可以考虑采用以下策略来达到这一目的,那就是在量刑辩护的时候,提出一个观点,即本案被告所涉及的罪名,与该犯罪通常所体现的特征有明显的不同,比如不具备法定的构成要件、没有相应的社会危害性,所以,希望法院在量刑的时候严格予以区分。这样做的好处是,表面上看是量刑情节的辩护,但实质上是对定性的辩护,让审判人员意识到本案的定性是存在问题的,辩护律师没有按无罪去辩护是尊重当事人意愿,并不是没有认真研究案件,没有发现案件存在的问题,也为下一步当事人不满意案件结果、提起上诉留下伏笔。

总之,认罪认罚从宽制度当前已在全国范围内全面贯彻落实,作为刑辩律师,要想办好此类案件,转变观念势在必行!

浅谈认罪认罚从宽制度下律师辩护如何有效开展

苏莹

吉林武德吉律师事务所

摘　要：刑法是惩罚犯罪的有效手段，而对于涉嫌刑事案件的嫌疑人或被告人除了应受到刑法的制裁外，其基本权利也应当得到保障。在认罪认罚从宽制度中，嫌疑人或被告人在认罪认罚后，基本等同于承认了指控的犯罪事实，对于认罪认罚的案件简易化处理，这对嫌疑人或被告人的权利保障提出了挑战，对于律师而言，刑事辩护更是受到了前所未有的冲击。认罪认罚从宽制度的本意是基于坦白从宽的传统以及以美国诉辩交易为蓝本推动宽严相济刑事政策制度化和深化发展，逐渐发展至今，其在实施过程中也存在诸多问题，例如认罪认罚中值班律师定位不明、律师辩护权利保障不充分、律师辩护效果不佳等问题，而要更好地在认罪认罚从宽制度中切实落实好律师辩护的有效开展，要明确值班律师定位、加强律师辩护权利保障、建立有效辩护制度。

关键词：认罪认罚；律师辩护；有效辩护

一、认罪认罚从宽制度与律师辩护制度的内涵

（一）认罪认罚从宽制度

社会不断发展的同时，中国的法律制度也在日趋完善。而法律制度的逐步完善，不仅可以有效提高公共事务管理的公平性，而且可以进一步保护公民的合法权益。为了更好地保障刑事案件的公平公正以及健全我国法律制度，认罪认罚从宽制度应运而生。从古至今，我国便有坦白从宽的传统。犯罪嫌疑人能够向公安机关坦白自己的罪行，协助公安机关查找犯罪证据并在具结书上签字的，根据其认罪悔罪程度结合认罪认罚从宽制度，可以从宽处理，并且在不同的诉讼阶段认罪认罚，从宽的幅度不同。我国认罪认罚从宽制度虽不能完全等同于美国的诉辩交易，但是认罪认罚从宽制度的实施实际上也是让量刑幅度的确定包含了协商的成分，相当于确立了具有我国特色的诉辩交易制度。而在认罪认罚从宽制度之下，办案机关可以适当简化诉讼程序，节约诉讼资源，高效完成对犯罪嫌疑人的审判工作。同时认罪认罚后，办案机关也在量刑时充分考量其从宽幅度，从而体现认罪认罚从宽制度的根本目的。

（二）律师辩护制度

辩护制度是法律赋予被告辩护权的组成部分，也是保障权力机关行使权力时公民权利

不受侵犯的重要组成部分。学界中无辩护制度的具体通说,但其主要目的,是为了保护被告人的权利,维护被告人的辩护权。

认罪认罚从宽制度虽然可以更好地保护当事人的权益,但在这一过程中仍可能存在认罪认罚从宽制度不适用、滥用等问题,严重损害了当事人的合法权益。因此,为了更好地保护刑事案件当事人所具有的合法权益,律师必须首先确定当事人在认罪认罚过程中是否遵守认罪认罚从宽制度。其次,律师还应及时监督认罪认罚程序的执行,确保认罪认罚从宽制度的顺利实施,更好地保护当事人的合法权益。然而,律师不是案件的决策者,而只是正在审理案件判决过程中的法律参与者,所以律师不能干涉或阻止法庭判决的作出。此外,律师应尽一切努力保证当事人合法权益的实现,直到最终判决作出。法院认为,律师在审判过程中设置障碍,将对司法程序的正常运行产生不利影响,但是如果律师在宣判前未做最大限度的权益争取,势必也会严重影响当事人合法权益的实现。

二、认罪认罚从宽制度下律师辩护的困境

(一)认罪认罚中值班律师定位不明①

值班律师以参与者和推动者的身份参与认罪认罚程序,其发挥着不可或缺的作用。《中华人民共和国刑事诉讼法》(以下简称为《刑事诉讼法》)规定了值班律师的作用,即为犯罪嫌疑人、被告人提供法律帮助,就程序问题提供咨询意见,帮助其申请变更强制措施等。可是将值班律师定位为法律帮助者是否合理?其作为法律帮助者又有什么样的权利?对此并没有任何立法方面的详细解释。有人认为值班律师不是辩护律师。值班律师提供的法律帮助主要集中在审前阶段,而且主要提供的是“法律咨询”,具有一次性特点,其不能为犯罪嫌疑人、被告人提供全面、完整的诉讼服务。所以他们不享有与律师相同的辩护权。而某些人则认为,值班律师被视为提供法律援助的律师组成部分,其性质与律师没有什么不同。按照相关法律援助程序提供相应的手续,也可以会见被告人,查阅案卷材料,同时亦可被法律援助中心指派出庭辩护,因而在立法层面无具体规定。由于值班律师的定位、权责不清晰不明确,在认罪认罚案件中,值班律师大多流于形式,无法保障程序及实体的参与情况。

(二)律师辩护权利保障不充分

认罪认罚从宽制度适用于整个诉讼过程,作为辩护人的律师应有权参与诉讼的每个阶段并发表辩护意见。然而,在现实中,律师在各个阶段的辩护权并没有得到充分保障。首先,在侦查阶段,《刑事诉讼法》没有明确规定律师在侦查过程中有权阅卷及取证权,而在侦查机关讯问犯罪嫌疑人时律师也无权在场。这也就导致此阶段,律师的辩护权受到严重限制,其存在的作用与意义受到严重质疑。其次,对于审查起诉阶段,在此期间,律师需要熟悉案件的具体情况及证据材料,才能充分了解案件。但在现实中,认罪认罚案件大多是直接由检察机关全权决定,相关程序也是由检察机关单独启动。而律师主要参与推动庭审进程,实际对案件的认识并不充足。更有甚者,在律师阅卷时犯罪嫌疑人已经签署了认罪认罚具结

①李志远.认罪认罚从宽制度下值班律师制度的完善[D].扬州大学,2022.

书,量刑的控辩协商很难达到实质。最后,在审判阶段,认罪认罚的案件多数适用速裁程序或简易程序,而适用速裁程序审理的案件,按照《刑事诉讼法》规定一般不进行法庭调查、法庭辩论。这导致在大多数认罪认罚案件中,律师质证和发表辩护意见的权利受到严格限制。而即使在不适用速裁程序的案件中,只要被告人在审判阶段认罪认罚,当庭认罪,那么司法机关在事实清楚、证据充分的基础上基本会简化审判程序,这从本质上影响了辩护律师的出庭辩护效果。在当事人认罪认罚的审判过程中,律师很难就定罪事实和量刑建议提供新的辩护意见,否则检察官会指控律师违反契约,而被告人已经认罪认罚并签署具结书,律师推翻具结书也会使对被告的量刑更重。

(三)律师辩护效果不佳

根据"两高三部"关于认罪认罚从宽制度的相关规定,犯罪嫌疑人、被告人自愿认罪认罚,没有辩护律师的,人民法院、人民检察院、公安机关应当通知值班律师为其提供法律帮助。同时符合通知辩护条件的,应当通知法律援助机构指派律师为其提供辩护。在认罪认罚案件中,实际上已经确保了律师的广泛参与。但需要指出的是,律师广泛参与认罪认罚案件,并不一定意味着他们的辩护会对案件产生重大影响。流于形式的辩护并不能为犯罪嫌疑人、被告人提供实质性的帮助。一方面,辩护律师能力存在差异。许多律师虽然取得了执业资格,但工作经验不多,专业水平不高,辩护经验不足,甚至不具有刑事辩护经验,而很多刑事案件过于复杂,如果无法准确理解案件争议的实质,根本无法提供有针对性、有效的辩护意见。而另一方面,值班律师在提供有效辩护方面遇到相当大的困难。与普通刑事辩护律师相比,值班律师定位不明确,权利缺失,行使辩护权存在许多实际障碍,没有有效辩护的前提。此外,值班律师酬劳相对较低,辩护积极性低,缺乏严肃性,这直接影响辩护质量。有的甚至以应付的心态完成了参与辩护的强制性指标,不愿花时间和精力研究案件,也就很难从实质上真正达到辩护的效果。

三、认罪认罚从宽制度下律师有效辩护如何进行

(一)明确值班律师定位①

明确值班律师的性质和地位是确定认罪认罚从宽制度能够发挥既定效果的先决条件。然而,关于值班律师是否为辩护律师,各地做法也不尽相同,理论界也存在争议。而值班律师做辩护律师实际上是存在法理依据的。第一,从法律解释的角度来看,"法律咨询"和"法律帮助"等术语的使用,也体现了值班律师的辩护地位。而且《刑事诉讼法》第 36 条也规定了,犯罪嫌疑人、被告人没有委托辩护人,法律援助机构没有指派律师为其提供辩护的,由值班律师为其提供法律帮助。第二,一系列的法律法规的有关规定也表明值班律师的辩护化趋势正稳步发展。《关于在部分地区开展刑事案件认罪认罚从宽制度试点工作的办法》第 5 条第 4 款规定,符合应当通知辩护条件的,依法通知法律援助机构指派律师为犯罪嫌疑人、被告人提供辩护。《关于适用认罪认罚从宽制度的指导意见》也对值班律师的会见权、阅卷

---

①耿永洁.值班律师参与认罪认罚案件的实践观察与思考[J].中国律师,2023(05):78-79.

权等其他权利作出了详细的规定。《中华人民共和国法律援助法》第37条规定，人民法院、人民检察院、公安机关应当保障值班律师依法提供帮助，并为值班律师了解案件情况、阅卷、会见等提供便利。而实践中，福清、北京也已经启动值班律师以辩护人身份参与庭审出庭辩护的探索，赋予值班律师辩护律师地位是现实需求，也是认罪认罚从宽制度真正有效实施的条件，建议通过具体的司法解释或法律制度确定值班律师地位，真正赋予其阅卷、会见、参与庭审的相关权利。

（二）加强律师辩护权利保障①

与普通刑事诉讼不同，认罪认罚案件的程序更简化、更方便。但很多当事人由于缺乏法律知识和辩护技巧，其意愿很难得到充分尊重，不能清楚地表达自己的真实意图。而律师作为被告人合法权益的维护者，其辩护权必须得到充分保护。第一，在侦查阶段应将律师的介入时间提前到嫌疑人到案后讯问前，此时正是权利易受侵犯之时，也是最易出现虚假陈述的阶段，需要辩护律师的及时介入，提供必要的法律帮助，并建议赋予律师审查逮捕阶段的阅卷权。这也能进一步审查批捕是否存在不合法不合规的情形，也会使得少捕慎诉慎押政策真正落实。第二，审查起诉阶段，应确保律师全程参与，与检察官进行平等协商对话，对案件事实充分发表意见，并在协商过程中享有与检察官相同的知情权，在充分了解案件情况的同时做好量刑协商。第三，审判阶段，真正依法保障律师的独立辩护权利。认罪认罚是犯罪嫌疑人、被告人根据主观意愿和主观心态自我作出的决定，而辩护人的意见是律师独立意志的体现。二者实际并没有不可避免的冲突。即使犯罪嫌疑人或被告人认罪认罚，也必须根据现有证据和法律，才能定罪。犯罪嫌疑人、被告人认罪认罚，并不能减损控方、辩方以及审判的审核义务，律师依法享有独立的辩护权。并且只有真正保证律师辩护权的实施，才能真正地实现律师辩护的意义以及控辩审三方相互制约以保证法律正义、程序正义的目的。

（三）建立有效辩护制度②

有效辩护是保障犯罪嫌疑人、被告人权利的重要手段，而在认罪认罚案件中律师辩护效果不佳也正是有效辩护制度未形成的缘由。所以建立有效辩护制度尤为重要。第一，律师应充分告知犯罪嫌疑人和被告人其所享有的诉讼权利。在涉及认罪认罚的案件中，律师必须充分解释该制度的性质和法律后果，并对案件的是非曲直提供有效意见。对于复杂的案件，建立集体讨论制度，要求办案律师在事务所会议上讨论案件和法律的适用情况。第二，提高律师参与量刑判断能力，积极参与量刑协商。律师应详细了解案件相关情况，积极深入研究，全面收集有利证据，积极征求检察机关意见，实现最低量刑。第三，搭建互联网+法律服务平台，提高值班律师的办案质量。通过互联网平台记录值班律师案件办理情况、擅长领域，以进行区分，将案件进行等级划分，结合值班律师擅长的方向以及办案经验，匹配律师与案件，并提高值班律师报酬，根据案件等级计算酬劳标准，激发值班律师办案的积极性并提高办案质量。

---

①李腾．认罪认罚从宽制度中控辩审关系研究[D]．青岛大学，2022.

②邓洪涛，于丽红．浅谈认罪认罚从宽制度下律师角色重构[J]．中国司法，2022(10)：106-112.

四、结语

认罪认罚从宽制度在优化司法资源配置、提高司法效率的同时,必须严守司法底线,防止冤假错案的发生。因犯罪嫌疑人和被告人法律知识有限,可能不了解供述的性质和法律后果。所以更要充分维护犯罪嫌疑人和被告人的合法诉讼权益,使律师辩护有效介入,保障辩护律师的权利,建立有效的辩护机制,确保律师在选择程序和量刑时与检察官平等协商,协助审判机构有效审理案件,从而实现司法正义和司法效率的有机统一。

从正义价值看法官自由裁量权的取舍

夏伟

吉林良誉律师事务所

摘　要:人民法院在坚持中国特色社会主义国家制度的司法实务领域形成了以正义为核心的法官裁量权行使方式,但作为其核心的正义概念及正义观却在不同的时代被不同国家的哲学家、法学家、思想家赋予了不同的含义,当代中国的法官自由裁量权应以当今社会经济基础、国家法治建设具体客观实际为大背景而不断完善和发展。笔者借鉴历史上三大法学流派的正义观及正义的概念,以正义发展的内在逻辑为主线,总结当代社会应坚持的正义价值,论述当代正义价值与自由裁量权的关系,从而为人民法院自由裁量权的行使方式及坚持的原则略抒建议。

关键词:自由裁量权;正义观;现代司法实务

法官的自由裁量权无论在哪个历史时代或是国家发展阶段,不仅起着为适应时代发展而进化法律的重要作用,而且是维护正义、弥补法律局限性的重要手段,不难看出,碍于法的滞后性和法的局限性,自由裁量权最主要的作用即发现法律规定的不足、促进当代法律不断前进发展,最终维护相对法律规范制度下当代社会司法实践中的绝对正义需求。

一、我国的司法需要什么样的正义观

法律的出现总是保护特定的法益,而被保护的法益又有其特定的历史价值,随着历史发展进入不同阶段、统治阶级及其意志的不断变更,法律所保护的法益价值又发生特定的变化;随着同一时代中经济模式的变化,社会又不断地向法律的发展提出新的要求。正义的概念在特定历史阶段和学术角度同法益价值具有等价性,但单纯地将正义理解为维护法律所保护的法益价值,无异于绝对地认同分析实证主义法学派关于正义的观点。

(一)历史上三大法学流派的正义观

纵观历史上对人类法治文明发展影响较大的三大法学流派——自然法学派、分析实证主义法学派抑或是社会法学派,对正义的内涵都有着不同的理解。意大利法律哲学家乔治奥·德尔·韦基奥从作为理性存在的人的本性去推导自然法,他认为,自然法是我们据以评价实在法、衡量内在正义的标准,所以,在其看来,客观世界中的自然理性才是判断正义与否的唯一标准。这种自然理性无疑是挑战实在法权威的。英国法学家约翰·奥斯丁是分析实证主义法学派的著名代表,他认为正义就是服从法律,正义行为是实证法律规定的行为。管见以为,这种单纯以法律规定衡量正义的方法,在非人民主权国家或非绝对的人民主权国家，正义无疑将沦为作为统治者的少数阶级肆意的工具，即使在人民主权国家，分析实证主义法学中的正义观也会因其绝对的权威性阻碍法律的前进。社会法学派的代表人物罗斯科·庞德认为，正义是在资源浪费最小的情况下实现资源作用的最大化，即社会资源分配的最优形式，这一说法无论科学与否，显然与我国的社会主义核心价值观略有相悖之处。

（二）我国司法实务应树立的正义观

我国的法治工作致力于增进社会和谐、稳定，促进国家经济平稳、快速增长，确保人民群众在每一个司法案件中感受到公平正义，这是由我国国家性质决定的，也是党和国家在长期治国理政期间坚持社会主义道路总结出的宝贵经验。所以，我国的司法实践中应确立独有的、具有中国特色的法治观、正义观，兼采百家之长，结合我国具体实际，我国的正义观应在完善立法技术、完善司法制度建设、确保法的作用的前提下确立正确的判别标准。

不同社会制度及不同历史时期、经济环境下，统治阶级为达到特定的政治目的、社会目的往往从事着不同的立法活动，包括制定、修改、废止法律规范的活动，同样，正义的观念也随着社会制度、历史时代、经济条件等诸多因素的变化而发生变化。但并不能仅如分析实证主义法学派所论述的将法律规定作为正义的唯一判定标准，还应考虑到法律规定是否能为公众所认可，裁判结果是否能为公众所接受并起到最大的教育、警示、批评、预防、指引作用。

二、当前社会背景下正义的概念

（一）概念的由来

正义一词的概念最早来源于我国古学典籍《荀子》："不学问，无正义，以富利为隆，是俗人者也。"对于正义的概念，古代先哲早有思考，古希腊哲学家柏拉图认为："各尽其职就是正义"，古罗马著名法学家乌尔比安认为："正义就是给每个人以应有权利的稳定的永恒的意义"，奥地利法学家、法律实证主义代表人物凯尔森认为："正义是一种主观的价值判断"。正义作为一种主观判断，判断正义的要素不外乎人、社会和与人直接相关的事物，判断正义的标准具有主观性。所以，正义在不同的历史时期随着社会进程的不断发展被赋予诸多不同的定义与内涵。

（二）当代中国社会背景下正义的概念

当代中国社会背景下正义概念由诸多因素确定，管见以为，其中最为主要的因素不外乎政治、法律、经济、道德、伦理。社会由不同的个体组成，不同的社会个体在政治观念、法律意识、经济水平、道德伦理观念多有差别，故无法以个体正义评判一个行为或状态的正义形态。因此，对正义概念的界定标准应以我国社会一般多数群体的价值观念为参考加以判断。由此，所谓正义，是指在正常经济生活条件下符合法律规定的、社会基本道德涵盖下能被社会绝大多数个体所接受的行为或状态。

三、正义价值与自由裁量权的关系

在具体实践中，法律或司法解释无论如何详尽，亦无法涵盖现实生活中所有的社会问题；在演绎推理过程中能否得到被公众所接受的裁判结果；既定的裁判结果能否起到最大的教育、警示、批评、预防、指引作用。由此,法官的自由裁量权需要以正义为基础导向,正义也需要法官的自由裁量权作为司法领域的延伸。

正义是法官自由裁量权的基础。法官的自由裁量权是指法官对自己所享有的权力在法律授权范围内进行自由处分的权能。由于法律或司法解释无论如何详尽,亦无法涵盖现实生活中所有的社会问题,在现实中遇到的、法律并无明文规定的实践性问题,必然要求法官根据自由心证的原则、坚持法益价值判断及正义导向,得出能够为当事人、为社会公众所接受的裁判结果。这样看来,法官的自由裁量权行使,必然要坚持以正义为基础导向,才能得出符合我国社会主义核心价值观、公众道德观的裁判结果。

法官自由裁量权是正义的延伸。正如前文所述,我国特有的国情、党和国家长期的治国理政观念向我国的司法实践提出了具体的要求,就是在科学的立法前提下,在人民法院公正司法的同时,要求有效化解人民矛盾、促进社会和谐、保证人民群众在每一个司法案件中感受到公平正义。法官除作为国家机器的重要组成外,同样也是具有正义理性的社会个体,法律赋予法官自由裁量权,促使人民法官从理性个体的角度充分考察裁判结果的包括社会价值在内的正义价值,最后借助法律规定,推理得到符合国家利益、社会利益、公众伦理情感需求、能够充分发挥法的作用的裁判结果。这样看来,法官自由裁量权是正义的延伸。

四、自由裁量权的取舍

(一)明确当代司法审判工作的时代要求

当代中国经济已由高速增长阶段转向高质量发展阶段,伴随着社会矛盾日益突出的现实情况,司法审判工作面临严峻挑战,这就要求人民法院在司法审判工作中捋顺时代背景赋予人民法官的正义价值判断标准,坚定信仰、把持信念,在审判工作中做到国法、天理、人情的有机统一。

(二)树立符合时代要求的正义价值观

时代赋予司法机关具体的工作要求,人民法院应结合时代的要求树立符合当今时代发展需要的正义观。首先,鉴于正义的主观性,不同社会个体对于正义存在不同的理性认知,这就要求法官在司法实务中结合全党工作指示精神,认清时代发展脉络,形成统一的正义价值认知。其次,鉴于正义的时代性,树立具有时代特色的道德观,建立具有时代意义的社会使命感。最终形成符合当代社会要求的正义价值观。

(三)以正义价值为导向行使自由裁量权

正如马克思所说,法律,是统治阶级意志的体现。而阶级意志在具体的客观物质表象上都具有特定的价值倾向性,而作为绝大多数个体的社会公众的情感认知及生活观念与统治阶级意志的表现形式具有一致性。因此,自由裁量权的行使需要以法官事先树立的正义价值观为导向,在法律允许的范围内,尊重社会公众情感认知和伦理道德观念,最终在公众认知范围内作出符合公众情感要求的判决。

总的看来,作为绝大多数个体的社会公众,其生活价值观念及伦理情感认知的发展方向应作为当代社会正义观念的界定基础,法官行使自由裁量权应以正义观念为基本导向,才能作出符合法律规定、符合社会公众内心需求、能够为人民群众所接受的裁判结果。